U0839794

2024年第2辑（总第49辑）

主办 / 最高人民检察院法律政策研究室
中国检察出版社

主编 / 高景峰

中国检察出版社

图书在版编目（CIP）数据

检察调研与指导. 2024年. 第2辑：总第49辑 / 高景峰主编. -- 北京：中国检察出版社，2024. 8.

ISBN 978-7-5102-3124-7

Ⅰ. D926.304-53

中国国家版本馆CIP数据核字第2024EA2210号

检察调研与指导（2024年第2辑）

高景峰　主编

责任编辑：吕亚萍
技术编辑：王英英
美术编辑：徐嘉武

出版发行：中国检察出版社
社　　址：北京市石景山区香山南路109号（100144）
网　　址：中国检察出版社（www.zgjccbs.com）
编辑电话：（010）86423787
发行电话：（010）86423726　86423727　86423728
（010）86423730　86423732
经　　销：新华书店
印　　刷：河北宝昌佳彩印刷有限公司
开　　本：787 mm×1092 mm　16开
印　　张：14.75
字　　数：238千字
版　　次：2024年8月第一版　　2024年8月第一次印刷
书　　号：ISBN 978-7-5102-3124-7
定　　价：60.00元

《检察调研与指导》
编 委 会

编 辑 热 线： 010－86423737　86423786

订 阅 热 线： 010－86423728　86423726　86423727

投 稿 邮 箱： jcdyyzd2020@126.com

目 录
CONTENTS

·特稿·

·专题研讨·

·调研聚焦·

· 实务研究 ·

·案例剖析·

“中国式”刑事诉讼现代化视野下完善检察权的几点思考

高景峰　王　佳*

党的二十大提出“以中国式现代化全面推进中华民族伟大复兴”的使命任务，第一次专章部署“坚持全面依法治国，推进法治中国建设”，第一次特别强调“加强检察机关法律监督工作”。新时代如何完善检察权，推动我国刑事诉讼现代化，进而助推“中国式”现代化，成为我们必须回答的时代命题。习近平总书记强调：“历史和现实告诉我们，只有传承中华优秀传统法律文化，从我国革命、建设、改革的实践中探索适合自己的法治道路，同时借鉴国外法治有益成果，才能为全面建设社会主义现代化国家、实现中华民族伟大复兴夯实法治基础。”① 马克思认为，“现代化”既是一种过程，也是一种产物，现代化的进程是普遍的，但这一进程的实现必须跟特定的社会条件和历史环境相结合，不要把他对资本主义成长的论述转化成设定有许多普遍法则的一般历史哲学，而将这些法则不加区别地运用。② 具体到刑事诉讼领域，刑事程序具有一定的超国界互动性，现代化国家的刑事诉讼制度无不强调程序正义、司法公正、兼顾保障人权与打击犯罪等，这些价值理念穿透了制度与文化差异，已然构成当下刑事诉讼“现代范式”的基石。中国检察制度源自苏联，在我国长期革命、改革

---

* 高景峰，最高人民检察院检察委员会委员、最高人民检察院法律政策研究室主任、一级高级检察官；王佳，最高人民检察院法律政策研究室处长、三级高级检察官。

① 习近平：《坚定不移走中国特色社会主义法治道路　为全面建设社会主义现代化国家提供有力法治保障》，载《求是》2021 年第 5 期。

② 参见马克思：《给“祖国纪事”杂志编辑部的信》，载中共中央马克思恩格斯列宁斯大林著作编译局编译：《马克思恩格斯全集》（第 35 卷），人民出版社 2013 年版，第 159—160 页。

和司法实践中不断发展和完善，其间，也借鉴了一些域外其他国家成熟的经验。检察制度的诞生，就是为了防止刑事诉讼中警察的恣意和法官的擅断，检察官全程参与刑事诉讼，并依法履行刑事诉讼和监督等职责。正因如此，刑事检察可以说是检察制度的基本盘，刑事检察的完善直接关乎检察权的完善，检察权的完善与刑事诉讼的现代化，进而与中国法治的现代化关系也更加密切和重要。

我国刑事诉讼迈向“现代化”的发展过程，正是不断重塑、完善刑事检察权的过程，也是对刑事司法制度“现代范式”予以“中国式”注解的过程。检察机关恢复重建四十余年来的研究成果已经解答了检察权如下基本问题——也是本文论述的预设前提，即立足于我国检察制度与西方“三权分立”政体下检察制度存在的本质区别，我国检察机关侦查权、批捕权、公诉权、司法解释权与法律监督定位具有高度一致性；[①] 将“司法”(justice) 理解为“诉讼活动”，将法官、检察官理解为“司法官”，从诉讼一体化视角将侦查、起诉解读为“为庭审准备”，采用“中国式”的审前程序和“以审判为中心”；[②] 从马克思主义认识论出发，界定“事实清楚、证据确实充分”的证明标准，阐释“两个基本”，回应客观真实与法律真实之争[③]；监察体制改革后，对检察机关保留自侦权的法律监督性质的肯定[④]；等等。这些基本观点告诉我们，刑事司法现代化的实现必须与特定的社会条件和历史环境相结合。除此之外，讨论检察现代化抑或刑事诉讼现代化的“中国式”路径，还必须考虑当下特定情境：一是犯罪结构的明显变化。总体来看，我国刑事案件平稳，严重暴力犯罪数量持续下

---

① 参见朱孝清：《中国检察制度的几个问题》，载《中国法学》2007 年第 2 期。

② 参见陈光中、崔洁：《司法、司法机关的中国式解读》，载《中国法学》2008 年第 2 期。

③ 参见朱孝清：《“两个基本”要坚持，但要防止误读和滥用》，载《人民检察》2014 年第 10 期。

④ 参见秦前红：《全面深化改革背景下检察机关的宪法定位》，载《中国法律评论》2017 年第 5 期；李奋飞：《检察再造论——以职务犯罪侦查权的转隶为基点》，载《政法论坛》2018 年第 1 期；魏晓娜：《依法治国语境下检察机关的性质与职权》，载《中国法学》2018 年第 1 期。

降，但轻罪案件占比显著上升[①]。同时，劳教制度取消后，刑法修正案增设、补充了大量违反行政法规、应受刑事处罚的新罪名，行政犯总量大、增速快[②]。当前刑事诉讼法关于强制措施的适用、审查起诉等须根据犯罪结构变化给予必要调整。二是党的十八大以来，随着“以审判为中心”改革不断推进和认罪认罚从宽制度写入刑事诉讼法，刑事诉讼模式由“混合模式”向“协商模式”转变。[③] 三是检察机关在实践中依法履行法律监督职责，深化改革探索，建立了诸如提前介入侦查、对不应当立案而立案的监督、行刑衔接、精准量刑建议等新机制，这对检警关系、公诉裁量权等司法权力监督制约体系的重要构成因素产生交互作用，对刑事诉讼现代化路径产生影响。

一、“中国式”现代化的社会治理方式：社会治理的检察权应对

（一）社会治理的预设前提

习近平总书记深刻指出：“法治是人类政治文明的重要成果，是现代社会治理的基本手段。”[④] 当下，行政犯的大幅增长及其社会治理是刑事司法领域的热点话题。刑事诉讼法学者建议诉诸减少羁押、扩展相对不起诉

① 最高人民法院副院长沈亮在接受记者采访时表示，“2021 年人民法院判处刑事案件中 84.6% 都是三年有期徒刑以下案件”，参见《最高法：我国刑事案件超八成为轻刑案件，社会治安持续向好》，载澎湃新闻网，https：//baijiahao. baidu. com/s? id = 1738144031952037988&wfr = spider&for = pc。

② 2019 年以来，检察机关受理醉驾案件持续高位，维持在 40 余万件以上；帮信罪呈爆发式增长，2021 年、2022 年和 2023 年上半年起诉罪名中连续排名前三。

③ 关于是否称之为“混合式”“协商式”存在不同观点，理论界绝大多数采用此称谓，为精简论述聚焦论点，本文暂采用此称谓。

④ 习近平：《坚持合作创新法治共赢　携手开展全球安全治理——在国际刑警组织第八十六届全体大会开幕式上的主旨演讲》（2017 年 9 月 26 日），载《人民日报》2017 年 9 月 27 日。

空间或者完善行刑衔接来实现对轻罪的治理。[①] 笔者认为，从社会治理“现代化”的角度看待这一现象，需要厘清两个前提：

一是自然犯的减少与行政犯的增多是任何现代化社会不可逆转的趋势。工业技术发达、城乡人口自由流动，通过强大有效的政治治理、法律制度来实现产权保护、税务管理、贸易壁垒、环境保护、网络治理是现代化国家的要素。[②] 相应地，刑法法益也必将从对公民人身、财产权利的关注转向对经济安全、社会安全、国家安全的秩序维护。

二是通过“打击犯罪、有罪必罚”来维护社会秩序与“坚持刑罚谦抑以保障公民的人身自由”是现代化刑事司法服务国家治理不可偏废的两个方面。人民性是马克思主义的本质属性。马克思在谈及“现代化”时，强调以“人的高度”重塑市民社会与国家的关系，以人的自由发展实现从“物”的现代化到“人”的现代化。[③] 习近平总书记指出，“现代化的最终目标是实现人自由而全面的发展”。[④] 相应地，习近平法治思想指导下刑事司法治理的价值就在于准确及时查明犯罪事实、惩罚犯罪分子维持生产力发展秩序的同时，保障无罪的人不受追究，发挥好保护公民人身权利、财产权利、民主权利和其他权利的“小宪法”作用。

笔者认为，基于上述前提，程序法体系需要着重解决好如下两个问题：第一，妥善处理实体法不断扩大犯罪圈“入罪”、程序法不断强调司法宽容“出罪”的“怪圈”。一方面，“现代化”社会中，法益保护内容不断演化和实现有效治理秩序的需求客观存在，直接决定了刑法实体法必

---

① 参见樊崇义：《中国式刑事司法现代化下轻罪治理的理论与实践》，载《中国法律评论》2023 年第 4 期；万春：《宽严相济刑事政策创新发展的检察实践》，载《中国刑事司法杂志》2022 年第 4 期；韩旭：《轻罪治理与司法路径选择》，载《检察日报》2022 年 11 月 2 日。

② 参见［美］塞缪尔·亨廷顿：《文明的冲突与世界秩序的重建》，新华出版社 2010 年版，第 47 页；［美］格尔申克隆：《对现代工业化“前提条件”概念的反思》，载［美］塞缪尔·亨廷顿等：《现代化——理论与历史经验的再探讨》，罗荣渠主编，上海译文出版社 1993 年版，第 171—191 页。

③ 参见恩格斯：《反杜林论——第三编：社会主义》，载中共中央马克思恩格斯列宁斯大林著作编译局编译：《马克思恩格斯全集》（第 20 卷），人民出版社 2013 年版，第 281—351 页。

④ 参见习近平总书记的讲话：《携手同行现代化之路——在中国共产党与世界政党高层对话会上的主旨讲话（2023 年 3 月 15 日）》。

须及时回应，增设必要的新罪名；另一方面，程序法学者则呼吁通过各种程序控制实现“出罪”，这种囿于部门法藩篱的思路不仅可能导致立法体系混乱，也将降低刑事司法的权威性和刑罚的震慑效力。第二，宽严相济刑事政策如何在刑事诉讼领域具体化，实现治罪与治理的有机结合。在程序法领域，虽然适用非羁押措施和起诉裁量权是重要措施，但检察机关强调数量的办案惯性思维及做法依然存在①，必须坚持立足于案件质数结合，科学、合理确定捕、诉条件，明确不捕、不诉范围。捕、诉不是越多越好，不捕、不诉也绝非越多越好。

笔者建议，从刑事一体化视角协同提供解决方案：在刑法实体法领域，重点研究部分重点罪名入罪标准，条件成熟时可以司法解释等形式修改刑事案件立案标准，实现分层治理，同时注意在程序法上的有序衔接。程序法并不是操作技术或者步骤串联起来的条文程式，而是与实体法共同构成国家刑罚权行驶的车辙之一，② 单向度强调“程序正义”“程序出罪”无益解答难题。我们应当立足于我国“违法与犯罪二元制裁体系”特点（有别于西方犯罪门槛低的一元制裁体系），客观看待对“程序出罪”的炒作。世界各国“现代化”的历史经验表明，现代化是过程性的。现代性产生稳定，而现代化产生不稳定。现代化越迅速的国家，面临的社会稳定

---

① 当前不捕率在40%以上，不诉率在25%以上。

② 关于程序法与实体法的关系，马克思指出：“但是，实体法却具有本身特有的必要的诉讼形式，正如中国法里面一定有笞杖，拷问作为诉讼形式一定是同严厉的刑罚法规的内容连在一起的一样，本质上是公开的、自由支配而不受私人利益支配的内容，一定属于公开的自由的诉讼的。诉讼和法二者之间的联系如此密切，就像植物外形和植物本身的联系，动物外形和动物血肉的联系一样。使诉讼和法律获得生命的应该是同一种精神，因为诉讼只不过是法律的生命形式，因而也是法律的内部生命的表现。”参见马克思：《第六届莱茵省议会的辩论（第三篇论文）关于林木盗窃法的辩论》，载中共中央马克思恩格斯列宁斯大林著作编译局编译：《马克思恩格斯全集》（第1卷），人民出版社2013年版，第287页。“我国学者在理论上认为两者存在主从论、同等论、阶位论等观点，参见汪建成：《刑法和刑事诉讼法关系新解》、李佑标：《试论实体法与程序法的关系》等”，转引自陈兴良：《刑事法治论》（第2版），中国人民大学出版社2017年版，第191页。

压力也就越大。[①] 也就是说，在通向“现代化”的过程中产生不稳定，但经济指数与社会稳定之间的关系是成正比的，经济越发展，社会越稳定。检察机关参与社会治理的方式必须与经济社会发展形势步调一致。检察机关是国家刑事政策的实施机关，“宽严相济”是我国长期以来的基本刑事政策。检察机关对于逮捕条件的把握，羁押必要性的审查以及决定起诉和不起诉，均必须做到“宽”“严”结合，而不是片面强调“从宽”或者“从严”。

（二）羁押审查权构建

在现代化国家，人身自由是公民最重要的宪法权利。法律要求对人身自由的限制必须由法定机关按照法定程序批准或者决定，并由法定机关执行。同时，法律强调通过控辩平衡来保护公民人身权利不受非法限制，将对人身自由的限制控制在最低限度。一些论者曾比照西方由法官行使批捕权的做法，质疑检察机关行使批捕权的正当性与合理性，这是因为其没有注意到我国检察机关的司法属性，以及我国法院体系设置与西方不同。近年来，主流观点立足于我国检察机关是国家的司法机关，认为中国检察制度立足法律监督的宪法定位，行使审查批准逮捕权不仅有其正当性，还有其合宪性、合法性。实践中，检察机关不仅注重依法讯问犯罪嫌疑人、听取辩护人意见、听证机制等不断完善审查逮捕程序；还通过羁押必要性审查、社会危险性量化评估等措施有效地降低诉前羁押率。[②] 当然，各地也反映，诉前非羁押强制措施适用增长也带来一些困惑：一是“实刑收押”“未在案不收押”等做法以及个别检察机关政绩冲动和考核惯性，一定程度上影响了逮捕措施的准确适用。二是在逮捕数量降低、轻罪案件“刑拘

---

① 塞缪尔·亨廷顿指出，“这样一来，现代化的论点，就能解释，为什么贫困导致政治动荡一说在20世纪晚期获得了一副貌似真理的面具。它同样能解释，为什么在某些特定国家里，现代性和稳定性的关系被颠倒了”“在处于现代化之中的国家里，较富裕地区发生的暴动、骚乱和极端主义活动比起贫穷的地区要来得多”“不仅社会和经济现代化产生政治动乱，而且动乱的程度还与现代化的速度有关”。参见［美］塞缪尔·亨廷顿：《变化社会中的政治秩序》，王冠华、刘为等译，沈宗美校，上海人民出版社2008年版，第34—35页。

② 根据《检察机关案件质量主要评价指标》，“诉前羁押率”是指检察机关审查起诉审结的案件中采取羁押措施人数占同期审查起诉案件审结人数的百分比。

直诉”的背景下，检察机关审前程序主导作用如何发挥。笔者认为，前一问题可以通过工作机制予以解决，后者才是检察机关履行审查批准逮捕职能充分保障公民人身权利需要思考的重点问题，在此予以优先探讨。

1. 一个法理问题：审查批捕权的角色定位

将审查批准逮捕权交由检察机关行使是我国刑事司法制度的独有特色，[①] 其合法性与合理性的根本在于检察机关法律监督定位和司法机关属性，刑事诉讼法将其付诸检察权行使，其背后深意是检察官作为客观公正的“法律守护者”，不仅可以避免不当羁押，还要以此为抓手履行侦查监督职能。当前犯罪圈扩张已是不争事实，笔者对2017年至2022年检察机关掌握的被判处缓刑人数进行了初步统计，在轻罪案件中，[②] 有超过1/3的罪犯被判处缓刑；在全部刑事案件中，有接近30%的罪犯被判处缓刑。这说明，遵照刑事诉讼法“可能判处徒刑以上刑罚”这一逮捕要件，一些案件“刑拘直诉”将不可避免。已有学者关注到“刑拘直诉”带来的问题，“办案机关为在形式上满足办案期限规定，即便不满足‘特殊情况’、‘流窜作案、多次作案、结伙作案’情形也必然会转向拘留期限之延长，刑事诉讼法有关拘留期限之规定名存实亡”；“该制度是刑事拘留‘双重背离’之极致形态，不仅无须紧急情况，且可存在于刑事诉讼全程，甚至可

---

① 我国学界就羁押的决定权主体有争论，但基本出发点别无二致，核心关注点是检法两家谁更具有中立性。具体讨论可参见朱孝清：《中国检察制度的几个问题》，载《中国法学》2007年第2期。

② “关于何谓轻罪，我国刑法对轻罪和重罪并无明文规定，因而关于轻罪的法律形象完全来自大陆法系的《法国刑法典》《德国刑法典》以及英美法系的普通法。”“值得注意的是，我国学者提出了形式的轻罪概念：轻罪是指应当判处3年以下有期徒刑的犯罪。在此基础上，我国学者还提出了以形式标准为主、以实质标准为辅的二元标准说：以法定刑（形式标准）作为界定立法上轻罪的一般性标准，同时，考虑到不同类型犯罪的性质、危害程度是不同的，结合犯罪与法定刑轻重来综合考虑刑罚适用以及是否适用轻罪政策。”“当然，对我国刑法中轻罪概念的理解，最大的问题还不在于划分标准，而在于是否应当区分纯正的轻罪和不纯正的轻罪。纯正的轻罪，是指最高法定刑为3年有期徒刑以下的犯罪。不纯正的轻罪，是指无论犯罪的最高法定刑是否3年有期徒刑，只要该罪的法定刑中包含3年以下有期徒刑的量刑幅度，该部分犯罪就属于轻罪，因而也可以称为罪量意义上的轻罪。”参见陈兴良：《轻罪治理的理论思考》，载《中国刑事法杂志》2023年第3期。

以架空其余任何一种强制措施。"[①] 笔者认为，针对这些问题，检察机关依靠"侦查监督与协作配合办公室"进行侦查活动监督尤为重要。与此同时，在政策导向上，要扭转过去考核冲动，[②] 过分强调公安机关"捕前分流"的做法，不得为降低逮捕率而阻止或者拒绝公安机关依法提请批准逮捕。从更长远的角度考虑，在实体法犯罪圈不断扩大的态势下，程序法如果不对拘留的适用条件、审批权限进行结构化重构，仅通过小"修"小"补"或者办案导向的调整，恐难以充分实现维护社会秩序与保障公民自由权限之价值平衡。这也是关乎拘留这一强制措施如何准确适用的一个重要问题。

2. 一个技术问题：羁押适用标准的统一

关于程序法的线性结构导致的公检法各机关对羁押措施适用标准的把握差异，笔者认为，这是一个技术性问题。在规范层面可以通过调整考核指标、制定具体细化的社会危险性量化评估标准、加强非羁押监管配套措施等方式（如电子手环、非羁码等信息化核查）予以完善；关于立法修改完善逮捕条件的问题，考验的是制度设计者在实证调研基础上的"切蛋糕"技巧。笔者对 2017 年至 2022 年检察机关掌握的因曾经故意犯罪而适用刑事诉讼法第 81 条第 3 款适用逮捕（姑且称之为径行逮捕）的数量进行了初步统计，年均人数为 6 万人，约占逮捕总人数比率为 7% 左右。笔者认为，总体来看，这部分案件量不大，对径行逮捕情形作适度修正基本不影响社会治安维护与诉讼顺利进行；对于具有较大社会危害性的"曾经故意犯罪"人员，依然可以通过社会危险性判断、"十年有期徒刑以上刑罚""身份不明"予以逮捕，符合宽严相济刑事政策。笔者提出如下四种"切蛋糕"的排列组合方案：将刑事诉讼法第 81 条第 3 款规定的"曾经故意犯罪"修改为"五年内曾经故意犯罪被判处有期徒刑以上刑罚"（方案一）或者"曾经故意犯罪被判处十年有期徒刑以上刑罚"（方案二）；将"或者有证据证明有犯罪事实，可能判处徒刑以上刑罚，曾经故意犯罪或者身份不明的"修改为"或者有证据证明有犯罪事实，可能判处三年有期

---

① 郭烁：《刑事拘留非紧急性候审化及其纠偏》，载《苏州大学学报（哲学社会学版）》2023 年第 2 期。

② 2023 年，最高人民检察院最新发布的《检察机关案件质量主要评价指标》已经进行了调整，取消了原先的"捕后判刑率/缓刑率"。

徒刑以上刑罚，曾经故意犯罪或者身份不明的”（方案三）、“或者有证据证明有故意犯罪事实，可能判处徒刑以上刑罚，曾经故意犯罪或者身份不明的”（方案四）。

（三）公诉裁量权构建

1. 一个法理问题：法定主义与便宜主义的模式选择

公诉机关享有一定的起诉裁量权是现代法治国家通例。关于起诉裁量权的内涵，理论和实务未达成一致认识，但均无一例外地将其与起诉条件挂钩，包括诉权的启动和诉的变更权。“公诉裁量，是指检察机关对一些移送审查起诉的案件，虽然经审查认为有足够证据有犯罪事实，且具备起诉条件，但根据法律规定既可以作出提起公诉的决定，也可以作出不起诉、暂缓起诉等决定；决定起诉的，可以有条件地选择起诉、变更起诉等。一般而言，公诉裁量既包括公诉与否的裁量，也包括内容的裁量。”[①] 近年来，有些检察官将“公诉裁量权”转化为“起诉必要性”这一概念予以把握，主张对照刑事诉讼法第 176 条“犯罪事实已经查清，证据确实、充分，依法应当追究刑事责任”作为标准，同时还必须考虑公共利益。[②] 也有论者指出，对于重罪案件，检察机关没有裁量余地。[③] 笔者基本赞同上述观点，同时认为在“中国式”语境下探讨起诉裁量权，在法理层面必须关注法定主义向便宜主义嬗变的社会治理因素；在技术层面，对公诉裁量权作系统性考虑。

法定主义和便宜主义是现代化国家诉权行使的两大基本路径。后者以英美法系国家为代表，表现为检察官在处理案件时享有相当程度的自由裁量权，可以决定是否起诉，选择指控何种罪行、决定指控的罪名数量以及提供辩诉交易；[④] 前者以大陆法系为代表，表现为有证据证明犯罪确实发生时，检察官必须依法起诉；检察机关可以就轻微犯罪案件不予起诉、暂

---

① 朱孝清：《检察学》，中国检察出版社 2010 年版，第 392 页。

② 李勇：《准确理解少捕慎诉慎押具体内涵标准》，载《检察日报》2022 年 3 月 29 日。

③ 丁海涛：《关注个案特点敏于具体裁量》，载《检察日报》2022 年 7 月 6 日。

④ ［瑞士］古尔蒂斯·里恩：《美国和欧洲的检察官——瑞士、法国和德国比较分析》，王新玥、陈涛等译，法律出版社 2019 年版，第 84 页。

缓起诉或者撤回起诉。[①] 从发展趋势看，世界各国的公诉裁量权都呈现逐步扩大趋势，尤其是作为法定不起诉代表国家的德国，检察官可以对轻微犯罪案件不起诉或者撤回起诉，甚至可以撤回中等级犯罪案件。[②] 通说认为，我国现行刑事诉讼法遵循“起诉法定主义为主，起诉便宜主义为辅”。[③] 近年来，随着轻罪案件的激增和认罪认罚从宽制度的广泛适用，有观点主张扩大公诉裁量权，[④] 甚至有激进的办案人员提出应当效仿美国检察官的起诉便宜主义。笔者认为，“起诉法定主义为主，便宜主义为辅”具有更为深远国家治理意义的考量，符合中国国情，研究是否扩大起诉裁量权不能脱离这一基本模式。

第一，现代法治国家将诉权由个人（私人）交由专门机构行使，是出于维护国家秩序、公共利益的考虑。“公共利益”是现代社会公诉权存在的基石，我国刑事诉讼法及司法解释并未界定何为“社会公共利益”，其衡量尺度交由刑法中的“社会危害性”进行具体判断。正如马克思指出的，“诉讼只不过是法律的生命形式，因而也是法律的内部生命的表现”[⑤]，我国现行刑事诉讼法遵循起诉法定主义的深刻内涵乃是要求平等地对待所有案件，严格遵循罪刑法定原则，这是为国家刑罚权的实施所作的制度安排。

第二，从哲学认识论角度，以德国为代表的大陆法系国家与以美国为代表的普通法系国家刑事理论最明显的区别是“德国的刑事法学家坚信客观真实的存在，并且相信可以通过建构刑事司法程序来发现客观真实”。

---

① ［瑞士］古尔蒂斯·里恩：《美国和欧洲的检察官——瑞士、法国和德国比较分析》，王新玥、陈涛等译，法律出版社 2019 年版，第 144、207 页。

② 参见［美］肖恩·玛丽·博伊恩：《德国检察机关职能研究——一个法律守护人的角色定位》，但伟译，中国检察出版社 2021 年版，第 89 页。

③ 参见汪建成：《论起诉法定主义与起诉便宜主义的调和》，载《中国人民大学学报》2000 年第 2 期；宋英辉、吴宏耀：《不起诉裁量权研究》，载《政法论坛》2000 年第 5 期；陈岚：《论检察官的自由裁量权——兼析起诉便宜原则的确立及其适用》，载《中国法学》2000 年第 1 期；唐永禅、杨帆：《论检察机关的起诉裁量权》，载《法商研究（中南政法学院学报）》1999 年第 2 期。

④ 孙远：《起诉裁量权的概念、范围与程序空间》，载《求是学刊》2022 年第 1 期。

⑤ 参见马克思：《第六届莱茵省议会的辩论（第三篇论文）关于林木盗窃法的辩论》，载中共中央马克思恩格斯列宁斯大林著作编译局编译：《马克思恩格斯全集》（第 1 卷），人民出版社 2013 年版，第 287 页。

“美国刑事司法制度对除了产生某种形式的‘程序真实’外，还可以产生别的什么真实的前提持高度怀疑态度”[①]。相应地，德国检察官作为“法律守护人”客观公正义务与英美检察官全身心追求定罪的角色定位存在差异，后者为了追求“定罪率”会不同程度地牺牲真相。坚持客观真实是我国刑事诉讼法的基本原则，这一基本原则决定了检察官应当依据查明的事实定罪量刑，而不是通过走“程序过场”实现正义，这必然要求限定检察官的自由裁量权限度。

第三，随着理性主义兴起，现代刑罚观由有罪必罚的“绝对报应论”转向“报应与预防”相统一，在刑事诉讼领域要求非司法化、非刑罚化以及刑罚个别化——这些实现的前提是完备的社区矫正制度以及个性化的矫正方案，而当前中国尚不存在能够承载各种社会保障职能、实现自治管理的社区组织。[②] 我国法律将社区矫正定位为刑罚执行方式，把符合法定条件的罪犯放在社会上监督管理和教育改造；执行主体依然是司法行政机关，执行方式如调查评估、报告义务、禁止令等，这些与国家机器属性密切相关，也离不开国家强制力才能发挥效力。

2. 一个技术问题：起诉裁量权的界域调整

回顾我国公诉制度的立法变迁，我们发现立法设计正契合了上述法理考量。1979 年刑事诉讼法规定了免予起诉权；1996 年刑事诉讼法取消了免予起诉制度，规定对“犯罪情节轻微，依照刑法规定不需要判处刑罚或者免除刑罚的”人民检察院可以不起诉；2012 年和 2018 年刑事诉讼法修订维持了上述制度，同时自 2012 年起确立了未成年人的附条件不起诉。这一趋势体现了“起诉便宜主义”为辅模式下公诉裁量权的逐步扩张，这

---

① 参见［美］肖恩·玛丽·博伊恩：《德国检察机关职能研究——一个法律守护人的角色定位》，但伟译，中国检察出版社 2021 年版，第 42 页。

② 随着改革开放的深化，中国社会结构也在发生着巨变，由“政治国家”一元社会结构向“政治国家—市民社会”二元社会结构过渡，但我国的市民社会与西方市民社会依然存在着重要差别——西方的市民社会自起源之初就作为与政府平衡的力量存在，而我国的市民社会是在具体的历史条件下，在政府的培育下发展，它的特点承担了原本计划经济时期由“单位”应当承担的部分保障、管理职能；公安机关由于人力和工作任务繁重，已经没有太多精力去承担对社区矫正对象的考察监督重任，而计划经济下原本存在的“单位”对人的控制与管理，随着市场经济的发展、流动人口的增加也逐渐式微，在这种情况下部分保障兼控制管理职能只好由社区承载。

种扩张与社会犯罪结构变化相吻合。“自1999年至2019年，全国检察机关起诉的严重暴力犯罪从16.2万人大幅降至6万人，年均下降4.8%，被判处3年有期徒刑以上刑罚的占比从45.4%降至21.3%。”[①] 相应地，检察机关不起诉率也逐步上升。叠加认罪认罚从宽制度，有些一线检察官主张进一步扩大相对不起诉的范围，对“犯罪情节轻微”的理解应从刑罚的轻重出发，原则上是将相对不起诉限制为“法定刑为3年以下有期徒刑”的轻罪案件。甚至认为，“犯罪情节轻微”存在于所有种类的犯罪中，重罪中也存在“犯罪情节轻微”，也就是说，不论何种性质的犯罪，都可结合其他情况不予起诉。笔者认为，既然在法理层面“起诉法定主义为主，便宜主义为辅”这一模式具有制度合理性，那么从技术层面对扩张起诉裁量权的讨论也应扎根于这一模式，不能完全脱离“法定主义”约束。那种试图回到“免予起诉”的“老路”，重走西方“选择起诉”或者“降格起诉”制度的新路都并非合适“技术”路线。

关于“免予起诉”的“老路”。1996年刑事诉讼法取消这一制度主要是基于“免予起诉存在一些问题：一是不经法院审判程序就确定一个人有罪，不符合法制原则。二是由于免予起诉缺少必要的制约，在实践中，对有些本来不构成犯罪的人，给予免予起诉，被免诉人又没有上诉权，不利于对公民权利的保护；而有些依法应判刑的，却给予免予起诉，使罪犯得不到应有惩罚。”[②]

关于“选择起诉”或者“降格起诉”的新路。“选择起诉”意味着检察机关对多人、多事的案件在起诉时依据法律和职权决定何人、何行为应当被起诉或者不起诉。有的国家如德国，允许检察官在未涉及公共利益、政策原因、毒品类微罪案件等情形下无条件撤销起诉。[③] 我国刑事诉讼法虽然没有界定“公共利益”，但第182条规定了“犯罪嫌疑人自愿如实供述涉嫌犯罪的事实，有重大立功或者案件涉及国家重大利益的，经最高人民检察院核准，公安机关可以撤销案件，人民检察院可以作出不起诉决

---

① 参见《最高人民检察院工作报告》(2020年5月25日)。

② 全国人大常委会法制工作委员会刑法室编：《中华人民共和国刑事诉讼法：条文说明、立法理由及相关规定》，北京大学出版社2008年版，第340页。

③ ［瑞士］古尔蒂斯·里恩：《美国和欧洲的检察官——瑞士、法国和德国比较分析》，王新玥、陈涛等译，法律出版社2019年版，第209页。

定，也可以对涉嫌数罪中的一项或者多项不起诉。”有论者认为，这相当于建立了中国的“选择不起诉”制度。[①] 笔者认为，将其称为“特殊情况下的不起诉”更为适合，从法条字面含义来看，其适用条件和适用程序严格；在实践中也暂无指导性案例，不宜作此解读。“降格起诉”即检察官根据法律规定和案件情况，对较重的犯罪以较轻的罪名起诉，其主要适用于犯罪分级的普通法系国家，是其辩诉交易的基础之一，但由于不符合我国刑法实体法的犯罪构成体系，在我国认罪认罚从宽制度的司法设计中多持否定态度。[②]

关于暂缓起诉。从域外实践看，许多现代化国家均建立了暂缓起诉制度。[③] 我国刑事诉讼法目前仅有针对未成年人的附条件不起诉制度。如前所述，在轻罪案件中，有超过 1/3 的罪犯被判处缓刑；在全部刑事案件中，有接近 30% 的罪犯被判处缓刑。这说明：一方面，在犯罪圈不断扩张的情境下，审查起诉环节“出罪”是国家治理方式现代化的必然要求，建立成年人暂缓起诉制度确有空间；另一方面，要考虑其与既有不起诉制度的叠加效果（目前不诉率约为 25%），一旦确立了成年人暂缓起诉制度，则预估约有近 1/2 左右的案件（主要是危险驾驶、盗窃、帮信、故意伤害）将实质“出罪”，这对维护社会治安稳定的影响尚需审慎评估。同时需要注意的是，检察机关将分流大量法院裁判缓刑案件，这与缓刑刑罚适用之间的平衡关系、对被暂缓起诉人的监管考察以及与社区矫正力量的配适度都有待深入研究。此外，除了考虑刑期和案件类型要件外，成年人暂缓起诉还必须同时满足其他要件，这些其他要件的设立不得逾越刑法第 4 条确立的平等原则，即对于所有成年人，不以其个体身份设置要件，而应以相应的认罪、悔罪表现及被告需履行负担（如从事公益服务、向被害方给付赔偿、接受戒瘾治疗）等方面设置。

关于是否同步扩大未成年人暂缓起诉制度。近年来，未成年人附条件不

---

① 参见陈海锋：《我国选择性不起诉制度的反思与超越》，载《政治与法律》2023 年第 7 期。

② 参见最高人民法院、最高人民检察院、公安部、国家安全部、司法部《关于适用认罪认罚从宽制度的指导意见》（高检发〔2019〕13 号）第 2 条、第 3 条。

③ 缓起诉，即暂缓起诉之处分，或者说是一种附条件的便宜不起诉处分；“条件成就”之后才会确定，“处分确定”之后被告才能终局获得不起诉之利益。参见林钰雄：《刑事诉讼法》（下册各论编），中国人民大学出版社 2005 年版，第 60 页。

起诉率逐年升高，2020 年至 2022 年分别为 20.87%、29.69%、36.1%。[①] 2018 年至 2021 年因情节轻微不诉率在 30% 至 40% 区间。[②] 也就是说，现行制度下，附条件不诉与相对不诉率叠加适用，60% 以上的未成年人犯罪案件已予以出罪。笔者倾向，未来对未成年人暂缓起诉制度重点应进一步健全帮教、干预措施，提升办案质效，最理想的方法是出台未成年司法法进行具体制度设计，充分体现其特殊性。

二、中国式现代化的诉讼模式转型：由混合式向协商式迈进

（一）一个法理问题：协商式诉讼模式下检察主导与“以审判为中心”的关系

改革开放四十余年，我国刑事诉讼模式在充分立足中国司法实践与文化土壤的基础上，适度借鉴国外刑事诉讼制度，历经三次较大规模的调整与变化。尤其是 2012 年刑事诉讼法修改，构建了“以审判为中心”的诉讼格局；2018 年认罪认罚从宽制度写入刑事诉讼法后，伴随其适用面的不断扩展，主流观点认为，我国刑事诉讼“协商式诉讼转型已成定局”。[③] 为全面提升“以审判为中心”诉讼制度改革质效，检察机关提出“全面落实认罪认罚从宽制度，切实发挥检察机关的主导作用”。对此，理论界存在一些不同认识。有的担忧认罪认罚从宽制度中检察主导与“以审判为中心”的关系，[④] 甚至担心其演化为“以检察为中心”“检察至上”。[⑤] 支持检察机关的观点主要从庭审实质化分层的要求、认罪认罚从宽的共同价值与目标、法检相互作用、域外改革经验等角度论证检察机关主导与以审判

① 参见最高人民检察院发布的《未成年人检察工作白皮书（2022）》。

② 参见童建明主编：《检察改革面面观（2018—2021）》，中国检察出版社 2022 年版，第 65 页。

③ 樊崇义：《我国当代刑事诉讼模式的转型图景》，载《检察日报》2019 年 12 月 25 日。

④ 孙长永：《中国检察官司法的特点和风险——基于认罪认罚从宽制度的观察与思考》，载《法学评论》2022 年第 4 期。

⑤ 赵恒：《论检察机关的刑事诉讼主导地位》，载《政治与法律》2020 年第 1 期。

为中心并不矛盾。[①] 笔者认为，协商式诉讼模式下检察机关的主导作用是符合刑事诉讼的现代化构造的。

第一，“以审判为中心”是现代化刑事诉讼模式的共同特征，但并不意味着只需关注审判程序，而忽视其他诉讼阶段。通说认为我国刑事诉讼结构自 1996 年之后采取的是混合式即“第三范式”，也有学者提出“第四范式”。[②] 然而，当前诉讼模式划分理论是以刑事程序中法官（狭义的“审判”）作用予以界定的，没有考虑审判环节之外的其他诉讼阶段。之所以出现这种情况，一方面，由于诉讼模式理论本身是舶来品，建立在对以美国、西欧为主的西方国家刑事诉讼程序为蓝本高度浓缩基础上。[③] 另一方面，现代化刑事程序起源于启蒙运动依赖的“权利”“保障人权”价值体系，在推进刑事程序法治化过程中，联合国刑事司法准则业已成为现代化各国保障犯罪嫌疑人基本权利的标准；诸如《公民权利和政治权利国际公约》《联合国反腐败公约》，不可避免地实质上成为刑事诉讼法学“教义学”。这些公约中关于程序正义的价值要求，实际上围绕狭义审判权展开的，以法官为主角（英文使用“hearing”“trial”）[④]，除律师制度外，鲜少关注法庭之外的其他国家机器。这与我国存在极大区别：如引言所述，“我国将‘司法（justice）’理解为‘诉讼活动’，将法官、检察官理解为司法官，从诉讼一体化的视角将侦查、起诉解读为“为庭审准备”，体现

① 朱孝清：《认罪认罚从宽制度中的“主导”与中心》，载《检察日报》2019 年 6 月 5 日；张建伟：《检察机关主导作用论》，载《中国刑事法杂志》2019 年第 6 期；熊秋红：《比较法视野下的认罪认罚从宽制度——兼论刑事诉讼“第四范式”》，载《比较法研究》2019 年第 5 期。

② 熊秋红：《比较法视野下的认罪认罚从宽制度——兼论刑事诉讼“第四范式”》，载《比较法研究》2019 年第 5 期。

③ 20 世纪 60 年代，美国学者帕克针对美国刑事程序提出“犯罪控制模式”“正当程序模式”；20 世纪 70 年代，约翰格里菲斯在此基础上进一步对未成年人司法提出了“家庭模式”；之后，达玛什卡以证据规则为切入点，对对抗制（美国）和非对抗制（德国、法国）诉讼模式进行比较研究。参见 Damaska，*Evidentiary Barriers to conviction and Two Models of Criminal Procesure*1，University of Pennsylvania Law Review，Vol. 121，No. 3（Jan，1973），p. 506 – 589。

④ 相关公约英文版可参见外交部官网“中华人民共和国条约数据库”，http：//treaty. mfa. gov. cn。

'中国式'审前程序和'以审判为中心'"。[①] 早已深谙两大法系诉讼模式区别的达玛什卡指出，"以审判为中心的比较法研究存在一些问题，因为审判阶段于大陆法系的决定性远不及英美法系重大"[②]"如果要把西方传统之外的程序制度纳入分析视野，这种研究方法的有用性就更为有限了"[③]。既然适合中国实际的诉讼模式研究本不应局限于"狭义的审判"，那么完全套用西方话语体系下来分析"以审判为中心"，进而质疑检察机关在认罪认罚从宽制度中的主导更不可行。

第二，运用法定限度内的手段与程序发现事实真相是现代化刑事诉讼的目的，并不因认罪认罚从宽制度的适用发生变化。自试点伊始，立法者既反复强调我国的认罪认罚从宽制度从来不是"舶来品"，[④] 这不仅体现在刑事诉讼法第 201 条法院对案件的实质审查；[⑤] 还在认识论（证明标准）层面集中体现为最高人民法院、最高人民检察院、公安部、国家安全部、

---

① 陈光中、崔洁：《司法、司法机关的中国式解读》，载《中国法学》2008 年第 2 期。

② ［美］米尔伊安·R. 达玛什卡：《国家权力结构与比较刑事程序》，载《中山大学法律评论》2012 年第 1 期。

③ ［美］米尔伊安·R. 达玛什卡：《司法和国家权力的多种面孔》，郑戈译，中国政法大学出版社 2004 年版，第 5—71 页。

④ 党的十八届四中全会提出"完善刑事诉讼中认罪认罚从宽制度"。2018 年，将认罪认罚从宽确立为刑事诉讼法的一项重要原则，全国人大常委会法工委刑法室主任王爱立在接受采访时表示"将这些改革举措和经验上升为法律，对巩固和助推深化司法体制改革成果，进一步完善中国特色的刑事诉讼制度有着重要意义"。参见《认罪认罚从宽制度：实现公正高效司法的"中国方案"》，载最高人民检察院官网，http://www.spp.gov.cn/zdgz/202010/t20201013_481731.shtml，最后访问日期：2023 年 10 月 2 日。

⑤ 这一现象并非中国特有。《德国刑事诉讼法》第 257c 条明文规定了法院对刑事协商协议的审查权限，该条第 4 项规定："如果忽视或者出现新的法立法上或者事实上的关键情况，且法院确信原先的量刑幅度与行为或者罪责不匹配的，则法院不受该协议的约束。如果被告人采取的进一步的诉讼行为与法院预测所依据的行为不一致的，此规定同样适用。这些情况下，被告人的认罪不予适用。法院应当就此背离毫不迟疑地进行通知。"参见孙谦主编：《刑事审判制度：外国刑事诉讼法有关规定》（下），中国检察出版社 2017 年版，第 694 页。此外，德国刑法理论中有一个重要的量刑原则，即"回旋理论"（Spielberg or "leeway" theory），即法官拥有相当的决策自由。这一原则通过其最基本的规定赋予法官实质性的裁量回旋余地，以便与检察官携手合作，形成最后的量刑结果。参见［美］肖恩·玛丽·博伊恩：《德国检察机关职能研究——一个法律守护人的角色定位》，但伟译，中国检察出版社 2021 年版，第 195 页。

司法部《关于适用认罪认罚从宽制度的指导意见》第3条规定的："坚持法定证明标准，侦查终结、提起公诉、作出有罪裁判应当做到犯罪事实清楚，证据确实、充分，防止因犯罪嫌疑人、被告人认罪而降低证据要求和证明标准。"既然认罪认罚案件要追求客观真实，并必须接受法庭实质审查，那么检察官就有义务发挥好主导作用，在审判前阶段把好案件质量关，这与构建"以刑事证据为核心的刑事指控体系"是相一致的，与"以审判为中心"的根本目的——"确保侦查、审查起诉的案件事实证据经得起法律的检验"也是一致的①。需要特别注意的是，伴随着认罪认罚从宽制度的高适用率，检察官的客观公正立场并不发生变化，并不能以追诉、胜诉作为唯一的价值取向，这正是我国认罪认罚从宽制度与美国式辩诉交易的重大区别之一。这种立场与实践，也被其他现代化法治国家所认可，"在大陆法系刑事诉讼程序中，检察官的客观中立性仍然被认为是可以实现的，检察官仍然承担着查明客观真实而不是查明'解释性'真实的义务。……如果德国检察官在办案中摆出一副对抗制检察官的面孔，法官就会对他们的意见大打折扣。……当检察官在法庭上开始靠着提出严厉的量刑建议来博得好名声时，法官就不再把他当'第二法官'看待，他的意见只是被看作控辩双方控方的意见"。②

第三，授权检察机关在司法权运行中对公民自由权利予以保障是现代化国家司法权分配制约的通用方式，在认罪认罚案件中更应凸显上述价值。回顾历史，通过加强法官司法权保障公民自由权利免受威权或者君权损害是各国政治"现代化"的特征之一。③ 此外，19世纪由法官有权对控告展开侦查并判决有罪的方式也引发了坚守"法律面前人人平等"原则的启蒙主义改革派对法官权力扩张及其专断的担忧。在此背景下，"改革派建议国家成立一个独立于司法机关的检察机关并通过赋予检察机关对刑事

---

① 《中共中央关于全面推进依法治国若干重大问题的决定》指出："推进以审判为中心的诉讼制度改革，确保侦查、审查起诉的案件事实证据经得起法律的检验。"

② ［美］肖恩·玛丽·博伊恩：《德国检察机关职能研究——一个法律守护人的角色定位》，但伟译，中国检察出版社2021年版，第213、214页。

③ 参见［美］塞缪尔·亨廷顿：《变化社会中的政治秩序》，王冠华、刘为等译，沈宗美校，上海人民出版社2008年版，第78—82页。

侦查的监督权，来提升司法机关的客观性”[①]。这一检察机关诞生之日起即注定的历史使命至今未变。在我国当下语境下，认罪认罚从宽制度并未对刑事诉讼中各方权力分配制约进行制度性的重构，公安机关依然是侦查活动的主体，同时承担着治安行政职能，除审查逮捕和延长羁押期限外，侦查权的司法控制原则并不充分；法院依然作为审判环节的“中心”，对认罪认罚案件进行全面审查后定罪量刑。相反，认罪认罚从宽制度本身承载着“促使犯罪嫌疑人、被告人如实供述犯罪事实”“认罪服法”“接受教育”的目的，因此，检察机关充分保障公民自由权利的职责就显得更为重要。检察官应当是法律的守护人；检察官不是，也不应当是片面追求打击犯罪的追诉狂。在认罪认罚从宽制度稳定适用后，尤其是落实提升案件质效、树立正确政绩观的要求下，绝非“检察至上”，更需要强调在“以审判为中心”前提下履行检察官职责的客观公正性——保障犯罪嫌疑人认罪认罚自愿性、真实性和量刑建议的合法性、恰当性。

（二）一个技术问题：协商式诉讼模式下检察权的规范

保障犯罪嫌疑人认罪认罚自愿性和控辩合意对裁判的制约力是协商式诉讼模式的核心要义，也是实践中控辩双方、检法认识不一的症结。笔者认为，应当从以下方面着手进一步完善认罪认罚从宽制度：

1. 充分保障犯罪嫌疑人认罪认罚自愿性

一是明确值班律师的作用，进一步扩充值班律师的权限。例如，明确“犯罪嫌疑人、被告人自愿认罪认罚的，值班律师应当结合案情向犯罪嫌疑人、被告人释明认罪认罚的性质和法律规定，对人民检察院指控的罪名、量刑建议、诉讼程序适用等提出意见，在犯罪嫌疑人签署具结书时在场，对于案情较为复杂的案件，值班律师应当查阅案卷材料。人民法院、人民检察院应当为律师查阅案卷材料提供便利”。需要指出的是，当前完善认罪认罚案件辩护权的瓶颈在于值班律师和法援律师供给不足、经费保障不足，需要有关部门共同关注解决。

二是明确辩护人的作用。现行刑事诉讼法第 173 条规定认罪认罚从宽制度的适用不以辩护人同意为要件，辩护人、值班律师都可以见证具结书

---

① ［美］肖恩·玛丽·博伊恩：《德国检察机关职能研究——一个法律守护人的角色定位》，但伟译，中国检察出版社 2021 年版，第 35 页。

签署。实践中，对辩护人能否提出无罪辩护意见、辩护人拒绝见证如何处理存有疑问。笔者认为，辩护人与犯罪嫌疑人、被告人具有不同的诉讼地位，辩护意见独立于犯罪嫌疑人、被告人意见是现代刑事诉讼制度的基本原则。如果因辩护人不见证即不适用认罪认罚从宽程序，既违背犯罪嫌疑人、被告人意愿，也可能侵害到犯罪嫌疑人、被告人通过真诚悔罪获得法律从宽处罚的权利。笔者建议，将来有必要明确"辩护人应当是否认可罪名、量刑建议提出明确意见。辩护人拒绝签署认罪认罚具结书在场的，经犯罪嫌疑人申请，可以由值班律师在场"。

三是加强对检察官办理认罪认罚案件关键环节的监督制约。例如，就重大、疑难、社会关注度高的案件举行听证、围绕量刑建议或者听取犯罪嫌疑人、被告人、辩护人或者值班律师意见、签署具结书活动，可以同步录音录像。更为根本的是，要进一步完善检察官职权清单，合理确认办案权责。有观点认为"扁平化管理""司法责任制"就是检察官办案直接向检察长报告。实际上，部门负责人经检察长授权，行使部分监督管理职权；部门负责人本身既有较丰富的办案经验，又有一定的监督管理经验，发挥其专业特长，既是业务督导，也是行政督导，是代检察长行使监督管理权。在法理层面，现代化国家检察长与检察官的权力分配，大致分为分权制和授权制。从检察机关的组织结构上来讲，我国更接近于大陆法系，本具有分权制的基础和条件，但现行法律和制度为防止个人权力滥用，以检察机关为检察权行使的主体，以检察长负责制为检察权运行机制的基本内容。根据人民检察院组织法第 28 条至第 33 条，检察官仅作为办案组织之一，绝非独立官署，即在检察长授权之下，检察官、检察官办案组、检察委员会都是具体行使检察权的办案组织，是检察权运行的"操盘手"。

2. 厘清控辩合意对裁判的制约力

刑事诉讼法第 201 条规定：除特定情形外，人民法院一般应当采纳人民检察院指控的罪名和量刑建议。同时，规定人民法院经审理认为量刑建议明显不当，或者被告人、辩护人对量刑建议提出异议的，人民检察院可以调整量刑建议。人民检察院不调整量刑建议或者调整量刑建议后仍然明显不当的，人民法院应当依法作出判决。最高人民法院、最高人民检察院、公安部、国家安全部、司法部《关于适用认罪认罚从宽制度的指导意见》第 40 条分别规定了采纳和不采纳的情形。检察机关认为"一般应当采纳"意味着以采纳为原则，不采纳为例外。只有检察机关不调整或者调整后仍明显不当的，法院才可以依法作出判决，法院不能未经检察机关调整径行作出判决。法院认为，对量刑建议的审查是实质性审查。量刑建议体现了控辩双方协商的承诺，检察机关的承诺只有完全符合法定要求时，法院才能以裁判的形式兑现。量刑建议的调整应受严格限制。量刑建议的调整不是必经程序，法院认为量刑建议不当"告知"检察机关是工作要求，不是刚性要求。实践中即便没有告知，法院在充分听取控辩双方意见基础上依法作出判决，不属于程序违法。[①]

虽然实践中检法冲突的案例并不多见，但上述认识分歧引发理论讨论。笔者认为，法官对控辩合意的实质审查符合现代刑事诉讼制度的基本角色定位，即使在检察官享有极大辩诉交易决定权的域外也是如此。检察机关主导认罪认罚从宽制度与"以审判为中心"并不矛盾，将来有必要立法时明确控辩合意的拘束力与法官审查之间的关系，可以考虑吸收最高人民法院、最高人民检察院、公安部、国家安全部、司法部《关于适用认罪认罚从宽制度的指导意见》第 40 条、第 41 条的内容，明确对于事实清楚，证据确实、充分，指控的罪名准确，量刑建议恰当的，人民法院应当采纳。此外，还需关注检察机关抗诉权行使的审慎性。根据刑事诉讼法第 228 条、《人民检察院刑事诉讼规则》第 584 条、《人民检察院刑事抗诉工作指引》和最高人民检察院《关于加强和改进刑事抗诉工作的意见》等法律、司法解释及规范性文件的规定，启动抗诉需存在"确有错误"的具体情形，且抗诉必将导致二审开庭审理，因此抗诉是十分严肃的法律活动，也是人民检察院行使法律监督权的重要内容之一，更是检察官客观公正立场的体现。由于抗诉可以突破"上诉不加刑"原则的限制，要注意防止恣意行使抗诉权演化为变相限制当事人上诉权的程序手段。

---

① 最高人民法院刑事审判庭 2021 年 6 月出版的《刑事审判参考》（总第 127 辑）中，（第 1409 号）苏桂花开设赌场案指出，"检察机关因一审法院未建议调整量刑建议而抗诉的，二审法院不应以程序违法发回重审"。明确该案"一审未告知量刑建议不属于程序违法，据此提出抗诉不符合法律规定。二审法院依法作出裁定驳回抗诉，维持原判适当"。（第 1407 号）刘正民、马武凯故意毁坏财物案指出，"正确理解量刑建议调整与依法径行判决的关系，人民法院认为量刑建议明显不当的，检察机关可以调整量刑建议也可以不调整。检察机关不予调整的，人民法院应当依法及时作出判决，确保案件及时审结"。

三、中国式现代化刑事诉讼权力的监督制约体系

（一）一个法理问题："理想型"检警关系的模式

"政治现代化包括划分新的政治职能并创制专业化的机构来执行这些职能。具有特殊的功能的领域——法律、军事、行政、科学——从政治领域分离出来，设立有自主权的、专业化的但却是政治的下属机构来执行这些领域里的任务。"① 现代检察制度源于解除法官侦查、控诉职能并赋予检察官相应权限，其肇始于诉讼权能的制约划分。诉讼权能的划分无非围绕检警关系与检审关系展开。上文中已论及检察官法律监督定位与"以审判为中心"的关系，不再赘述。贯彻落实"以审判为中心"的诉讼制度改革，必然要求构建以刑事指控为核心的证据体系，而检警关系直接决定构建"以刑事指控为核心"的证据体系的质量。通说认为，归纳大陆法系和英美法系立法，检警关系可分为"检警一体化"模式和"检警协作"模式两大类。近年来，伴随着检察侦查指挥中心的全面覆盖以及介入侦查引导取证的探索，客观地说，检察机关在诉讼权能划分中前进"一小步"，但笔者认为，据此主张"检察机关主导下引导侦查"还不适合作为"理想型"检警关系模式。

第一，"检察主导下引导侦查"的前提是侦查、起诉控诉职能一体化，而这忽视了检察官作为公正客观独立官署的定位，也不符合"权力制约权力"的现代刑事诉讼基础。过分强调检察对侦查的引导协作，在检察官和检察机关不具备人员力量与权力优势的前提下，将导致检察官沦为纯控诉工具，弱化其监督属性。部分地区提及的"检警努力协同构建'大控方'追诉格局"的提法，值得我们持审慎态度。

第二，即使在立法确立"检警一体化"的国家，实践中，检察官也难以真正引导指挥侦查。《德国刑事诉讼法典》虽然规定了检察官可以自行

---

① ［美］塞缪尔·亨廷顿：《变化社会中的政治秩序》，王冠华、刘为等译，沈宗美校，上海人民出版社2008年版，第27页。

对案件进行侦查，也可以要求警察实施侦查，[①]“不过实践中，绝大多数的刑事案件侦查都是由警察自行开展，并只在必须提出指控的时候，才会向检察官提交相关文件，或者是在重大案件中告知检察官案件的具体情况”[②]。作为检察制度起源地的法国规定“司法警察在得知发生刑事犯罪时，应当立即报告共和国检察官。司法警察的办案行动一经终结，应立即直接向共和国检察官移送由其制作的笔录以及验证无误的副本一份，与此有关的所有文书与文件、材料均应同时报送。实践中，一方面由于案件量和时间问题，司法警察不可能对办案过程全部记录；另一方面对于一些不太严重的犯罪，他们可以在向检察官报告前依职权自行调查。因此，司法警察在处理该类犯罪时具有很大的自由裁量权。”[③]

新一轮司法改革要求“严格公正司法”“健全公检法司的监督制约体系”。我国宪法和刑事诉讼法将公检法三机关的权能关系定位为“分工负责、互相配合、互相制约”，这一基本格局是久经历史变革和维护社会秩序、实现国家治理需求考验的。构建“理想型”检警关系如果脱离上述基本格局进行大刀阔斧的改革既不现实，也不经济。笔者认为，“以审判为中心”的视野下，构建新型检警关系，检察机关不要仅强调“协作配合”或者引导侦查，还要充分履行法律监督职能，全面提升办案质效。未来，下沉到基层的侦查监督与协作配合办公室，不能代行批捕权和起诉权，更不能代行公安机关职能，在强调引导的同时，应当注重加强对公安机关办

---

① 《德国刑事诉讼法典》第160条规定：“澄清事实之义务（1）检察官一旦或者存在可疑的犯罪行为，无论是通过控告或者其他方式，都必须就事实进行调查，以便确立是否提起公诉。（2）检察官有义务调取构罪或者出罪的证据材料，并确保获得可能灭失的证据。（3）检察官采取的调查通常要包括确定该行为法律后果的所有情况。为实现上述目的，检察官了可以利用法院援助机构的服务。（4）如调查采取《联邦法律》或者《土地法》禁止的措施，则调查行为获得的证据材料不具有可采性。”第161条（1）规定：“为完成本法第160条规定的目的，除非法律另有规定，检察官有权自行或者警察局、警官向各类主体收集信息。警察局和警官有义务遵循检察官的指令，向各类主体收集信息。”参见 German Code of Criminal Procedure，https：//gesetze - im - internet. de/english - stpo. html，中文条文为笔者译，最后访问日期：2023年10月12日。

② ［瑞士］古尔蒂斯·里恩：《美国和欧洲的检察官——瑞士、法国和德国比较分析》，王新玥、陈涛等译，法律出版社2019年版，第205页。

③ ［瑞士］古尔蒂斯·里恩：《美国和欧洲的检察官——瑞士、法国和德国比较分析》，王新玥、陈涛等译，法律出版社2019年版，第225页。

案活动合法性的监督。

（二）一个技术问题："理想型"检警关系的实现

第一，构建"监督型"检察侦查权。2018 年宪法、人民检察院组织法及《中共中央关于加强新时代检察机关法律监督工作的意见》均强调检察机关的法律监督定位。笔者认为，从检察制度历次沿革来看，检察机关侦查权是由法律监督职能派生的，侦查权的行使必须依法围绕法律监督定位展开，其目的是保障检察机关整体法律监督的有效性和权威性，推动刑事检察、民事检察、行政检察、公益诉讼检察"四大检察"全面协调充分发展。2018 年刑事诉讼法统筹监察体制改革，并非简单地保留了一部分侦查权给检察机关，其立法深意是立足诉讼活动中法律监督职能，有效督促检察机关纠正司法不公现象。检察机关侦查权与监察机关调查权在打击职务犯罪中具有一定互补性，两者共同组成了严密的职务廉洁法治监督体系。将来可以此为基点，在现行刑事诉讼法第 19 条基础上适当扩大自侦权。

第二，完善立案监督权。现行刑事诉讼法第 113 条仅规定了人民检察院对公安机关应当立案而不立案的监督（监督立案）。对于不应当立案而立案侦查的监督（监督撤案），虽然已有多个与公安机关会签的文件均有规定，[①] 但是在刑事诉讼法中是否明确检察机关对侦查机关不应当立案而立案的监督一直有不同观点，2012 年和 2018 年刑事诉讼法修改均未能体现。由于缺乏明确法律依据，侦查机关不应当立案而立案，以刑事手段插手民事、经济纠纷，人民群众反映强烈，如鸿茅药酒案、山东桓台 5 亿金融案、榆林男子被判无期案等引发广泛关注。

2023 年 7 月，中共中央、国务院《关于促进民营经济发展壮大的意见》提出"强化民营经济发展法治保障"，明确要求"防止和纠正利用行政或刑事手段干预经济纠纷"。近年来，最高人民检察院专门部署涉非公

---

① 2010 年最高人民检察院、公安部《关于刑事立案监督有关问题的规定（试行）》、2017 年最高人民检察院、公安部《关于公安机关办理经济犯罪案件的若干规定》。

经济立案监督专项活动，发布了一些指导性案例和典型案例[①]，《人民检察院刑事诉讼规则》第560条至第564条规定了“双向监督”（监督立案和监督撤案）的具体程序。在这种情况下，通过完善检察机关立案监督权范围兼具政策依据和实践基础，应当考虑立法明确“应当立案而不立案”以及“不应当立案而立案”，均属于立案监督范围，检察机关可以要求公安机关说明理由，检察机关认为公安机关理由不能成立的，应当通知公安机关立案或者撤销案件，公安机关接到通知后应当立案或者撤销案件。对于行刑衔接，应当明确公安机关对检察机关提出的涉嫌犯罪监督线索立即核查；对于需要给予行政处罚的被不起诉人，应当明确后续处理，避免“不刑不罚”。

需要说明的是，关于挂案监督。“挂案”是指长期立而不侦、侦而不决的案件，此类案件情况较为复杂：一是无罪挂案，即对不构成犯罪或不需要追究刑事责任的长期不作终结性处理。二是有罪挂案，即对涉嫌犯罪的嫌疑人长期不依法移送审查起诉。三是疑罪挂案，即对反复侦查仍然事实不清、证据不足的犯罪嫌疑人长期未作处理。对于无罪挂案，可以通过撤案监督予以处理；对于其他挂案，虽然最高人民检察院、公安部《关于公安机关办理经济犯罪案件的若干规定》第25条规定了撤销案件特定情形，但实践效果不佳。笔者认为，上述现象，既有案情疑难复杂、侦查条件有限，以及执法司法机关认识分歧等客观原因，也有受地方保护、利益驱动等主观因素。并且，追求客观真实是我国刑事诉讼法的基本目标，各类案件侦查难度和周期不同，一概要求侦查机关、检察机关进行快速指控不符合认识论基本规律。对于有罪挂案，笔者认为，应当按照刑事诉讼法的规定，在符合刑事诉讼法规定的侦查办案期限、羁押期限条件下，对于已经查清的事实符合起诉条件的，依法移送审查起诉。对提起公诉后需要补充起诉的，依法补充起诉。对于“疑罪挂案”，一律予以撤销案件不仅涉及在刑事司法领域“疑罪从无”原则的适用，还涉及公安机关是否可以不经司法审查，对于有犯罪嫌疑但是事实不清，证据不足案件予以撤销案件的问题。对于此类案件，虽有犯罪嫌疑，但是如果经过一定期限，确实

---

① 例如，第二十四批指导性案例（检例第90—93号）、广州卡门实业有限公司涉嫌销售假冒注册商标的商品立案监督案（检例第99号）；2020年发布的4起保障民营企业合法权益监督侦查机关撤案典型案例；第二届民营经济法治建设峰会检察机关服务民营经济典型案例之何某与刘某合同纠纷案；等等。

难以查清事实，建议通过修改刑事诉讼法，建立侦查机关移送不起诉制度，经过检察机关的司法审查，依法作出不起诉决定。

第三，完善介入侦查引导取证机制。2021 年最高人民检察院与公安部会签了《关于健全完善侦查监督与协作配合机制的意见》。如前对检警关系的法理分析，未来，对于介入引导侦查取证应当立足法律监督定位。实践中重大经济犯罪、涉黑犯罪（背后往往涉及重大经济利益）等重大案件不仅人民群众关注，还容易出现地方保护、司法腐败等违规办案现象。因此，可以考虑将来在立法中明确在逮捕环节，甚至通过侦查监督与协作配合办公室在捕前环节，经公安机关商请或者人民检察院认为确有必要时，可以派员适时介入重大经济犯罪案件、有组织犯罪、重大毒品犯罪或者其他严重危害社会的犯罪案件的侦查活动，参加公安机关对于重大案件的讨论，对事实认定、证据收集、案件定性、法律适用等提出意见，监督侦查活动是否合法。

第四，加强对涉案财物处置的监督。近年来，在大量涉众型经济犯罪案件当中，尤其是伴随着网络犯罪案件增多，案件管辖地域多元化，相应地侦查机关查封扣押冻结措施宽泛性、扩张性和自控力引起学界讨论，[①]类似义乌“冻卡”风波事件引发媒体关注。[②] 2023 年 7 月中共中央、国务院《关于促进民营经济发展壮大的意见》明确要求“进一步规范涉产权强制性措施，避免超权限、超范围、超数额、超时限查封扣押冻结财产”。笔者认为，加强对涉案财物处置的监督，检察机关可以考虑如下方面完善相应制度：

一是激活对司法机关涉案财物的处置监督。现行刑事诉讼法第 117 条已明确规定了当事人、利害关系人等对司法机关及其工作人员有违规查封扣押冻结处置涉案财物的，可以向人民检察院申诉，人民检察院经审查情

---

① 参见陈如超：《电信网络诈骗涉案资金冻结及其处置》，载《中国刑事法杂志》2023 年第 2 期；郭烁：《电信网络诈骗犯罪应对的程序性困境与完善》，载《法学论坛》2023 年第 4 期。

② “一些公安机关仅因几百元、几千元涉案资金冻结整个涉案账户，高达几十万元，参见胡艳明：《义乌“冻卡”风波》，载《经济观察报》2021 年 4 月 19 日。还有商户反映，从贸易公司到接受货款的商户，再到工厂，一个案件将链条上涉及的所有账户都冻结了，参见索寒雪：《多部委探讨“解冻义乌”：有商户 5 张卡被冻结》，载《中国经营报》2021 年 4 月 26 日。”参见陈如超：《电信网络诈骗涉案资金冻结及其处置》，载《中国刑事法杂志》2023 年第 2 期。

况属实的，通知有关机关纠正，但未对后续处置予以规范。建议立法明确“有关机关应当将纠正情况及时通知人民检察院”。

二是强化涉案财物公诉职责。曾有观点主张在刑事诉讼中设置专门的对“物”之诉，检察机关应当就涉案财物处置专门启动诉权。笔者认为，这一做法面临不少障碍，主要包括：其一，刑事涉案财物处置包括普通刑事案件的涉案财物处置和特别程序的涉案财物处置（即现行刑事诉讼法违法所得的没收程序），两者满足不同法益保护和实践需求，不应混淆。其二，需要与刑法、行政处罚法、监察法等法律规定统筹。现行法律及司法解释和规范性文件均未对“涉案财物”的范围予以界定，它只是表明某一财物可能与犯罪或违法违纪行为有关，或者与刑事案件的审理、判决执行有关，而这种关系实际存在与否以及法律性质尚待纪律、司法程序的最终认定。与之类似，关于“违法所得”，在我国也是一个各部门通用的概念，刑法、民法、行政法中均有规定，可以分为民事上的违法所得、行政法意义上的违法所得、刑法上的违法所得。由于刑法第 64 条使用了“违法所得”而非“犯罪所得”，因此，对刑法本条的违法所得是仅指犯罪所得还是包括其他违法所得，理论界和实务界均有不同看法。结合刑事诉讼法第 177 条第 3 款、第 245 条的规定来看，人民检察院作出不起诉决定、人民法院作出判决，应当对“犯罪所得”统筹处理，其余除犯罪所得外的，应当退还给有关主管机关依法依纪处理。其三，刑法意义上的违法所得与定罪量刑密不可分，分割为定罪量刑的“对人之诉”和涉案财物的“对物之诉”可行性有待商榷。刑法及司法解释对“违法所得”适用分为如下层面：罚金刑提供判罚基础①、作为定罪量刑的标准②、确定没收财产的范围③，具体案件情况较为复杂，包括全案违法与部分环节违法、犯罪成本是否扣除、是否限于犯罪本人财物等。其四，对“物”之诉与对“人”之诉概念源自古罗马法，后在普通法系国家盛行，其将同一事件、同一行

---

① 如刑法第 180 条、第 225 条，最高人民法院《关于审理非法出版物刑事案件具体应用法律若干问题的解释》，最高人民法院、最高人民检察院《关于办理内幕交易、泄露内幕信息刑事案件具体应用法律若干问题的解释》。

② 如最高人民检察院、公安部联合发布的《关于公安机关管辖的刑事案件立案追诉标准的规定（二）》，即 78 种经济犯罪案件立案追诉标准。

③ 如刑法第 64 条规定违禁品和供犯罪所用的本人财物予以没收、刑事诉讼法第 282 条规定特别没收程序。

为割裂为两个抽象层面、两次审判，不符合我人民群众朴素正义价值观和对司法效果的要求。在一个诉中同时解决定罪和涉案财物处置，既有利于贯彻宽严相济政策，准确量刑以维护被告人合法权益；也有利于及时返还、退还被害人财产，充分保护受害人权益，促进案结事了。其五，比较法视角下，各国确立了新的没收形式，规定即使涉案不是罪犯被定罪的犯罪所得也可予以没收，这种形式与我国当前刑事诉讼法中的特别程序没收类似，但依然保留了定罪没收，不同形式的没收程序服务于不同目的，不宜“一刀切”统一为对“物”之诉。例如，美国联邦层面涉案财物处置程序分为刑事没收、民事没收（不经定罪，类似我国刑事诉讼特别程序的没收制度）和行政没收，刑事没收依然要以被告人定罪为前提；民事没收的优势在于使难以被定罪的案件涉案财物也予以处置，尤其是涉案人员位于美国本土之外、体现“长臂管辖”的情况。[①]《德国刑事诉讼法典》规定了没收、扣押财产程序，主要是指定罪没收程序（一般没收程序）和非定罪没收程序（独立没收程序）。[②] 在当下情境下，笔者认为，更为现实的

---

① Asset Forfeiture Policy Manual 2023，htttps：//www. justice. gov/criminal - afmls/file/839521/download，最后访问日期：2023 年 10 月 11 日。

② 根据为落实欧盟委员会《关于欧盟冻结没收犯罪工作和犯罪所得的指令》（Directive 2014/42/EU），2017 年德国对原有刑法典和刑事诉讼法相条文进行了修订，自 2017 年 7 月 1 日起实施。根据《德国刑法典》总则第三章“犯罪的法律后果”的“没收”一节，没收主要包括一般没收、非独立（扩大）没收、独立没收、替代价值没收及第三人获得的犯罪所得的没收等。一般没收（第 73 条）指没收违法所得，包括违法所得的没收和犯罪物的没收。非独立（扩大）没收（第 73a 条）指对被起诉关联的其他犯罪行为的违法所得以及新发现的尚需没收的财物。第三人获得的犯罪所得的没收（第 73b 条），指因正反、共犯、无偿取得、无因取得、知道或应知犯罪或违法所得而接受转移均可没收。替代没收（第 73c 条）指犯罪所得因性质或其他原因不能没收原物或替代物时，法院应没收与犯罪所得价值相等的价款。非正式没收（第 73 条），如果被告人明确放弃被侦控机关采取了刑事保全措施的涉案财物，检察机关就可以不经正式审判程序直接决定没收有关财物，不再在正式起诉书中提及。独立没收［第 76a（4）条］因涉嫌毒品、洗钱、恐怖主义、税务等犯罪或关联行为的案件，可不经定罪，经法院审判没收。替代价值没收又称等值没收或等额没收。与《德国刑法典》相对应，《德国刑事诉讼法典》第 111e 条、第 111 条、第 111（5）条规定了一般没收措施，第 435 条至第 437 条规定了非独立没收程序。参见 German Criminal Code，German Code of Criminal Procedure，https://gesetze - im - internet. de/english - stpo. html，最后访问日期：2023 年 10 月 13 日。

路径是压实侦查、监察环节的涉案财物属性查证责任，强化检察公诉环节的审查责任，通过立法明确要求“公安机关、监察机关应当全面收集证明涉案财物性质、权属情况、依法给予追缴、没收或者责令退赔的证据材料，在移送审查起诉时随案移送并作出说明。人民检察院应当对公安机关、监察机关移送的涉案财物证据材料进行审查”。

四、结语

自沈家本修律伊始，百余年来法学领域“追比西方”，通过借鉴外国立法经验、构建本国强制性制度变迁以实现法制“现代化”在相当长时间内广泛而深远地影响了中国立法进程。然而，正如亨廷顿在《文明的冲突与世界秩序的重建》一书中所指出的：“现代化并不一定意味着西方化。非西方社会在没有放弃它们自己的文化和全盘采用西方价值观、体制和实践的前提下，能够实现并已经实现了现代化。”[①] 复线时间、多元发展已是西方现代化理论研究学者的共识，[②] 中国刑事诉讼制度、中国检察制度的发展脉络告诉我们，检察权是不断现代化过程中的（to be modernized），同时它又是“中国式”的，这也正是马克思主义在中国焕发新生机的核心要义。随着全面依法治国的不断深化，检察机关职能也必将不断发展和完善，检察权的内涵与外延必将有减有增，司法政策研究者的使命在于结合中国国情将现代化治理要素转为“指导行动的法”，即“实然—应然—指导实然”的过程，这将是我们的重大课题。

---

① ［美］塞缪尔·亨廷顿：《变化社会中的政治秩序》，王冠华、刘为等译，沈宗美校，上海人民出版社2008年版，第57页。

② 参见［美］吉尔伯特·罗兹曼主编：《中国的现代化》，国家社会科学基金《比较现代化》课题组译，江苏人民出版社2005年版，第5页。

侦查监督与协作配合机制的落实路径

——以设立侦查监督与协作配合办公室为视角

郑 坚 龚 鑫*

侦查监督与协作配合机制是加强新时代检察机关法律监督工作和公安工作的重大举措。按照最高人民检察院和公安部要求，全国市县检警机关落实设立“侦查监督与协作配合办公室”。该办公室的产生，是检警机关对“监督—配合”历史关系探索的有益成果。当前，办公室在实践中运行效果总体较好，但也存在职责认识偏差、监督配合有限、人员力量不足等困境，由此检警机关可以在优化司法理念、提升监督配合、夯实能力建设等方面予以完善。

一、侦查监督与协作配合办公室的形成历程

侦查监督与协作配合办公室的设立，是伴随着检察机关与公安机关之间“监督—配合”的关系变化发展形成的。按照检察机关机构设置的历史脉络，该办公室的形成可以分为以下四个阶段。

（一）过度强调配合：没有设立专门机构

新中国成立初期，我国确立了人民民主专政的政体。为巩固新生政权，维护社会稳定是检察机关、公安机关的首要任务。至20世纪末，我国经历了三次“严打”活动。其间，检察机关与公安机关分工负责、互相配合，严厉打击各种犯罪活动，社会治安得到根本好转。但法律没有明确

---

* 郑坚，安徽省宣城市绩溪县人民检察院副检察长；龚鑫，安徽省宣城市绩溪县人民检察院三级检察官助理。

规定检察机关的侦查监督职责，检察机关也未设置专门监督部门，“过度强调配合”是检警机关这一时期工作关系的主基调。

（二）开始重视监督：设立侦查监督部门

进入21世纪，人权保障问题日益突出，一些冤假错案不断被社会媒体曝出，司法公信力和司法公正受到严重挑战。由此，检察机关开启了侦查监督工作的新篇章。以2000年9月最高人民检察院设立侦查监督厅为标志，地方各级检察机关立足实际、积极作为，相继设立侦查监督部门，专门负责刑事案件的审查逮捕和立案监督、侦查活动监督。值得注意的是，近年来由于检察机关内设机构改革和“捕诉一体”制度的实行，“侦监部门”退出了历史舞台。

（三）突出优化监督：设立派驻检察室

此后，检察机关对侦查监督工作进行了一系列的探索实践。2013年，最高人民检察院发布《关于深化检察改革的意见（2013—2017年工作规划）》提出，“建立对公安派出所刑事侦查活动监督机制”。2016年11月，北京市海淀区检察院又率先尝试在公安执法办案管理中心设置派驻检察室。[①] 检察机关的这些创新举措取得了明显成效，对不断优化公安侦查活动监督、健全侦查监督机制具有重要意义。

（四）监督配合并重：设立侦查监督与协作配合办公室

2021年10月31日，最高人民检察院、公安部联合印发《关于健全完善侦查监督与协作配合机制的意见》（以下简称《意见》）的通知，指出“市县两级单位要加快推进侦查监督与协作配合办公室的机构设立……以制度化、规范化保障检警机关监督制约、协作配合、信息共享等机制在执法司法实践中充分有效发挥作用”。至此，侦查监督与协作配合办公室诞生。与之前机构相比（见表1），这既是继承又是发展，是新时代检警机关落实侦查监督与协作配合机制的共同成果。

---

① 参见方洁：《派驻公安机关执法办案管理中心检察室工作模式研究》，载《人民检察》2018年第6期。

表 1　侦查监督与协作配合办公室与相关机构的主要区别

名称	设置时间	设置理念	主要职责	组成人员	设置地点	设置方式
侦查监督部门	2000 年 9 月开始全国设立	开始重视监督	审查逮捕、立案监督、侦查活动监督	只有检察人员组成	隶属检察机关	检察机关内设机构
派驻公安机关检察室	2016 年 11 月北京市检察机关探索设立	突出优化监督	进一步强化监督，探索引导侦查、联席会议等制度	主要由检察人员组成	在公安机关，如公安派出所、执法办案管理中心等	检察机关派出机构
侦查监督与协作配合办公室	2021 年 10 月开始全国逐渐设立	监督配合并重	组织协调、监督协作、督促落实、咨询指导等	由检察人员和公安人员共同组建	明确为公安机关执法办案管理中心	检察机关与公安机关共同牵头设立

二、侦查监督与协作配合办公室的运行效果与现实困难

（一）运行效果

1. 从节点到过程：侦查监督得以延伸

在刑事诉讼中，侦查行为包括立案、拘传、拘留、逮捕，以及扣押、冻结财产等。除逮捕外，侦查机关对其他行为具有完全的独立性和自主性。在传统侦查监督上，检察机关只有等到案件进入审查逮捕或起诉才会有监督的时机，这种“节点式”监督显然具有滞后性。[①] 侦查监督与协作配合办公室设立可以将侦查监督的时空前移，检察官在办公室常驻，通过系统查询、实地查看、调查询问等方式，亲历侦查机关的人身检查、刑事拘留、物品扣押、权益保障等办案情况，形成“过程式”监督模式，使得侦查监督触角得以延伸（见图 1）。

2. 从被动到主动：协作配合更趋完善

我国检察机关具有监督者和追诉人的双重身份，追诉人的角色定位决定检察机关与公安机关的协作配合。[②] 长期以来，在“侦查—公诉—审判”

① 参见朱孝清：《强化侦查监督　维护公平正义》，载《人民检察》2005 年第 12 期。

② 参见陈卫东：《我国检察权的反思与重构——以公诉权为核心的分析》，载《法学研究》2002 年第 2 期。

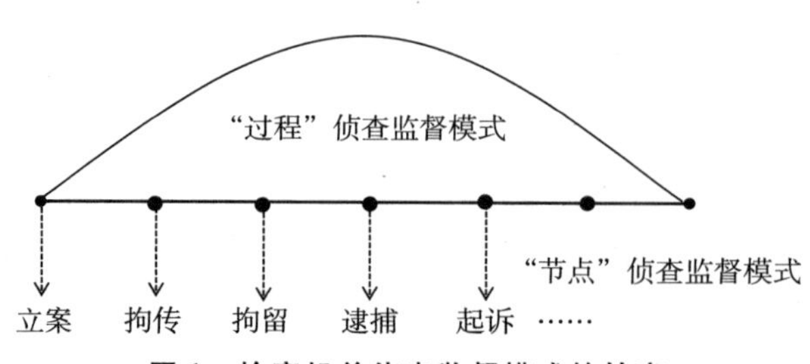

图 1　检察机关侦查监督模式的转变

线性诉讼结构的影响下，各诉讼阶段都有自己的"射程"，刑事案件如流水作业般由一道工序进入下一道工序。[①] 侦查监督与协作配合办公室运行后，使得合理的"控—辩—审"三角诉讼结构能够实现，更加适应了"以审判为中心"的诉讼制度改革（见图 2）。检察机关可以提前了解到相关案件情况，尤其是涉黑涉恶、人数较多等重大复杂刑事案件，通过主动与侦查机关沟通交流，及时引导侦查方向、严格把关证据标准，从源头上确保案件质效和司法公正。

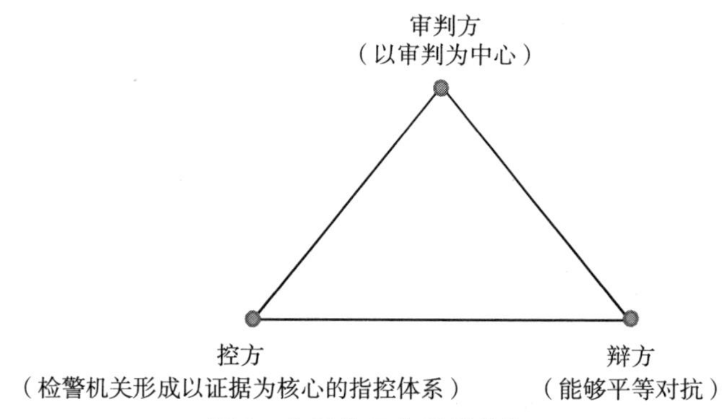

图 2　合理的三角诉讼结构

3. 从闭环到开放：信息共享有效实现

在侦查监督与协作配合办公室设立之前，检察机关与公安机关已就信息共享机制落实了一些举措，并取得了一定成果，如刑事案件智能辅助办案系统（"206"系统）、派驻看守所检察室"两网一线"的建设。但基于公安机关刑事立案自主性和侦查活动秘密性，检察机关对公安机关的立案数据、强制措施执行等信息依然很难掌握，尤其是违法侦查的高发领域，如立案后不报捕、不移送审查起诉的"挂案"、犯罪嫌疑人被送往看守所

① 参见陈瑞华：《刑事诉讼的前沿问题》，中国人民大学出版社 2000 年版，第 231 页。

前24小时的讯问等。办公室运行后，有效打破了侦查机关的信息数据闭环，检察机关可以依托公安执法办案管理中心平台系统，通过登录查阅、调看监控等方式，实时掌握侦查机关的立案数据、讯问现场情况、流程走向等信息，做到实时共享和动态监督（见图3）。

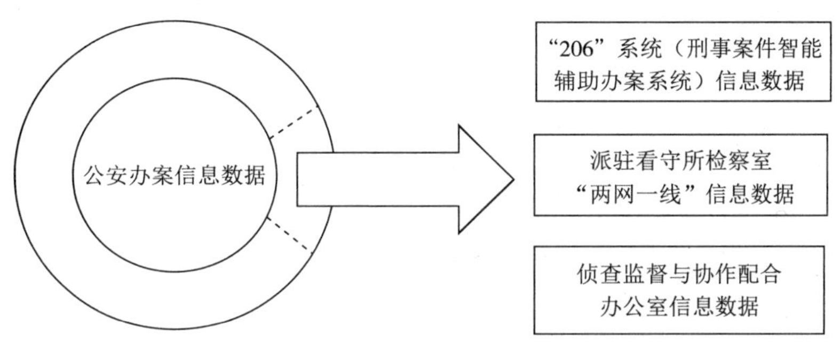

图3　检察机关与公安机关的信息共享机制现状

（二）现实困境

1. 职责认识存在偏差

根据《意见》规定，办公室由检警机关人员共同负责。但由于任何一方都没有最终决定权，在出现意见分歧时，双方很可能会各司其职或怠于履责。此外，双方囿于业务考核的侧重点不同，监督配合并重的意识还不够强，如公安机关因为绩效考核对检察监督比较抵触、检察机关由于证据问题可能怠于收案等。

2. 监督范围仍有盲区

实践中，公安派出所承担着大量的刑事侦查工作，是刑事案件办理的主要力量。据学者研究表明，大多数省份公安派出所的案件量占比已经超过刑事案件总量的70%，并且公安派出所发生非法讯问的可能性比较大。[①] 由此可见，从监督范围上看，仅仅立足侦查监督与协作配合办公室进行监督是有限的，检察机关对公安派出所的监督还存在一定盲区。

3. 信息共享尚有不畅

检察人员虽然能够登录公安机关执法办案管理中心系统进行查询，但内容多为程序事项、数据结论、统计分析，对案件的具体事实、强制措施

① 参见马静华：《非法讯问与监控式讯问机制——以公安机关侦查讯问为中心的考察》，载《法学家》2015年第6期。

执行等侦查实体信息尚不能查看。并且仅限于刑事案件的查询，对大量的行政案件没有查看权限，在有案不立、以罚代刑等监督重点上信息共享的广度和深度还不够。

4. 人员力量存在不足

按照《意见》要求，检察机关应当指派检察官常驻办公室。但是，目前基层检察机关“案多人少”现象突出，根据员额制检察官办案要求，常驻检察官也并非能够专职办公室工作，“捕诉一体”下还承担着审查逮捕案件办理，检察官的时间和精力严重不足。[①]

三、侦查监督与协作配合机制的完善意见

（一）优化司法理念，追求共同目标

思想是行动的先导，理念是实践的指南。检警机关应该坚持双赢多赢共赢理念，共同实现司法公平正义。一是正确认识监督与协作的关系。侦查监督与协作配合不是非此即彼、零和博弈，而是辩证统一、相辅相成的。监督与配合如“鸟之两翼”“车之两轮”，两者需一体推进、同向发力才能发挥实效。[②] 二是注重监督与协作的方式。检察机关要立足法律监督职责，坚持“参与不干预、引导不主导、监督不失职、配合不越位”原则，做到敢于监督、精准监督，努力提升监督质效。三是共同推进办公室的有效运行。检警机关要主动履行职责，细化办公室工作流程，积极探索机制创新。如安徽省建立“府检联动”机制，在提升司法执法规范化水平上取得了显著成效。

（二）完善侦查监督，开展多元监督

面对新时代、新形势、新任务，检察机关亟须完善侦查监督方式，努力向多元监督模式转变。一是从日常监督向重点监督转变。为解决案多人少、监督无力的困境，检察机关在做好日常监督时，更需依托办公室的便

① 参见洪浩：《我国“捕诉合一”模式的正当性及其限度》，载《中国刑事法杂志》2018 年第 4 期。

② 参见李文峰：《论双赢多赢共赢的法律监督理念》，载《人民检察》2020 年第 17 期。

利条件，将侦查监督重点落在以罚代刑、长期“挂案”、刑讯逼供等堵点、痛点上。二是从专项监督向巡回监督转变。检察机关可以借鉴监狱、看守所巡回检察工作经验，适度扩大巡回检察范围，以办公室为落脚点，在公安机关及其派出所开展巡回检察，通过实地检查立案台账、调阅案卷材料、查看办案场所、与干警个别谈话等方式，实现专项监督、靶向监督。[①] 三是从静态监督向动态监督转变。检察机关应摒弃传统“坐堂等案”监督方式，以办公室为立足点，通过亲历公安机关办案流程，形成动态侦查监督模式，同时加强对纠正意见落实情况的跟踪监督，确保监督刚性、监督权威，保证法律正确统一实施。

（三）健全协作配合，提升执法规范

在以“审判为中心”的刑事诉讼制度改革要求下，检警机关需要加强彼此协作配合，协同构建以证据为核心的刑事指控体系。一是加强办案配合引导。对于重大疑难案件，检察机关应及时介入引导侦查，对侦查措施提出意见建议，保证公安机关收集、固定证据的有效性。探索在办公室建立检察官咨询制度，定期汇总公安机关提出的办案问题，认真研究后统一答复。二是完善信息数据互通。检警机关应该加强彼此业务数据的研判共享，探索形成重大侦查行为备案制，公安机关在采取严重影响人身或财产权利的侦查行为后，如技术侦查、搜查、数额巨大财产的扣押、冻结等，应向检察机关进行备案审查。三是健全两法衔接机制。在行政案件信息共享的前提下，检察人员可以进一步了解到公安机关行政执法情况，加强对食品安全、生态环境保护等领域降格处理、有罪不究的立案监督。

（四）夯实能力建设，拓宽要素供给

为适应新时代检察监督和公安执法工作特点，检警机关亟须加强队伍建设，着力提升业务素养，确保依法公正履职。一是加强人才供给。检察机关应当优先在办公室选派业务强、经验足、素质硬的检察官常驻，同时做好“传帮带”工作，配备年轻干警跟驻学习。二是加强交流学习。定期组织检察和公安干警同堂培训，重点在执法理念、证据规则、办案程序上

---

① 参见刘福谦、向德超：《巡回检察制度的创新与发展》，载《人民检察》2020 年第 14 期。

形成共识，统一执法司法理念和办案标准尺度。探索检警互派挂职交流机制，拓宽检察官侦查监督视野，鼓励公安民警以审查者、监督者的视角查找问题，提升侦查取证能力。[①] 三是加强要素保障。既要配强办公室的硬件设施，侧重财、物、技术等要素供给，更要规范办公室的工作制度，定期或不定期对办公室履职情况进行检查监督，同时建立考核机制，强化工作人员保密意识和工作纪律。

四、结语

关于侦查监督与协作配合机制的落实路径，本质上是检察机关与公安机关如何正确处理“监督”与“配合”的辩证关系问题。在一段时期，我国的刑事诉讼制度是以侦查为中心，公安机关的侦查活动缺乏有效监督，导致了一些错案的发生，严重影响司法公正和公信力。为适应新特征、新任务，新时代检察机关与公安机关同向发力，深入推进刑事诉讼制度改革，坚持双赢多赢共赢理念，提出共同设立“侦查监督与协作配合办公室”的创新举措。当下，检警机关应该抓住办公室的设立契机，克服认识偏差、人员不足、信息不畅等困难，积极落实监督制约、协作配合、信息共享等机制，努力探索机制创新，共同维护公平正义。

① 参见许凡：《“五个维度”强化刑事侦查监督》，载《四川法治报》2020 年 11 月 18 日。

基层院在检察侦查工作体系中的功能定位及机制优化

刘　东*

国家监察体制改革后，检察机关对国家工作人员职务犯罪的侦查职能进行整体转隶。但2018年修改后的刑事诉讼法第19条规定："人民检察院在对诉讼活动实行法律监督中发现的司法工作人员利用职权实施的非法拘禁、刑讯逼供、非法搜查等侵犯公民权利、损害司法公正的犯罪，可以由人民检察院立案侦查"，赋予了检察机关对特定人员、特定犯罪的侦查权（以下简称检察侦查）。2018年11月，最高人民检察院印发了《关于人民检察院立案侦查司法工作人员相关职务犯罪案件若干问题的规定》（以下简称《自侦规定》），列举了检察侦查管辖的14个罪名（以下简称14类犯罪），[①] 并明确"由设区的市级人民检察院立案侦查"。近年来，检察机关的检察侦查工作取得了一定成效，但仍存在不少亟待研究解决的问题。其中，基层检察院因不能自主立案，在检察侦查工作体系中究竟具有哪些作用、如何发挥好作用等比较模糊，导致自侦意识淡化、整体功能发挥不够。本文拟以实务问题为导向，探讨基层院在检察侦查体系中的功能定位、存在问题及机制优化路径，以期促进基层检察侦查工作现代化。

---

* 刘东，四川省简阳市人民检察院党组书记、检察长。

① 参见《关于人民检察院立案侦查司法工作人员相关职务犯罪案件若干问题的规定》第1条对案件管辖范围的规定。人民检察院在对诉讼活动实行法律监督中，发现司法工作人员涉嫌利用职权实施的下列侵犯公民权利、损害司法公正的犯罪案件，可以立案侦查：非法拘禁罪；非法搜查罪；刑讯逼供罪；暴力取证罪；虐待被监管人罪；滥用职权罪；玩忽职守罪；徇私枉法罪；民事、行政枉法裁判罪；执行判决、裁定失职罪；执行判决、裁定滥用职权罪；私放在押人员罪；失职致使在押人员脱逃罪；徇私舞弊减刑、假释、暂予监外执行罪。

一、基层检察院在检察侦查工作体系中的功能定位

《自侦规定》在级别管辖部分明确，14 类犯罪案件由设区的市级人民检察院（以下简称市级院）立案侦查；基层院发现犯罪线索的，应当报市级院决定立案侦查；市级院也可以将案件交由基层院立案侦查，或者由基层院协助侦查；市级以上检察院侦查终结的案件，可以交有管辖权的基层法院相对应的基层检察院提起公诉。据此规定，可以把市级院及所辖基层院看成一个检察侦查工作体系，在这一体系中，市级院是领导者、决策者、组织者、办案主体，基层院是在市级院的统一领导下开展工作。但这并不意味着基层院在检察侦查体系中只是被动配角，而具有三个重要功能和作用。

（一）线索挖掘者

能动挖掘线索，是基层院最主要、最重要的功能定位。有效扩大线索来源是检察侦查发展的基础和关键，而这一职能将主要由基层院承担和完成。这是因为，司法工作人员绝大部分在基层，“原案”的绝大部分在基层，14 类犯罪的绝大部分线索自然也在基层；基层检察院是履行“对诉讼活动实行法律监督”职能的主要力量，理应在发现、挖掘 14 类犯罪线索方面承担主体责任，发挥主要作用。

基层检察院作为挖掘线索的主体，需要把握以下几点：一是线索来源渠道的特定性。检察侦查的案件来源与以前有很大不同，刑事诉讼法明确规定须是“人民检察院在对诉讼活动实行法律监督中发现”。对此理解，“诉讼活动”主要包括“四大检察”及其业务活动；“法律监督中发现”，包括在诉讼监督中依职权发现或通过受理控告、举报、申诉发现，还包括在诉讼监督中发现违法或者犯罪的线索，通过深查深挖、扩大战果而发现。[①] 二是线索指向主体的特定性。14 类犯罪的主体必须是“司法工作人员”。依据刑法第 94 条的规定，司法工作人员是指有侦查、检察、审判、监管职责的工作人员，涵盖了公安、国安、海警、检察院、法院、监狱和

---

① 朱孝清：《检察机关如何行使好保留的职务犯罪侦查权》，载《中国刑事法杂志》2019 年第 1 期。

社区矫正等各个环节。三是线索指向事实和性质的模糊性。14类犯罪线索往往隐藏于其他案件（以下简称原案或前案）的办理过程中，有的通过原案证据和事实可能露出一些端倪，有的通过原案显示出严重异常但没有任何证据和明确指向，表面上看好像与14类犯罪无明显关系，需要办案人员能动深挖、逻辑推理、重组“事实”，从蛛丝马迹中寻找原案背后可能隐藏的犯罪线索。为了防止本就稀少的线索流失，要对原案承办人提供线索适度放宽限制并切实加强分析、研判、评估。

（二）办案参与者

依据《自侦规定》和检察实务，从办案数量和管辖层级看，市级院是14类犯罪的主要办案主体。这是综合考虑了案件数量很少[①]、办案阻力较大、慎重行使侦查权、基层院侦查力量薄弱等因素而作出的合理决策。省院主抓、市院主体、基层院助力是一体化侦查办案的主要模式。在检察侦查工作体系中，基层院在市级院统一安排、指挥下参与办案，对于增加办案力量、做好后续监督文章具有重要作用。一是根据市级院安排抽调人员参与市级院组建的办案组，即协助侦查。从实际情况看，这是基层院参与办案的重要方式。二是根据市级院交办自行立案侦查。这可以理解为基层院在市级院的安排、指导下独立办案，适用于基层院发现线索且指向的犯罪相对明确、简单、涉及面小、阻力小，市级院认为交由基层院办理更为恰当的情形。三是根据市级院的安排对已办结的14类犯罪案件提起公诉。包括独立办结的案件和指定管辖的案件两类。当然，基层院还要根据办案需要，对14类犯罪案件履行审查批捕职能。因审查批捕、起诉总体上说属于常规职能，本文对此不再赘述。

（三）监督实施者

检察侦查权既是诉讼监督的内在要求，又是支撑诉讼监督的需要，[②]

---

① 2022年全国检察机关共立案侦查司法工作人员相关职务犯罪案件1400余人（笔者注：平均每个地市级院3件左右），参见《2022年全国检察机关主要办案数据》，载《检察日报》2023年3月8日。

② 朱孝清：《检察机关如何行使好保留的职务犯罪侦查权》，载《中国刑事法杂志》2019年第1期。

因而具有很强的监督属性，是法律监督职能的有机组成部分。监察体制改革前，检察机关的自侦权主要是反腐败；从检察侦查的管辖罪名和主体可以看出，其设立的主要目的，是通过行使侦查权净化司法生态、增强监督刚性来维护司法公正，与法律监督职能紧密融合。因此，始于监督，终于监督，紧紧围绕监督，是检察侦查工作的内在要求和本质体现；及时发现和纠正司法不公，是检察侦查的首要价值目标。14 类犯罪的主要对象分布在基层，主要原案或前案发生在基层，与检察侦查密不可分的相关监督工作，基层院必然可以大有作为。

14 类犯罪往往关联着原案或前案，要么侵犯了人权，要么损害了司法公正，有的需要纠正，有的需要追责，有的需要安抚（被侵权人），也就是要启动法律监督程序。例如，四川省简阳市院在审查起诉 Z 法官受贿案（原案）中发现枉法裁判的犯罪线索，经核实、重组、补充证据，证明 Z 法官几年前对一起民事赔偿案（前案）作出了枉法判决，并在其他案件审理和裁判中存在违法行为。由此，简阳市院履行监督职能，经上级院同意后对 Z 法官追诉民事枉法裁判罪；同时，向有关单位、部门移送关联的违法或犯罪线索，包括：前述民事赔偿案属枉法裁判应通过再审予以纠正的线索，此民事赔偿案既得利益者涉嫌行贿犯罪的线索；在其他案件中 Z 法官的关系人代收贿赂款涉嫌洗钱犯罪的线索，数个村民委员会为 Z 法官的情人违规出具诉讼代理人推荐和证明的线索。

二、基层检察院检察侦查工作存在的主要问题

自侦转隶和非办案主体的定位，导致检察侦查工作在基层院几乎被边缘化，主要存在以下几个问题。

（一）自侦意识淡化

自侦转隶和检察机关内设机构改革后，耳熟能详的提法是“四大检察”，检察侦查均不包含或明显包含在内，既无明确、响亮的提法，又无专门的机构、人员，自然在整体上容易被淡忘、淡化。由于几乎长期不用或少用，检察侦查在基层院难以列入工作日程尤其是重点工作日程，难以在业务工作部署、推进、总结、考核中占一席之地。部分办案检察官认为监察体制改革后，职务犯罪侦查职能整体转隶，已实现公职人员监察全覆

盖，对检察侦查的重要价值、基本内容和履职要求知之甚少、理解甚少，对检察侦查与自身履职、办案、保障人权、维护司法公正的关系认识模糊。

（二）自侦格局弱化

在基层院，检察侦查工作按照统一要求“挂”在刑事执行检察部门，但没有专门人员或以此为主责的人员具体抓落实；由于没有纳入内部宣传、责任制和绩效考核，检察侦查在总体工作格局中占位不明显、不明确；其他业务部门人员在履职过程中缺少检察侦查意识、责任感、能动性和敏感性，难以把检察侦查自觉融入诉讼监督的全过程、全方面。从总体上看，虽然检察侦查在基层院有人管、有人抓，也取得了一些成效，但零散化、随意化、运气化的情形比较突出，没有形成完整、有序、有力的机制和格局。

（三）自侦线索匮乏

实践中，线索匮乏是制约检察侦查工作的重要因素。各地检察机关普遍存在线索匮乏、线索质量不高、线索管理不规范、不统一等情况。[①] 线索匮乏主要与以下因素有关：一是线索自身的特点。如犯罪主体掩盖线索的能力更强，犯罪手段隐蔽性更强，原案或前案专业性更强，导致线索发现困难。二是检察人员发现线索的能动性、敏感性、专业性不够强。目前，检察机关的诉讼监督职能主要由捕诉、刑执、民事、行政、公益诉讼、控申等部门承担，而检察侦查权由市级院刑执部门集中行使，诉讼监督与侦查职能分属不同部门、不同层级，必然会消减诉讼监督部门发现 14 类犯罪线索的动力。久而久之，导致发现线索的敏感性、专业性也随之消减。三是线索来源较为单一。从实践看，主要依靠基层院在刑事诉讼办案环节中发现，涉及民事、行政、公益诉讼、控申等诉讼环节有价值的线索很少。浙江省检察机关于 2018 年 11 月至 2019 年 10 月，共立案侦查 14 类犯罪案件 22 件 25 人，其中多数案件为刑事诉讼办案环节中发现，少数案

---

① 侯亚辉：《检察机关侦查司法工作人员相关职务犯罪实务研究》，载最高人民检察院第五检察厅编：《刑事执行检察工作指导》（2021 年第 4 辑），中国检察出版社 2021 年版。

件为监察机关移送，群众举报后立案侦查的案件极少。[①]

（四）自侦力量薄弱

自侦转隶后，基层检察院留下的侦查人才很少，且分散在不同部门，加之长期不办侦查案件，侦查功能不涨反减，侦查经验退化，导致侦查骨干人员缺乏，几乎不可能（当然也无必要）形成侦查队伍。刑事执行检察部门承担着大量刑事执行监督的主责主业，日常工作较为繁杂，名义上一般由部门负责人兼职主抓检察侦查，如果该人本身属于自侦人才，能够胜任主抓检察侦查工作；但多数情况是难以这么“巧合”，由不具有侦查经验、不属于侦查人才的人主抓，检察侦查缺少领军人物。

三、基层检察院加强检察侦查工作的优化路径

最高人民检察院在《2023—2027 年检察改革工作规划》中强调：“健全检察机关侦查工作专门化机制。推进侦查检察专业队伍和办案机制建设。完善检察机关侦查管辖案件立案追诉标准。”[②] 据此，检察侦查工作必将在新时期得到更好发展，基层院必将在其中发挥更大的作用。

（一）提高站位更新理念，强化侦查工作意识

一要坚持“四同”。基层院要充分认识检察侦查是强化法律监督的保障手段，是维护公平正义的有力手段，是减少诉讼侵权的防控手段，是完善监察机制的补充手段；全面理解自身在检察侦查体系中的功能定位和重要作用，将其纳入经常性工作日程，坚持与“四大检察”同研究、同部署、同推进、同考核。二要提升“三性”。要大力引导干警尤其是办案检察官，充分认识检察侦查对保障人权、维护公平、促进检察工作高质量发展的重要作用，深刻理解办案、监督与检察侦查的内在关系、相互作用，全面把握检察侦查的内容、要求、重点，强化检察侦查意识，提升将检察

---

① 吴拥军等：《司法人员职务犯罪侦查问题实证分析》，载《刑事执行检察工作指导》（2020 年第 3 辑），中国检察出版社 2020 年版。

② 《最高检印发〈2023—2027 年检察改革工作规划〉》，载《检察日报》2023 年 8 月 8 日。

侦查融入自身履职全过程，尤其是发现、深挖14类犯罪线索的自觉性、能动性和敏感性。三要防止两种倾向。加强检察侦查工作，既要防止不敢适用、不愿适用、不知道如何适用，克服将自侦边缘化、可有可无化的消极心理和现象；又要防止过度适用，保持客观公正立场和谦抑原则，避免在加强的名义下复活“自侦中心主义”，导致权力异化。

（二）专辅协调融合履职，构建（自）侦监（督）一体格局

基层院要以挖掘线索为重点构建“1+4”（自侦+“四大检察”）专辅协调、融合履职的一体化检察侦查新格局。一要发挥责任部门的领军作用。基层院的刑执部门是检察侦查的责任主体和工作统领，要进一步明确和压实责任，落实主抓人员，围绕线索挖掘这个重点，制定工作规划、实施工作推进、开展工作检查；要切实加强检察侦查工作的分析研判，挖掘大数据资源，从自身历史办案和外部案例分析中提升对检察侦查工作尤其是线索发现规律、特点、重点的认识，增强指导、协调工作的针对性和有效性，掌握相关工作的主动权、话语权；要加强与其他业务部门及检察官的沟通、协调、指导，增大工作合力。二要发挥办案检察官的线索挖掘主体作用。刑执部门是检察侦查工作的责任主体，但线索依赖于检察官在各自的履职过程中发现、挖掘和移送。从这个意义上说，各个办案检察官才是发现线索的真正主体。要明确其他业务部门和检察官承担线索发现、挖掘、移送的主体责任，引导检察官把发现、挖掘14类犯罪线索融合于自身履职过程中，将其视为自身办案、监督、提升质效的有机组成部分而非外加义务，在履职、办案的各个环节，都要注意捕捉诉讼违法和职务犯罪的线索，在发现、调查与纠正违法时，都要多问几个“为什么”，分析违法的背后有无职务犯罪；[①] 对出现明显违背法理情等异常情况、可能关联14类犯罪的原案和前案，多一个心眼儿、多一份关注，坚持“一案双审、双查”，防止线索流失。三要发挥机制建设的推进、保障、长效作用。基层院要在“四同”的基础上，建立和完善检察侦查工作机制，通过制度促进强化自侦意识，明确各部门及检察官在检察侦查体系中的工作内容、要求、责任和考核体系，需要“一案双审、双查”的重点类案，内部线索双

① 朱孝清：《检察机关如何行使好保留的职务犯罪侦查权》，载《中国刑事法杂志》2019年第1期。

向移送（14类犯罪线索向刑执部门移送，在办理14类犯罪中发现的其他监督线索向相关业务部门移送）的衔接，基层院与上级院、同级监察委的工作衔接机制等内容，促使检察侦查与各项检察业务有机融合、相互支持、协调发展。

（三）加大线索挖掘力度，拓展自侦案件来源

大量司法工作人员分布在基层，大量原案和前案办理在基层，为基层院发现和挖掘14类犯罪线索提供了得天独厚的条件。一要强化线索挖掘意识。要看到，近些年司法工作人员侵权、渎职犯罪虽然得到了较大程度的遏制，但反腐败形势依然严峻复杂，权力、利益、人情等因素对司法的干扰不可能完全根除。实践表明，司法工作人员侵权、渎职的违法犯罪现象仍客观存在，只是手法更趋狡猾隐蔽，但必然与司法办案相关联，隐藏于其他案件中，并在这些案件的某些“异常”点暴露出蛛丝马迹。要完善责任、考核和激励机制，促使检察官增强线索挖掘能动性、敏感性，对于发现、移送线索后成案的，应当给予鼓励和奖励；对于应当发现、移送而没有发现、移送的，要进行反向审视，酌情予以追责，认真总结教训。二要突出线索挖掘重点。根据最高人民检察院的有关资料，从罪名看，对高发的徇私枉法犯罪、滥用职权犯罪，要作为当前线索挖掘的主攻方向；从涉罪群体看，排前三的是公安占64%、法院占14.6%、司法行政占10.4%；从作案领域和环节看，刑事诉讼、民事诉讼、非诉领域分别占90.24%、7.32%、2.44%。综合来看，对公安侦查环节、审判和刑罚执行环节要加大线索收集和办案力度；民事诉讼领域案件总量大、自由裁量权大，需积极跟进开辟“战场”。[①] 总结本院和其他院的实践，笔者认为，以下类案属于线索挖掘重点：冤假错案，背后往往存在侵权、渎职行为；司法工作人员受贿案，背后往往存在徇私枉法行为；涉黑和存续期较长、规模较大的涉恶、涉赌、涉毒、涉淫案件，背后往往存在保护伞；明显违背法律或常识常理常情的案件，背后往往存在隐情；伪造证据、虚构事实（包括民事虚假诉讼）的案件，背后往往有“高人”帮助。三要完善线索

---

① 最高人民检察院第五检察厅调研课题组：《以客观公正立场重构司法工作人员相关职务犯罪侦查模式》，载《刑事执行检察工作指导》（2021年第4辑），中国检察出版社2021年版。

挖掘机制。要借鉴扫黑除恶中将摸排“保护伞”作为办案必经程序，深挖案中案的经验，探索建立重点类案“一案双查、双审”全覆盖机制。要通过专题培训、实践磨炼、言传身教等方式，培育一批责任感强、敏感性强、辨别力强的获取线索工匠、能手、专家。四要拓展外部线索来源。要切实加强与监察委的沟通、协调，完善线索“双移送、双反馈”机制，确保监察委发现的司法工作人员涉 14 类犯罪线索得到妥善处置不流失。要在普法宣传和职能宣传中，增加检察侦查的内容，扩大社会知晓面，拓展通过控告申诉监督获取线索的渠道。五要加强线索集中管理分析研判。可在刑执部门确定 1 名线索管理员，完善线索“档案”，全面记录线索从接收到办结的主要信息。要完善线索分析研判专人制、审核制、集体评估制、领导审批制，提高线索可靠性和成案率。

（四）纵向一体横向协作，提升自侦办案能力

目前，部分省、市级检察院在刑执部门组建了侦查专班，配备了专职人员，专门承担检察侦查职能；有的省、市级检察院建立了第十一检察部，成为一个独立的业务部门，专司职务犯罪侦查职能。[①] 实际上，侦查专班或独立部门，并非只管侦查这一个环节，而应当是统筹主抓检察侦查全部相关工作。笔者认为，基于基层院不是办案主体且办案量极少，无论市级院是组建侦查专班还是新建职务犯罪侦查部，都无须对口成立相应班子，可以采用“领军＋骨干”的模式提升侦查能力。一是明确专责主体，培养领军人才。参照现有格局，在明确刑执部门主任统管的基础上，配备一位副主任专门或主要负责检察侦查工作，并逐步培养成基层院检察侦查的领军人才。二是组建侦查团队，培养骨干人才。这是非专职、非主责的检察侦查工作团队，“平时各自办案，战时集中调度。”团队成员可以优先考虑“老自侦”，以及“四大检察”中具有法律功底深厚、逻辑思维严谨、善于收集组合证据、善于指控犯罪等优势的检察官及检察官助理。团队组建后，要通过定期组织学习、典型案例研判、学习相关资料等方式，提升骨干人才培养成效。三是融入上级院侦查人才库。领军人才和骨干人才均可融入上级院的侦查人才库，既更多接受专业培训，又更多参与市级

---

① 张子璇、吴贻伙：《在“一体化”中谋划“高质量”——安徽：加大检察侦查办案力度增强法律监督刚性》，载《检察日报》2023 年 8 月 3 日。

院主办的侦查实践，不断提升侦查能力。基层院在办理自行立案侦查案件时，可以酌情组建专案组，并向市级院加强请示、汇报，自觉接受市级院的指导，在纵向一体化中提升侦查能力。四是加强横向协作。一方面，在必要时可以借用公安的技术侦查优势，并在有些案件中“两权并用”（法定侦查权和自行补充侦查权），会商公安机关协助开展侦查工作；另一方面，要充分尊重纪检监察在反腐败斗争中的主体地位，切实加强与监察委的衔接、沟通、协调，在证据收集移送、补充调查、自行侦查等方面增大办案合力。

（五）完善线索双向移送，自侦监督共同推进

要充分认识查办司法工作人员相关职务犯罪是提升法律监督刚性的重要手段，自觉践行在“办案中监督，在监督中办案”，实现侦查与监督一体推进。在办理14类犯罪案件过程中，要注意发现关联原案或前案办理中涉及违法的线索、证据和事实，及时向相关单位和本院其他业务部门移送。业务部门接收刑执部门移送的线索后，要认真核实、调查、完善，依法启动监督程序，认真做好检察侦查的后续文章，积极维护司法公正，优化司法生态。如2019年以来，辽宁省检察机关通过行使侦查权，撬动一批大案要案重启侦查、重新审判，纠正了冤错案件，监督纠正存在地方保护倾向的刑事案件7件、民事案件55件、行政案件2件[①]。同时，要对检察环节发生的相关案件加强反向审视，分析发案特点、重点环节、作案手段，针对性完善防范检察权滥用或不用的措施，推动自我监督更加有力有效。

---

① 李成林：《强化司法工作人员相关职务犯罪侦查工作更有力维护司法公正》，载《人民检察》2022年第24期。

侦查监督与协作配合机制的运行现状反思及应对逻辑*

——以A市检察机关运行现状为例

康　军　陈　治　陈宇生**

为构建以证据为核心的刑事犯罪指控体系，进一步强化检察机关的法律监督职能，提高案件办理质效和监督质效，2021年10月，公安部、最高人民检察院联合印发《关于健全完善侦查监督与协作配合机制的意见》（以下简称《意见》）。该《意见》中规定检察机关与公安机关需要进一步完成的任务，以及检察机关与公安机关联合组建侦查监督与协作配合办公室（以下简称侦协办公室），这一创新为检察机关有效行使监督职能提供机制保障和平台。① 近几年，侦协办公室通过探索，一定程度上破除了原先检警双方理念不统一、标准不统一的弊端，对侦查活动进行全过程监督，进一步规范公安机关侦查行为，促使公安机关依法履行侦查职能。② 本文以G省A市辖区检察机关运行实践为样本，通过与所在地公安机关联

* 本文系贵州省人民检察院理论调研课题项目“侦查监督与协作配合机制的运行现状反思及路径优化④（编号）”（202310）的研究成果。

** 康军，贵州大学法学院副教授、法学院刑法教研室主任、硕士生导师；陈治，贵州省安顺市关岭布依族苗族自治县人民检察院党组书记、检察长；陈宇生，贵州省安顺市关岭布依族苗族自治县人民检察院四级检察官助理。

① 最高人民检察院、公安部联合发布《关于健全完善侦查监督与协作配合机制的意见》，明确该办公室由人民检察院刑事检察部门与公安机关法制部门共同牵头设立，开展立案监督、侦查监督工作，及时发现和纠正应当立案而不立案、不应当立案而立案、长期“挂案”和以刑事手段插手经济纠纷等违法情形。

② 参见薛正俭：《推进侦查监督与协作配合办公室有效运行的路径》，载《人民检察》2022年第18期。

合成立侦协办公室和简案快办中心，共同制定工作机制等，有力推进侦查监督与协作配合机制和平台的实质化履职。

一、侦协办公室履职实践

（一）繁简分流：实现“分道提速”

在办理邓某某使用麻醉剂盗狗案中，[①] 受案检察官发现该案属于简案范畴，及时将案件移送侦协办公室派驻检察官审查案件。派驻检察官收到案件后，依托侦协办公室，较短时间作出了批捕决定。为提高证据收集的精确性，保证案件质效，简案快办检察官主动开展提前阅卷、参加预审工作，并建议公安机关重点围绕犯罪嫌疑人前科判决情况、赃物去向、犯罪嫌疑人自首、坦白等量刑情节取证要点，引导公安机关收集取证、固定证据，为下一步快速办理该案打下坚实基础。2023 年 2 月 13 日下午，公安机关以邓某某涉嫌盗窃罪移送检察院审查起诉。B 县人民检察院仅用时两天审查案件，于 2023 年 2 月 16 日 B 县检察院移送 B 县人民法院提起公诉，并建议适用速裁程序。在此案中，检警两家机关相互配合，充分利用侦协办公室，有效节约司法办案时间，真正实现案件繁简分流，促进案件办理提质增效。

（二）繁案化简：实质化提前介入

在办理杨某某、潘某某等人帮助信息网络犯罪活动案中，[②] D 自治县人民检察院考虑到本案系跨地区域犯罪，涉及资金账户较多，与 D 自治县公安局严格贯彻落实《意见》的内容，将侦查监督与协作配合工作前移至公安机关侦查阶段，充分发挥提前介入引导侦查优势，严把证据关。第一，围绕证实犯罪嫌疑人主观明知、提供何种帮助行为、涉案银行卡的开卡时间、使用情况等提出具体补正意见；第二，就客观证据的收集和固定提出意见，及时对扣押手机、电脑等作案工具数据进行分析，及时对其他电子设备进行勘验；第三，针对被害人数众多，遍布全国各地的问题，对

① 案件来源于全国检察办案系统。

② 案件来源于全国检察办案系统。

取证的方式和侧重点提出意见重点选择涉案资金量大、空间距离近的被害人取证；第四，详细核实各犯罪嫌疑人在本案中的分工、作用、获利情况，以区分主犯、从犯，并且开展好追赃挽损工作。在办理电信网络诈骗犯罪案件中，D县检察院通过实质化的提前介入，提出有针对性的取证意见及方向，引导侦查机关“稳”“准”固定证据，保障诉讼程序可以正常进行。

（三）延伸检察职能：从个案办理到类案监督

在办理赵某某取保候审期间再犯故意伤害案中，[①] C区检察院立足检察职能，主动发现C区公安局在执行取保候审中操作不规范，导致犯罪嫌疑人在取保候审期间犯新罪。承办人员及时将案件情况告知侦协办公室派驻检察官，并同工作人员一起对公安机关强制措施执行情况进行随机抽查。通过调查发现，公安机关取保候审执行流于形式，未尽到对被取保候审人的监管、考察义务，也未尽到对保证人的监督等履职不到位、取保候审执行不力的问题普遍存在。在办理取保候审期间再犯新罪案件中，C区检察院立足检察机关监督职能，依法制发检察建议，促进C区公安局进行整改，并推动该局修订、完善了《C区公安局取保候审暂行规定（试行）》，延伸了办案效果。

二、侦查监督与协作配合机制运行现状之困境

G省A市辖区检察机关牵头设立侦协办公室以来，双方共同推进检察监督职能现代化，推进公安机关高效、规范办案，依法开展立案监督、侦查活动监督，进一步规范开展监督工作，以纠正违法、提出监督意见、纠正违法意见等方式来确保案件办理提质增效。2021年至2023年3月，通过侦协办公室共办结审查批捕案件409件，办案平均时限4.8天，办结审查起诉案件444件，办案平均时限12.8天。从以往的案件办理时长观之，审查逮捕及审查起诉案件的审限大大缩短；开展提前介入案件1568件，对于疑难问题处理、全面固定涉案证据及下一步侦查方向提出专业建议；开展纠正违法368件，督促落实335件，督促率为91.03%；立案监督率

① 案件来源于全国检察办案系统。

100%，监督撤案 100%，纠正违法采纳率 100%。该机制自运行以来，取得一定成效。但是侦查监督与协作配合机制在司法实践中也存在较多不足和短板，制约了侦查监督与协作配合机制和平台的优势展现。

（一）检警双方部分办案人员观念意识不统一

有学者指出，尽管制度设计者期待互相配合与互相制约同等重要，二者既不偏重也不偏废。[①] 传统办案理念过于强调侦查独立和公诉的独立性，而弱化协作配合和制约的功能。检察工作人员及办案民警重视证据，办案核心紧紧围绕案件如何定性、证据获取、证据如何证明案件事实和案件过程、审查起诉、提起公诉。随着司法体制的改革，逐渐形成以“审判中心”为核心的案件办理体系，需要进一步将“公诉”职能和“监督”职能进行有效融合，形成在“在办案中监督、在监督中办案”的新时代检察职能体系，这样不仅可以满足于实体正义的需求，也可以满足程序正义的价值追求。实践中，虽然该机制和平台促进检警双方沟通交流、协作配合，但是由于资历较深的检察官或者民警容易受传统办案理念影响，无法在较短时间内植入监督与公诉并重的理念，无法适应检察机关将监督职能视角覆盖整个侦查活动过程的制度安排。

（二）检察机关派驻人员不足

尽管在《意见》中规定各个县（区）院可以根据自身的实际情况选择派驻形式，但是由于现阶段基层院的检察机关案件多、人均办案量大，受限于员额检察官和编制数的因素，有的县区侦查监督与协作配合机制运行不佳。在实践中，基层院的员额检察官或者检察官助理本身承担很多案件压力、各种考核压力，对于侦协办公室人手的派驻显得有点力不从心，因此有的县区院存在派驻人员空缺或者轮值的频次大大降低，无法实现侦协办公室正常派驻，亦无法实现侦查活动过程的全方位监督。[②] 例如，F自治县人民检察院，2023 年不仅案件量增速加快，而且因案件需要，多位检察官或者检察官助理被抽调办理 A 市专案，导致 F 自治县人民检察院人

---

① 卞建林：《健全司法权分工配合制约机制的思考》，载《河南社会科学》2015 年第 1 期。

② 各基层院或多或少都存在轮值频次低或者轮空情况。

手严重不足，导致侦协办公室派驻人员既要负责本单位的一般案件，又要负责侦协办公室的案件，从而导致派驻情况效果不佳。

（三）未设置科学合理的考评机制

侦查监督与协作配合机制自设立以来，使得检警双方沟通交流渠道更加顺畅，不仅可以凝聚检警共识，而且可以有效打击新时代局势下的各类犯罪。但是从G省A市检察机关的司法实践来看，该市检察机关尚未全面建立科学合理的考评机制，无法对侦协办公室的工作进行微观定量考核，导致在司法实践中容易出现派驻人员积极性不高，工作方式形态各异，没有统一的考评机制予以约束，无法很好地发挥该机制和平台的优越性。此外，检警双方部分考核存在冲突，也未能有效解决。实践中，由于我国检警机关内部有各自独立的考核体系，对于相同问题的看法也存在分歧。例如，检察机关对于罪行较轻的、取得被害人谅解的犯罪嫌疑人倾向于不逮捕或者相对不起诉，而公安机关出于维护社会治安的职能，对犯罪嫌疑人更倾向于逮捕。[①] 实践中，检警双方考核标准的不同势必会制约该项机制的良性发展。

（四）检警双方信息壁垒之掣肘

现阶段，检警双方存在业务数据壁垒的现象。检察机关和公安机关本身隶属于不同职能部门，当然会导致办案系统、办案数据有所差异。鉴于检察机关和公安机关职能的独立性，检警双方对各自的数据存在一定的保密要求。虽然《意见》中规定，检警双方应当建立数据信息共享机制，但是在实践中，这种共享机制是很难有效建立。一方面，公安机关对检察机关监督职能属性的顾虑，担心释放秘密权限会把自己短板暴露给检察机关。另一方面，检察机关和公安机关对各自数据有保密要求，这也是部门职能属性决定的。因此，检警双方的数据壁垒一定程度上制约了检察机关履行监督职能。

---

① 考核标准来自公安机关办案民警及公安局法制办。内容：一个逮捕案件公安机关考核加2分；一个刑拘案件加1分。

（五）纠正违法文书刚性不足，无法保障有效监督

在法律条文层面，规定检察机关在履行职能时，若发现行政机关违法行为或者不作为时，检察机关应当予以纠正。但是在司法实践中，可操作性不强，该条文并未赋予其强制性，亦无规定相关责任人违法操作的法律后果。虽然规定检察机关发现违法行为可以向相关单位进行通报或者通过侦协办公室联席会议通报，但是因为法律并无细致条文予以规定，对于是否采纳、采纳后是否整改或者相关法律后果未明确规定，所以纠正违法效果不明显，检察机关也无法跟踪整改落实情况。

三、侦查监督与协作配合机制之路径优化

在新时代重塑检警关系大背景下，建构新时代的检警关系是为了形成惩治犯罪与检察监督并重的新型格局，可以从以下几个方面着手完善。

（一）新型检警“大控方”体系的构建

刑事诉讼法明确规定，检察机关和公安机关要互相配合、分工负责、相互制约。新型检警关系需要立足于双方分工负责，不断强化检察院的监督职能，主要体现在对公安机关的制约，在公安侦查活动中予以监督。[①]新型检警“大控方”体系就是要以检察院公诉与监督职能为主导，转变“重协作、轻监督”的办案理念，充分利用好法律监督这把“双刃剑”，从而规范公安机关侦查活动的合法性。最大化地激发公检两家的监督与协作配合的积极性，为了进一步构建新型“检警大控方”体系，需要统一检警刑事办案理念。一方面，检警双方应当转变“重协作、轻监督”的传统工作理念，将“公诉与监督并重”的理念植入办案环节，检察院内部应当进一步统一办案理念，摒弃传统办案思想，坚持在“在办案中监督，在监督中办案”的新理念，从源头把控案件质量；另一方面，依托侦协办公室平台，检察机关与公安机关应当增加检警同堂培训、案件会商频次，进一步统一检警双方办案理念，为构建以“证据为核心”的刑事指控体系奠定基础。

---

① 杨耀明、张力：《侦查监督与协作配合机制的运行难题及对策》，载《中国检察官》2023 年第 1 期。

（二）整合司法监督资源，实现精准监督

现阶段，检察干警人员有限，承办检察官面对检察源源不断的案件量，可以依托侦协办公室，常态化开展检警联席会、案件会商、提前介入、引导侦查、类案监督等工作，凝聚检警双方合力。此外，进一步明确监督重点，这就要求承办检察官精准把握案件特征，侦查该类案件的程序特征，精确掌握监督点。例如，危险驾驶案件的侦查人员可能存在的违法点、未成年人案件询问、讯问是否符合规定、是否提供法律援助等、轻微型刑事案件是否存在以罚代刑、只受案而不立案、该撤案而不撤案等案件或者情形，检察机关应当对类案情形进行系统分类，建立台账，将可能出现的监督点进行系统整理，这样就可以集中精力发现监督线索，利用有限的司法资源实现监督质效的最大化。

（三）设置科学合理的考核机制

一方面，侦查监督与协作配合机制自设立以来，使检警双方沟通交流渠道更加顺畅，不仅可以凝聚检警共识，还可以有效打击新时代局势下的各类犯罪。但是由于对侦协办公室的工作无法定量考核，使侦协办公室派驻人员意识淡薄、主动性不高，工作方式形态各异，没有统一的考评机制予以约束，无法很好地发挥该机制和平台的优越性。所以，建议通过科学合理考核方式以“考”促“评”，激发该机制和平台的活性。制定合理的考核机制可以一定程度上促进该机制的运行，也避免了检察机关与公安机关对于工作职能推诿扯皮，有效调动侦协办公室派驻人员的积极性。

另一方面，为了进一步解决检警双方因考评差异化所带来的矛盾，检警双方需要共同发力，构建一套科学、合理的检警司法考评体系。一是基层检察机关与公安局召开联席会议，对双方考核指标进行交流，对双方考核指标进行调研分析，找出具体考核指标冲突的地方，形成会议纪要，并将检警双方形成的会议纪要及调研分析材料及时反馈给上级检察机关及上级公安机关。[①] 二是鉴于检察系统指标，省、市、县适用统一考核体系，而地方市级公安机关考核标准多样化，市级公安机关在制定相关的考核指标时，应当充分听取下级公安机关反馈的考核的意见，并召开上下级联席

① 部分县区院已开展相关联席会议，并形成会议纪要，已呈报上级机关。

会议展开分析讨论，形成科学的公安机关内部考核指标。三是鉴于检警双方存在部分考核冲突的问题，为了避免检察机关依法做出的决定对公安机关产生负面影响，检察机关在办理公安机关移送审查逮捕、起诉案件依法做出不逮捕、不起诉的，可以依托侦协办公室听取侦查人员的意见。

（四）构建“数字”办案协作共享平台及适当释放秘密级权限

检警双方应致力构建信息共享平台，搭建捕诉一体化平台促进数据共享。随着时代不断更迭，检察机关和公安机关单维度、传统的合作和监督方式远远适应不了时代需求，应当逐渐转变从合作思路，让侦查监督与协作配合机制发挥其制度优势。应当重点把握以下几点：

一是传统司法思维向“数字”工作思维转变。检警双方办案人员应率先树立“数字”工作模式的思维能力，推进检察机关与公安机关形成大数据协同办案共识，在思想层面先行打通信息共享机制建设的壁垒。

二是建立办案数据协作共享平台。现阶段，检察数据样本取得一定成效，如贵州省贵阳市较早就建立政法办案系统，通过联合法院、检察院、公安局搭建数据办案平台，利用办案平台相互推送、共享、读取相关案件信息。检警双方也可以借鉴此种模式，检察机关业务部门人员和技术平台公司对接，将技术与业务融合，探索建立检警数据共享平台，实现检警办案共同需求。检察机关和公安机关都可以依托该系统进行信息传递、案件推送、案件读取，检察机关可以随时掌握案件情况，检察机关办案人员通过大数据分析可以精准识别、高效筛选等，进而对侦查活动中的违法情况进行监督。通过该方式发现公安机关可能存在的压案不办、超期办案等监督线索，依法开展执法办案监督，督促其简案快办、按期办案、依法办案。

三是公安机关应适度释放秘密权限。在最高人民检察院、公安部制发的《意见》中，规定检警双方应当建立信息共享机制，但是在司法实践中很多基层院未能建立办案数据共享平台，制约了检察机关有效履行监督职能。[①] 为了进一步推进新型检警关系的建立，公安机关应适当释放办案系统权限，允许检察机关查询案件系统，这样才能让侦查监督与协作配合机制的功用发挥到极致。当然，释放秘密级权限并不是无限释放，而是适度

① 大多数基层院都没有公安机关系统权限。

释放。检警双方应当就释放案件办理权限的范围召开联席会议，应当秉持“双方获利、协作配合”原则，通过联席会议将释放范围予以协商，释放秘密权限只为检察机关可以提前对案情、证据收集情况、侦查活动程序等情况进行了解，可以提出有效的、针对性的建议和意见，引导侦查人员侦查取证。

（五）强化侦查监督的强制力

一方面，强化纠正违法文书刚性，从源头规范执法。纠正违法文书是一种不具有强制性的法律文书，导致纠正违法文书的纠正效果欠佳。纠正违法文书的刚性不足问题可通过检察机关在向人大作报告提出问题，由地方人大备案，并抄送同级纪委，对屡教不改的、严重违法办案规范的办案人员给予相应处分。只有当纠正违法文书具有一定的强制性，违反相关规定就会导致一定的法律后果，对拒不整改或者拒不履行的，要明确相关责任人所承担的法律后果，以赋予纠正违法文书法律后果的方式引起公安机关侦查人员的重视。另一方面，将纠正违法的责任纳入公安机关个人考核指标。对于违反执法规定的侦查人员应当承担其不利的法律后果。检察机关每个季度或者半年通过侦监协作办公室向公安机关法制部门通报纠正违法相关人员及情况，由法制部门将相关责任人的违法情况纳入年终考评。以评促改，让每个侦查人员都重视依法开展侦查活动的重要性。

侦查监督与协作配合办公室的运行难题及对策研究

侯东方*

党的十八届四中全会明确部署“推进以审判为中心的诉讼制度改革”。与中国刑事诉讼实践素来的“侦查中心主义”不同，这一改革以制度形式强调了法院庭审在侦查、审查起诉案件诉讼中起决定作用的权威地位。庭审地位的提升促使检察机关、公安机关的工作一改侦查决定公诉的惯性思维，向检察引导侦查、共建以证据为核心的刑事诉讼“大控方”模型转变。2021 年 6 月《中共中央关于加强新时代检察机关法律监督工作的意见》印发，明确提出加强新时代检察机关法律监督工作，充分发挥法律监督职能作用，为大局服务、为人民司法。为落实这一任务的重要举措，最高人民检察院与公安部于 2021 年 10 月联合发布《关于健全完善侦查监督与协作配合机制的意见》（以下简称《意见》），进一步明确了检警两家的监督制约与协作配合机制，侦查监督与协作配合办公室（以下简称侦监协作办公室）应运而生。通过近几年的实践探索，侦监协作办公室充分发挥职能，落实侦查监督与协作配合机制，推动《意见》中各项措施落地见效。但同时也应看到，检警双方对侦查监督与协作配合关系的认识尚未统一，双方信息共享仍不完善，侦查监督缺乏刚性约束，基层检察院专业化人员尚有不足。应对和解决好这些问题，不仅是推动侦查监督与协作配合办公室工作的基本前提，更是以高质量检察履职促进侦查监督与协作配合机制实质化、规范化、长效化运行的重要使命和有力保障。

* 侯东方，湖北省宜昌市夷陵区人民检察院第二检察部四级检察官助理。

一、侦监协作办公室的运行现状

自《意见》印发实施以来，各地侦监协作办公室积极推进侦查监督与协作配合建设，深入探索检警协作办案新模式，取得了较好成效。从设立的数量和规模看，早在2022年5月全国检警共同设立侦监协作办公室已达3662个，基本上实现了目标全覆盖，为后续发展奠定了坚实的基础。从设立的范围和场所看，大多数地方主要依托公安机关执法办案管理中心或法制部门设立侦监协作办公室，而福建、浙江、山东、江西、广东、广西、云南等地市、县级检察院根据自身实际，还同时在海关、边检部门以及海警机构的法制部门或执法办案管理中心设立了侦监协作办公室；湖南省长沙市检察院则在长沙市国安局设立了侦监协作办公室。[①] 从运行的模式和表现形式来看，各地侦监协作办公室的运行模式呈多样化发展，有的地方派驻专职检察官开展工作，有的地方派检察官轮值相关工作，有的地方派员长期、常态化驻守，有的地方则实行检察官定期当值的模式。从运行的时效和成绩来看，各地侦监协作办公室充分发挥职能，切实推动刑事案件办理提质增效。自《意见》印发实施至次年6月，全国捕后不诉和无罪判决率、不捕复议复核提出率及改变率均有所下降。同时，全国检察机关开展立案（撤案）监督数同比上升50%，纠正侦查活动违法同比上升57.9%，尤其是公安机关采纳纠正率高达97.3%，体现了侦监协作办公室在督促公安机关接受监督方面成效显著。[②]

二、侦监协作办公室运行中存在的问题

近些年，尽管侦监协作办公室在组织协调、监督配合、咨询指导等方面取得较好的阶段性工作成效，但其在实践运行中亦凸显出诸多痛点、堵

① 参见史兆琨、赵晓明、陈明南：《侦查监督与协作配合机制红利逐渐显现——最高检公安部联合印发〈关于健全完善侦查监督与协作配合机制的意见〉一周年纪实》，载《检察日报》2022年11月29日。

② 《侦查监督与协作配合办公室全覆盖工作推进会召开》，载最高人民检察院官网，https：//www. spp. gov. cn/spp/zdgz/202209/t20220908_576755. shtml。

点问题亟待解决，主要体现在刑事司法理念不够统一、信息共享机制不健全、侦查监督缺乏刚性、基层检察院人员短缺等方面。这些问题一定程度上影响了侦监协作办公室的工作开展，制约了侦查监督与协作配合机制的进一步发展和推进，不利于检察机关依法履行监督职能。

（一）司法理念差异导致对侦查监督与协作配合关系的认识不统一

理论界对于侦查监督与协作配合的关系问题存在不同的看法。有学者主张“协作论”，以检察提前介入视角提出检察协助和侦查监督两者在案件证据审查上存在价值目标和方向的一致性，认为检警关系的定位应以协作为主。[①] 有学者主张“监督论”，以否定刑事诉讼法“互相制约”原则为立论基础，主张加强对刑事侦查活动的检察调控和监督。[②] 还有学者主张“并重论”，认为我国的侦诉关系应当引导与监督并重，以公诉引导侦查的模式加强侦诉协作，并在侦查阶段全面贯彻检察监督。[③] 从侦监协作办公室的实践运行中不难发现，类似分歧同样存在于检察人员之间、检察人员与公安干警之间。有的检察人员注重强调协作配合而忽视监督制约，认为监督会伤了感情，纠错会坏了和气，不利于今后检警关系和工作，所以相对于监督立案和纠正违法监督，更乐于开展引导侦查，帮助公安机关解决案件定性难问题、把握证据关卡，在查明案件事实上实现协作配合。这种情况在案件侦破难、公诉压力大的基层检察院尤为多见。另有检察人员则持“监督论”，过于强调监督制约而轻视协作配合，引发公安干警的抵触和反抗情绪，不利于工作开展。在公安机关内部，也不乏对检察机关侦查监督工作不理解、不配合的现象，有的公安干警仍停留在“侦查决定公诉”的传统思想认识层面，重视实体正义而忽略程序正义，认为检察机关的监督就是不配合、不友好的表现；另有一些公安干警虽能理解侦查监督工作的重要性，但受业务考核指标、追责问责机制影响，对监督产生抗

---

① 张桂霞：《检警协作的问题检视及路径优化——以检察介入侦查为视角》，载《公安教育》2022 年第 3 期。

② 龙宗智：《评“检警一体化”兼论我国的检警关系》，载《法学研究》2000 年第 2 期。

③ 黄曙、王成：《“审判中心”背景下侦诉关系的检视和完善》，载《人民检察》2015 年第 8 期。

拒心理。

（二）信息共享不畅导致获取监督线索渠道狭窄

不知情则无监督。当前，侦监协作办公室作为检察机关行使侦查监督职权的重要抓手，其获取监督线索的途径主要为审查案件、提前介入引导侦查、查阅公安机关台账、接受当事人控告举报等。有些侦监协作办公室的派驻检察官因侦查监督工作牵扯时间精力导致个人实际办案量受限，无形中缩小了在审查案件中发现监督线索的体量。在现有制度下，检察机关提前介入引导侦查在实践中通常表现为公安机关遇到难以定性、取证方向不明、侦破难度较大的案件时才会商请检察机关介入，检察机关虽可依职权介入，但因现有规定对应当予以引导的案件范围规定过于笼统，实际可操作性不强，导致检警两家在应当引导侦查的案件范围上标准不一。一旦缺乏公安机关的配合，检察机关的引导侦查难以顺畅推进，侦监协作办公室想要通过介入侦查获取监督线索则无从谈起。相较于其他获取监督线索的途径，查阅公安机关办案台账不失为最直接、便捷的方式，且具有更多主动性和可操作性。但由于公安机关案件体量惊人、台账繁杂、信息量大，侦监协作办公室人力有限，短期内难以获取大量监督线索，且仅凭台账也难以了解案件全貌，无法实现精准监督。在当事人控告举报方面，由于人民群众对检察机关侦查监督职能了解不够，大多为民事案件纠纷提出控告申诉，检察机关通过当事人申诉获取的刑事侦查违法线索屈指可数。另外，现行的“两法衔接”平台也因部分行政机关有案不移、部分公安机关对移送案件立案率低等，使得真正通过这一平台进入检察机关视野的刑事犯罪案件数量较少，直接导致通过该平台发现侦查监督线索的数量较少。有些地方派驻侦监协作办公室的检察官通过登录公安机关案件信息平台，对侦查监督线索进行筛选和初查。但因权限受制而无法全面、深度获取案件信息。所谓“巧妇难为无米之炊”，检警信息共享不畅导致检察机关知情受限，侦查监督出现盲区。

（三）侦查监督刚性不足导致过程性约束乏力

检察机关作为我国的法律监督机关，肩负对侦查机关依法进行监督的职责，这是其法律职权的重要体现。但法律未赋予检察机关刚性权力以行使这一职权。[①] 在立案监督方面，刑事诉讼法规定对于公安机关应当立案而不立案的，检察机关可以要求其对不立案理由进行说明，但是未规定公安机关拒不说明不立案理由将产生的法律后果。检察机关经审查认为公安机关说明的不立案理由不成立时，可通知其立案，但如果公安机关接到通知后不回复、不立案，也并没有相关规定对检察机关的后续权力和措施予以明确。在侦查活动监督方面，当前各地检察机关均以制发《侦查活动违法通知书》《纠正违法通知书》《检察建议书》等方式进行监督。但因该类文书较处罚类、追责问责类文书性质不同，无论是在用词或说理上都偏柔和，因而缺乏强制执行力。虽然《纠正违法通知书》因被纳入公安考评体系而具有一定的强制性，但其他监督方式往往无法直接干预实体法律关系，遭到公安机关的忽视，不回复、不整改或者回复笼统、敷衍整改的情况时有发生。在公安机关不配合、法律亦没有明确检察机关后续跟进的手段措施的情况下，公安机关是否采纳建议、是否进行相应整改以及实施效果如何均无法确切统计，这使监督的实效性难以评估，这样的侦查监督因缺乏全过程的有力约束而只能作罢。

（四）基层案多人少导致专业化人员配备不足

随着捕诉一体办案模式改革施行，检察官面临诸多新的挑战。在过去“捕诉分离”模式下，检察官办理同一案件尚可在有条不紊审查案件的同时深挖隐藏在案件中的侦查监督线索，而“捕诉合一”施行之后，同一案件的审查逮捕、审查起诉和诉讼监督工作均由同一检察官完成，这无论是从时间精力还是能力素质方面，都对身处“案多人少”矛盾旋涡的基层检察官提出了更高要求。侦监协作办公室作为强化检警协作，推进执法规范、保证案件质效的有效抓手，其履行着组织协调、监督协作、督促落实、咨询指导等重要职责，这要求派驻侦监协作办公室的检察官必须具备较高的专业化素质。但当前基层案件多、任务重的现状，导致派驻的检察官一方面要疲于应对海量案件的审查、保障公诉案件质量，另一方面要提升侦监协作办公室工作质效、强化侦查监督。对于系统性、针对性的学习培训难免有心无力。

---

① 参见龙宗智：《论配合制约原则的某些“负效应”及其防止》，载《中外法学》1991 年第 3 期。

三、破解侦监协作办公室运行难题的对策建议

从侦监协作办公室在运行实践中凸显的问题来看，既有理念方面的不统一，也有机制方面的不健全不完善，还有人员和力度方面的欠缺。这些问题一定程度上限制了侦查监督与协作配合机制的推进，检察机关务必坚持问题导向和目标导向，针对难题探索对策，切实解决问题。

（一）更新司法理念，促进监督与协作深度融合

一方面，检察机关内部要进一步统一思想认识，辩证认识监督制约与协作配合的关系。上级检察机关应加强组织引导，通过开展专项学习活动推动基层检察官更新理念、打消顾虑，愿意监督、敢于监督，牢固树立“在监督中办案，在办案中监督”的意识，实现基层监督办案理念现代化。同时上级检察机关应加强调查研究，充分了解基层检察监督现状，通过统筹协调等为基层监督办案解决实际困难。另一方面，检察机关应进一步加强与公安机关的深度沟通以凝聚思想共识，使公安机关在被监督的过程中产生认同感、获得感。要进行充分沟通协调，清除公安办案人员对检察监督工作存在的认识误区，使其与检察人员在理解侦监协作办公室提升检察监督工作和提高公安执法规范化水平上达成共识，主动接受监督，真正实现检警“在监督中协作，在协作中监督”。在解决认识分歧的前提下，还可探索建立司法共同体考核评价体系，改进检察机关与公安机关存在矛盾的业务考核指标以达求同存异、和而不同的效果，如修正公安机关被纠正违法率的负面评价指标，增设违法行为纠正落实情况的考核项目，从考核层面促进检警统一目标、形成合力。

（二）打破信息壁垒，推动建立健全信息共享机制

一是在平台构建上，建立检警执法办案信息共享平台，实现检察机关与公安机关案件办理权限互通。一方面，有利于检察机关提高侦查监督线索排查效果，通过更直观获取线索的方式实现监督制约；另一方面，有利于公安机关通过平台接收检察机关的办案指导与帮助，在更快捷的沟通基础上实现协作配合。当然，建立完全的信息共享机制并非一蹴而就，其还涉及权限划定、保密规定、风险评估等多项内容设置，是需要分阶段、分

步骤建立的系统工程。当前，可探索在登录、查询警务信息综合应用系统等方面赋予侦监协作办公室检察官相应权力。为防范权力寻租、案件数据外泄等风险，可实行签订保密承诺书、案件查询提前审批、查询行为全程留痕、查询记录可回溯等制度。二是在基层实践上，充分发挥侦监协作办公室的桥梁纽带作用，促成检察机关与公安机关通过会签配套文件来细化监督和协作执行规范，通过实时会商交流来增强理解互信，通过联席会议讨论来促进案件信息互通。最终打破信息壁垒，实现侦查监督更精准、协作配合更顺畅。

（三）规范监督行为，强化全过程跟踪督促效能

检察机关侦查监督刚性不足的原因除了立法缺位，也与监督质量不高、监督行为不规范、后续跟进不足等有关。首先，在提高监督质量方面，检察机关除严格规范制发法律文书、加强释法说理外，还应广泛开展调研论证，挖掘、总结监督要点、难点，尤其是在侦查活动监督中，应探究违法行为背后的深层次原因。可以根据不同的案件类型梳理监督重点，研究对应的监督策略。例如，在经济犯罪案件中，着重对公安机关调取的银行流水、通话记录等电子数据证据的来源合法性进行审查，监督公安机关是否存在缺乏取证文书、取证手续不齐等非法取证的情形；对于命案，侧重对现场勘验、讯问、技术手段等侦查活动合法性、规范性进行监督；对于轻刑、速裁案件，侧重监督犯罪嫌疑人供述的真实性、认罪认罚自愿性等。[①] 其次，有效行使调查核实权。对违法的侦查行为依法启动调查核实程序，调查行为不局限于查阅案卷材料，应通过讯问、询问、实地复勘、查看讯问录音录像、走访调查案件现场等方式广泛、深入了解案件全貌，将情况摸清，把问题找准，做到侦查监督有理有据。例如，公安机关通常情况下会将对应笔录的同步录音录像光盘附卷，但检察机关的监督调查可以不拘泥于案卷内容。尤其当案卷显示犯罪嫌疑人在最初的讯问中始终作无罪辩解或未提供实质性的言词证据，而后突然打破沉默作出有罪供述时，需警惕言词证据的失真风险。此时，检察机关可以亲自讯问犯罪嫌疑人、询问知情证人，并调取该犯罪嫌疑人从被首次传唤到移送审查起诉

---

① 参见薛正俭：《推进侦查监督与协作配合办公室有效运行的路径》，载《人民检察》2022 年第 18 期。

期间的全过程连续性同录视频，监督公安机关是否存在威胁、诱供等非法取证的情形。若在调查核实中同时发现刑事诉讼法所规定的检察机关享有侦查权的 14 种司法工作人员职务犯罪，应果断立案侦查，彰显检察机关侦查监督的威慑力。最后，加强跟踪督促。根据人民检察院刑事诉讼规则第 553 条的规定，检察机关一旦发出《纠正违法通知书》即负有督促公安机关落实的职责。可以侦监协作办公室为主体，参考公安机关法制部门对案件的审核结论及执法质量的考评结果，明确和跟进监督公安机关的落实情况。若经督促公安机关仍不回复或无正当理由不纠正，则迅速将有关情况向上级检察机关报告，制定更为严格的后续监督措施，并定期向党委、政法委、纪检监察等部门汇报整改情况，汇集监督合力，增强多部门的协同监督效能。

（四）加强业务培训，注重专业化人才队伍建设

一方面，“工欲善其事必先利其器”，在检察机关内部锻造侦查监督正规化、专业化、职业化队伍是做好侦监协作办公室工作的必要前提。可根据各部门工作内容、职责及人员构成，制定分批次、分阶段、有针对性的侦查监督专项业务培训计划，以专题讲座、经验交流、业务竞赛、专家授课等多种方式进行检察官专项业务培训，提升检察官发现线索、解决问题的技巧和能力，培养一批理论功底扎实、实践经验丰富的侦查监督业务专家。可定期通报侦监协作办公室工作成效，将办公室工作实绩纳入派驻检察官的业绩考评体系，作为检察官年终考核、评先评优、职务职级晋升的参考依据，激励派驻检察官积极履职。为克服基层案多人少困难，在办公室设置上可探索分管领导带队、全体刑事检察人员共同参与、“常驻与轮值”相结合的全员参与模式。[①] 另一方面，在检察机关和公安机关之间定期开展办案人员同堂培训，通过组织研学和实务交流促进检警双方加强工作交流，明确监督协作内容，共同锚定检察监督办案与公安侦查质效同步提升的目标，增强业务能力，培养检警监督制约与协作配合高素质专业化干部队伍，充分发挥智囊作用，为侦监协作办公室的深度运行构筑支撑。

---

① 参见姜昕等：《侦查监督与协作配合机制的准确理解与有效运行》，载《人民检察》2022 年第 15 期。

高质效检察履职在基层院的阻碍因素、机制性原因及破解理路

郑　晓　李洪涛　郭　锰*

“为大局服务，为人民司法，为法治担当”是新时代赋予检察机关的历史重任，高质效检察履职是检察机关更好地担当起这一历史重任的必然选择。近年来，基层检察机关努力适应新时代人民群众对检察工作的更高要求，全面深化检察改革、全面准确落实司法责任制，积极探索、开拓创新，在全面提升检察质效上取得突出成果。但从实际情况看，制约高质效检察履职的诸多因素仍很突出，并在思想、作风、业务、机制等方面均有所表现，需要通过查表现、挖根源、论危害，切实转变理念、综合施措、挖掘潜力、强化监督、提质增效，使检察人员占全国近80%，办案数量占全国90%以上的基层院各项检察工作质效得到全面提升，促进基层检察工作现代化建设取得实质性成效。

一、高质效检察履职的基本内涵和主要特征

高质效检察履职是检察机关贯彻落实习近平总书记对政法工作重要指示精神的重要举措，是一项全局性、综合性、系统性工程。要求各级检察机关坚持检察工作现代化建设方向，以开展高质效法律监督，特别是以高质效办好每一个案件为核心，动员全体检察人员，全面推进思想、作风、业务、机制等各项检察工作在规模、质量、效果等各方面整体推进、全面

* 郑晓，河北省衡水市阜城县人民检察院党组书记、检察长；李洪涛，河北省衡水市阜城县人民检察院原检委会委员，河北省检察理论人才库成员；郭锰，河北省衡水市阜城县人民检察院第三检察部五级检察官助理。

提升，以检察工作高质量发展服务保障经济社会高质量发展。其主要特征有四个方面：

（一）在工作目标上具有人民性

为人民司法、让人民满意，是一切检察工作的出发点和落脚点，也是高质效检察履职的重要目标。进入新时代，随着经济社会快速发展，人民群众对社会公正特别是司法公正诉求更加强烈，对作为确保司法公正法律监督防线的检察工作要求标准更高。要满足人民群众新时代公平正义需求，努力实现最高人民检察院提出的以检察为民厚植党长期执政的政治根基，做实人民群众可感受、能体验、得实惠的检察为民目标，就必须以更高的标准、更严的要求、更优质的服务、更硬的工作本领依法履职，真正使人民群众在各项检察工作中体会到检察机关的为民宗旨和担当作为，以此赢得人民群众的信赖和拥护。

（二）在实施战略上具有全局性

高质效检察履职涵盖检察机关每一项检察工作，各项检察工作相互联系，互相依存，牵一发而动全身。这就要求各级检察机关不论是办案一线部门，还是综合保障部门，必须坚持目标引领，共同发挥团结合作、整体带动效应，立足岗位职能，充分发挥各自优势，全力提升工作质量。同时各项检察工作全面协调发展是高质效检察履职应有之义，各检察业务以及各综合部门工作各有不同特点和规律，发展进度也不尽一致，这就要求各地检察机关根据本地不同情况，坚持问题导向，下大功夫解决制约各项工作发展的深层次原因，做到长项更优，弱项补强，推动各项检察工作互促共进良性发展。

（三）在发展原则上具有确定性

法律监督是检察机关的主责主业，背离法律监督高质效检察履职就无从谈起。因此高质效检察履职必须将高质效法律监督，特别是高质效办好每一个案件作为工作重心。检察办案是履行法律监督职能的基本载体，因此必须把服务和保障高质效检察办案作为各部门发挥职能的第一选项，实现时间、精力、人力全部向办案集中，政策、条件、环境全部向办案倾斜，以精良的司法素能，优良的办案成果向社会展示新时代检察机关良好形象。同时检察履职必须立足宪法法律赋权，恪守职能边界，不背离职责，不超越职权，严格在宪法和法律框架内创新发展。

（四）在策略方法上具有科学性

实现高质效检察履职必须面对新时代新要求与时俱进，顺势而为，自觉坚持马克思主义基本观点和基本方法，强化辩证思维。深刻理解“从政治上着眼，从法治上着力”基本要求，永远保持新时代新征程检察机关鲜明的政治底色，自觉把讲政治落实到监督办案、司法为民全过程。要正确理解和把握办案规模、质量、效果和公平正义的关系，坚持质量为先，效果为要，切实提升检察工作社会公信力。正确把握敢于监督、善于监督和勇于自我监督的关系，克服以落实司法责任制为由而忽略和放弃监督管理的错误倾向，强化基层院党组主体责任，压实部门负责人监督管理责任，真正实现“放权”与“管权”有机统一。

二、基层院强化高质效检察履职的实践价值

（一）以高质效检察履职顺应新时代社会发展趋势

随着信息化手段提高，检察工作社会公开化程度前所未有，负有法律监督职责的基层检察机关必须快人一步、胜人一筹，如仍抱着固有的工作标准和工作模式就会很难适应高速发展变化的社会需求和工作职责。目前，新型犯罪形式和特点规律千变万化，社会矛盾呈现出多样性复杂性，如固步自封，漠视不理，缺乏危机意识，不能站在信息化和现代化制高点审时度势，把各项检察工作做优做强，就很难承担起党和人民赋予的法律监督重任。

（二）以高质效检察履职促进检察队伍现代化建设

目前，基层院检察人员素能与承担的重要职责不适应的矛盾仍是主要矛盾。检察工作现代化从根本上要依靠检察队伍现代化，必须抓住“人”这个第一要素。高质效检察履职是检验检察队伍政治、业务、能力、素质、廉洁等各项综合素质的试金石，没有过硬的检察队伍实现高质效履职就是一句空话。因此高质效履职倒逼基层院切实落实政法队伍“五个过

硬”标准，强化思想政治工作，提升工作能力，不折不扣深化巩固政法队伍教育整顿成果，真正使检察队伍坚守鲜明的政治底色和检察履职特征，更好地承担起党和人民赋予的使命任务。

（三）以高质效检察履职助力基层检察机关争先创优

在基层院评价指标中，不论是办案质量、监督效果、公正廉洁、法治教育、司法公信力、社会满意度，还是各项综合业务及队伍教育管理等指标，高质效履职内容是最基本的硬性指标，涵盖了考评考核的主要内容。牵住做优做强高质效履职这一“牛鼻子”，就抓住了基层院争先创优的最主要抓手，就会突出重点，带动全局，促进基层院特色鲜明，业绩突出，整体推进，实现更大作为，做出更大贡献。

（四）以高质效检察履职拓宽优化外部司法环境

作为肩负国家法律统一正确实施的法律监督机关，基层院各项检察监督工作涉及司法、侦查以及各个行政机关和企事业单位，因此，素质、能力及工作质效必须更加过硬、更加精准，只有这样才能够赢得理解和信服，取得更好的宽松监督环境。否则，长期不规范监督就会形成恶性循环，就很难赢得全力配合和深化合作，开展检察监督各项工作就很难有所作为。特别是行政检察领域专业性复杂性更强，如果检察监督不规范不精准就会违背各项行政工作常识和规则，监督工作就会适得其反，就很难达到双赢多赢共赢目标。

三、影响基层院高质效检察履职的因素检视

（一）理念滞后，跟进迟缓

从基层院检察履职发现的问题来看，大多出现在业务中和办案上，但深层次问题还是出在队伍上、思想上，最突出的就是理念上。一是强化管理和监督意识不强，对落实司法责任制理解片面，管理监督职能弱化，重点体现在基层院班子和中层业务管理把关不严不细，一定程度影响了工作质效。二是对“如我在诉”理念的认识不高，没有做到换位思考，没有真正把屁股坐到群众一边设身处地查办案件和适用法律，没有深入体验案件

当事人诉讼感受和深层次迫切诉求，对涉案群众因案返贫需司法救助等问题没能及时发现和相应处置。三是没能正确把握办案数量和质量的辩证关系。一些地方偏重数量和规模而忽视质量和效果，特别是公益诉讼等检察工作量多质低现状必须尽快实现实质性转变，以更好地彰显监督成效。四是信息化技术学习和应用还不够主动，特别是结合各项检察业务开发应用大数据数字模型赋能检察监督存有等待观望心理，固守传统办案方式不求突破，不能适应数字化发展趋势，影响了各项检察工作质效提升。

（二）思维受限，服务缺位

基层院习惯于就案办案、机械办案，重打击轻保护，重办案轻服务问题尚未得到根本改观。一是与各部门协调联动上没发挥好主导作用，基层院与侦查、审判及行政部门、社会组织先后设立监督与协作配合机构、建立联席会议、成立相关组织和联络制度，对全面开展各项检察业务和专项监督具有重要促进作用，但在落实和执行中召集和组织不力，存有设立与执行“两张皮”现象，弱化了整体合力发挥。二是缺乏系统思维，在办案中只注重审查案件，严把事实证据关，重视“治已病”，忽略“治未病”，未花大力气及时研究分析案件特点规律以找准防范短板、推动区域及行业类案治理。特别是在办理未成年人犯罪案件时对被害人心理、家庭教育等情况调查分析不深刻，造成打击和预防工作针对性不强，缺乏长远系统保护计划，未深层次延伸联合学校、家庭和社会进行防范治理。三是一站式多元实质性化解纠纷平台工作力度有待加强，公益律师值班保障不够，综合帮扶措施不到位，影响了矛盾纠纷的实质性解决。有的甚至在办理原案中，特别是在办理刑事犯罪与家族矛盾、经济纠纷及损害赔偿等问题交织案件中，做释法说理和矛盾化解工作不到位，未能真正实现案结事了人和，极易引发新的信访案件。四是对农民工、残疾人、老年人、妇女儿童等特殊群体保护不够有力。尤其是支持起诉等工作“蜻蜓点水”，效果欠佳，提供法律咨询和协助调查取证工作不精准，削弱了社会影响力，造成案源下降，成效不大。

（三）自降标准，甘于平庸

基层院受地域条件等影响，眼界不开阔，固步自封，安于现状等问题还十分突出。一是不敢行使监督权力，因基层院思路窄、办法少，多项业务考核指标需要侦查、审判等机关、部门的配合协作，因此讲配合多，讲制约不够，因碍于情面造成监督力度不够，不敢严格依法行使各项监督权力。二是工作起点低，不能自觉适应形势需要调高标准、自动加压，在开展民事检察工作中对如何突破案源匮乏瓶颈，深入广泛做好宣传，特别是在利用大数据发挥信息技术独特优势上思维受限、方法有限，从而影响此工作取得实质性重要突破。三是对新开辟的领域和职能畏难不前。近年来，检察机关为充分发挥法律监督职能，积极开拓多项新的监督领域和渠道，对此了解不深，研究不透。如开展高标准农田建设专项监督，必须首先吃透精神，掌握政策，因其专业性极强，监督难度极高，一些地方对此束手无措，一定程度影响了监督成效。四是通过控告申诉案件反向审视作用重视不够，对问题案件反向审视这一提升质效的至关重要手段履职积极性不高，基层院内部相关职能部门衔接配合不畅，导致此措施未能充分有效运用到实践、落实到办案实际。

（四）基础不稳，作风不实

高质效检察履职离不开严谨的工作态度、严密的工作制度、严格的管理手段。一是在整体工作规划上思路不清、目标不明、重点不突出，各项具体工作开展计划性和前瞻性不足，工作起来手忙脚乱，无从下手，短板和弱项长期处于“老大难”状态，出现同样问题年年提，但每年都得不到彻底有效解决的现象，严重制约整体工作的推进。二是主办检察官坚持亲历性原则不够，审查案件单纯以“书面往来”“电话核实”为主，深入现场调查走访、亲自提审讯问，与案件当事人和当地基层组织面对面了解沟通不够，补充侦查跟进不到位，深层次问题不清楚，各种证据与作案动机、犯罪手段及情节逻辑关系把握不全面、不准确，造成追捕追诉不到位，深挖犯罪不彻底，更为形成错案带来潜在风险。三是基础情况掌握不全不细，在检察建议制发特别是在社会治理检察建议制发中，缺乏深入实际、全面了解案发单位及专业领域突出问题，进而在调研分析基础上制发有针对性检察建议的严肃务实态度，从而造成检察建议认定事实不全面具体，释法说理不透彻，提出的建议指导性不强等问题，严重影响了检察建议的严肃性和实效性。四是在创建特色亮点工作中，由于在具体培育发展中没有做扎实有效的调查和针对问题进行全方位彻底整改，造成阶段性成效低，系统和社会带动效应不够，削弱了说服力和认同感，影响了其推广价值和决策影响力。

（五）攻坚畏难，不求极致

基层院因其条件受限在前沿理论的把握和信息化的应用等方面存有劣势，但也有接触案件多、类型全、情况具体、素材丰富等优势，这些为提高本领，办出引领全省乃至全国有示范意义的精品案件提供了先天条件，但实际中估计不足，认知低、自我要求不高问题突出。一是基层院存在为考核而考核的问题，实践中仅限于完成上级考核需要的各项办案指标，盲目追求数字好看，但实质成效不高。特别是没能结合本地实际，发挥自身优势，进行创新性工作，导致工作没特色，整体平庸化。二是典型案例培育不够，与有的先进基层院大胆尝试，所办案件入选全国、全省典型案例和精品案件相比，学习不够精深、职业敏感度差，造成很多有代表性的案件没有被及时研究、总结和推广，没能发挥其应有的典型示范效应，影响了其办案质效发挥。三是方法不当，重点不突出。由于认罪认罚未引入简易程序，证明标准理解把握不准，导致简易分流运行不到位，而是均衡用力，浪费了资源，影响了重点案件的质效提升。四是对社会危险性量化评估工作探索这一难点问题畏步不前，对如何由单一、静态评估向全面、动态评估转变，实现检警在更高层面达成共识、同向发力等方面还有待积极作为。

（六）能力焦虑，底气不硬

基层院检察人员往往注重埋头办案和事务性工作，业务学习和潜心钻研的氛围不够浓，措施乏力，造成对专业问题缺乏寻根问底、弄通弄懂的自觉，有的甚至得过且过。一是传帮带作用发挥不够，目前各基层院补充新进人员多，为基层提供了重要新鲜血液，新老交替工作处于关键阶段，如何发挥老检察人员经验优势，弥补新进人员实际操作短板至关重要。但由于没有相应的工作措施和激励手段，造成老同志示范带动和经验传授积极性不高，新同志主动请教和学习的动力不足。二是以实战练兵锻炼队伍的实际效果还不够明显。上级院为提高基层院实战应变能力，在各基层院开展观摩庭审等活动，但存有积极参与度不高问题，一些基层检察人员往往以案多、工作紧张为由不主动进行总结提升，对有当地影响的案件及有代表性的典型案件庭审不愿投入更大精力研究，对其他院优秀庭审经验不善于学习总结，从而影响了实战能力有效提升。三是在司法办案中不善于坚持原则，没有独到见解，特别是办案中遇到复杂问题没有见地，不敢坚持自身意见，底气不足。对其他行政机关的实体及程序问题发现难、吃不准，从而造成不愿监督。四是检委会研究议题把关不严，一定程度影响了办案人员独立决策能力锻炼。遇到所办案件稍有分歧意见，特别是拟作不捕不诉等处理的案件，不论是否符合重大疑难复杂及有较大社会影响的硬性条件，都习惯于提请检委会集体研究，把决策权推向检委会，从而造成基层院提请检委会研究决定的案件偏多。

四、影响高质效检察履职的机制性原因

（一）党建与检察业务深度融合机制中以党建促办精品案件要求不够突出

党建带队建联系不紧密，思想教育与业务管理融合不深入，特别是将高质效检察履职作为检验检察干警对党忠诚度这一重要标准的认识不深刻。在准确把握高质效检察履职服务中国式现代化这一最大政治的深刻意义，通过党的建设有效提高检察人员特别是党员干警高度政治自觉、法治自觉和检察自觉上还有差距。特别是如何在服务经济社会高质量发展中建功立业，实现“高质效办好每一个案件”检察履职办案的基本价值追求，以更有效的检察监督创造出不愧党和人民的检察业绩等方面的认知还有待强化。

（二）内部管理监督机制中强化从严管理的力度有待加大

在实际工作中，特别是在落实司法责任制中，偏向讲放权多，抓从严管理少。对群众反映多、社会舆论大、工作瑕疵问题多的人员不及时批评教育，对该采取组织措施的未采取措施，对有问题的案件没有进行专项检查和彻底纠正。对检务督察部门的督查，案件管理部门的案件评查以及纪检监察的监督检查主动督促少，不同程度上影响了相关部门的职能发挥。

（三）人才培养成长机制中为优秀人才特别是青年人才提供的空间不大

近几年，各基层院检察人员的年龄知识结构有了明显改善，但有的院

人才多成果多，有的院则相反，主要问题还是没主动为青年干警压担子，让其在火热检察实践中经受锻炼考验，造成提供平台不够，锻炼机会不多，影响了成才的效果。再就是以老带新还没到位，到上级院跟班学习、岗位轮换交流、到发达地区先进院对接实践频次不高，也一定程度上影响了青年干警快速成才。

（四）协作配合机制中存有联系主动性差、信息共享不通畅问题

在线索移交、质量把关、信息互用、刚性借力等方面，各部门协作配合至关重要。但在基层院实际工作中各自为政，信息不畅现象较明显，没有真正形成全院“一盘棋”格局。有的片面认为各扫门前雪，办好自己的事就可以，不能从整体工作思考问题，把与各部门的交流及制约认为是负担。特别是有的不愿接受监督，不是闻过则喜，不仅严重影响了本部门工作，也给全院整体工作带来一定负面影响。

（五）吸收社会力量参与协同机制中存在保障不够、操作不规范问题

近些年，基层院为吸引社会力量，不断扩大社会参与度，积极借助外力办案，与县人大、政协建立公益保护协同监督，推动人大代表建议、政协委员提案与检察办案高效转化。特别还通过人民监督员、特邀检察官助理、值班律师、听证员等社会力量参与检察监督工作，收到积极成效。但在保障机制上还有欠缺，与人大、政协在信息交换、协同衔接、成效转化等方面缺乏具体操作流程，特约检察官助理、听证员等办案经费补助等问题还没得到落实和兑现，一定程度上影响了社会力量参与检察监督的成效。

（六）考核评价成果应用机制中存在重过程轻结果、重名誉轻实质问题

基层院对考核评价工作下功夫大，牵扯精力大，也确实促进了检察工作质效，但在考核成果应用上还存在政策不明确、操作难掌握、奖惩措施力度小、实际兑现难到位等问题，没有真正起到奖勤罚懒、奖优罚劣等应有效果，特别是在能上能下、能进能出渠道上还不够畅通，不同程度影响了基层干警工作积极性和创造性。

五、破解制约高质效检察履职问题的理路

（一）理念转型

切实把思想行动统一到最高人民检察院高质效检察履职部署上来。一是基层院要认真开展高质效检察履职，特别是“高质效办好每一个案件”学习讨论活动，通过学习有关文件，深刻理解这一部署的重要意义，学通弄懂核心要义，正确处理案件数量、质量、效果等辩证统一关系，紧密结合实际，将这一部署不折不扣落实到各项具体工作中。二是切实提高政治站位，深刻理解“从政治上着眼，从法治上着力”基本要求的重要内涵，强化系统思维，正确处理打击和服务、惩治和保护的辩证关系，正确理解宽严相济刑事政策，克服就案办案、机械办案顽障固疾，充分体现检察履职办案基本价值追求。三是自觉将高质效履职纳入检察队伍建设全过程，作为检验政治思想是否过硬的基本标准，特别是要求党员领导干部既敢于监督、善于监督，又要勇于自我监督、以身作则，充分发挥模范带头作用，自觉担负起带动引领作用，真正实现政治建设和业务工作互促共进良性循环。

（二）思维革新

切实增强“敢于同先进比高下，在横向比较中拿高分”的争先创优勇气。一是主动对接先进院，特别是发达地区先进院，认真吸取先进理念和先进模式。通过参观交流看到差距、找出问题、借鉴思路、夯实基础、开拓视野，积极推进控告申诉案件反向审视、案件办理繁简分流、社会危险性量化评估等探索性工作，以促进基层院工作质的提升。在学习中紧密结合本地实际，就地取材，打造特色，带动工作更快更好发展。二是每项工作讲求极致，做到高起点、高标准、高站位，严格克服“小进即满、小富则安”心理，强化院领导亲自办案和主办检察官亲历性，把案件力争办成全国、全省典型案例，把各项工作创出特色亮点，以独有优势得到社会认可。三是坚持有效扩大考核成果利用，发挥考核指挥棒作用，对工作中取得优异成绩的要严格按照奖惩规定兑现政策，让先进更先进，后进变先进。全面畅通上下进退渠道，形成能者上、庸者下、劣者汰的良好选人用

人导向。

（三）素能挖潜

切实锻造具有能够经受住实战考验的专家型检察队伍。一是要有效解决理论与实践脱节问题，特别是解决民事行政等检察业务能力短板问题，充分运用检法律师同堂培训、以老带新、实战练兵、以学促干等方法，克服制约“四大检察”协调发展不够的瓶颈问题，使检察队伍真正成为一专多能，真才实干的专家型队伍。二是要注重培养刑事、民事、行政及信息化等多领域检察监督专门人才，特别是青年专门人才，为青年干警提供舞台、创造机会，让他们在检察机关重大活动、重大课题、重大疑难案件参与和办理中长见识、增才干，尽快独当一面、脱颖而出，更好地带动整体队伍业务能力提升。三是吸收社会优秀专业人才为检察业务提供智力支持，强化保障机制，对经费补贴专项列支，最大化发挥社会专业人员在检察办案、检察理论研究等方面顾问参谋的重要作用。

（四）制度改造

切实完善职责分明、科学高效、协调联动的规范管理体系。一是深化完善各项管理规章制度，对各项工作严格要求，确保有章可循、有责可追。特别是全面准确落实司法责任制，坚持“放权”和“管权”并重，管人管案结合，对发现司法过错和办案瑕疵等问题依规严格追责，以使检察人员强化规矩意识、责任意识。二是严格把关，分管领导和中层干部要切实履职尽责、敢于较真，对缺乏规范、质低应付的案件和相关文书材料要对有关责任人进行严肃批评教育，直至追究相应责任。特别对调研不深入、细节不把握、没有实际价值的凑数型案件和应付型检察建议等坚决推倒重来，不过关坚决不通过。三是要强化内外协同联动，抓好与各部门定期联席会议等协作联络机制落实，特别是完善与县人大、政协公益保护协同监督操作规程，实现信息共享、进度把握、效率评估、成果转化规范化；强化内部部门合作制约，对质低效差案件和相关文书互相监督，做到相互提醒、互相把关，不让有问题案件走入下一个流程，切实促进规范办案、规范管理。

（五）监督赋能

切实形成全面严密的多方位多层次内外监督制约架构。一是基层院党组要严格履行主体责任，切实解决因司法责任制改革而对存有司法办案瑕疵问题和严重廉政风险问题的人和案怠于管理问题，真正做到早发现、早提醒、早防控。二是院党组要主动支持派驻纪检监察组、案件管理、检务督察等部门大胆进行检查监督，提供全方位支持和方便，让其放开手脚为检察队伍管理问诊把脉、治病救人。三是自觉接受社会群众监督，最大限度做好检务公开工作，定期组织人大代表、政协委员和老党员、老干部及社会群众检查评议检察工作，让社会全面细致了解办案情况和工作情况，把各项工作置于全社会监督之下，将全部检察工作交由人民群众评判，以强化检察人员接受监督思维，倒逼基层院切实将高质效检察履职提高到崭新水平。

论现代化行政检察监督的监督手段和方式*

王　勇　汪志军**

党的二十大报告强调“加强检察机关法律监督工作”，赋予检察机关更重的责任。检察机关唯有以检察工作高质量发展服务保障经济社会高质量发展，以检察工作现代化服务保障推进中国式现代化，方能不负所托。检察工作高质量发展、检察工作现代化的实现离不开“四大检察”全面协调充分发展，行政检察监督现代化是其应有之义。行政检察监督现代化就是在党的领导下，以习近平新时代中国特色社会主义思想和习近平法治思想为指导，践行现代化监督理念，开创现代化监督格局，运用多元化的监督手段和方式，充分发挥行政检察监督的功能和作用，最终实现以高质量行政检察监督服务保障经济社会高质量发展、推进中国式现代化的目标。现代化的行政检察监督必须借助现代化的监督手段和方式，运用现代化的法治思维和方法，包括整体观下辩证思维、系统思维与协同思维和方法。辩证思维要求我们辩证地看待行政检察监督中的刚性监督与柔性监督、对人监督和对事监督。系统思维要求我们充分运用大数据信息，以全局观审视个案监督与类案监督、检察监督与社会治理之间的关系。协同思维要求我们以目标为导向，整合检察系统内外各方力量、综合运用各种监督手段和方式，形成最大监督合力。

---

* 本文系2023年度浙江省人民检察院专题调研重点课题“中国式现代化视域下的行政检察监督现代化研究”（zjdy202303）的研究成果。

** 王勇，中国计量大学法学院副教授、硕士生导师，浙江省台州市人民检察院优化营商环境法治保障检察理论研究基地研究员，法学博士；汪志军，浙江省台州市三门县人民检察院党组书记、检察长。

一、刚性监督与柔性监督并举

从行政权监督的历史和现实两方面进行考察，行政检察监督由于实体处分权的缺乏、监督刚性不足，很难成为国家行政监督体系的主要构成部分。[①] 这一观点可能代表了理论界和实务界对行政检察监督在特定阶段的一种普遍性的认识。此处，且不论行政检察是否能成为国家行政监督体系的主体部分，单就行政检察监督刚性而言，其结构性的缺失似是不争的事实。虽有实务界人士主张，检察权的司法处分权能（检察处分权）既包括程序处分权也包括实体处分权，但也明确将检察处分权限定在通知公安机关立案权、不起诉权等刑事检察职权及诉讼检察中的抗诉权[②]，而将制发检察建议权等排除在外。以此观之，在行政检察监督中，似乎只有行政抗诉权为处分权，刚性较强，而作为主要监督方式的检察建议则是典型的非处分权，或者程序性监督权。因此，行政检察监督的刚性不足相较于刑事检察等显然更甚。有鉴于此，有学者主张从监督程序构造、运行、关联的一般理论出发，构建以解决行政违法行为检察监督问题为主旨的监督程序制度规范框架。[③]

辩证地看，程序与实体往往是相互交织的，即便是程序性的检察监督往往也能引发实体性的结果；柔性与刚性也是相对而言的，并没有绝对的刚性监督，以柔克刚、以柔胜刚的现象也屡见不鲜。因此，检察机关在开展行政检察监督时，应当以监督目标和任务为导向，以取得监督效果和实现监督功能为宗旨，综合运用刚性监督和柔性监督方式，刚柔并济、刚柔并举。首先，应当敢用、善用、巧用行政抗诉这一具有较强刚性的监督方式，对于行政裁判确有错误的，敢于监督，敢于亮剑；要善于监督，抗诉的切入点要精准，调查核实要充分，事实认定、法律适用、理由说明均应

---

① 参见陈家勋：《行政检察：国家行政监督体系中的补强力量》，载《现代法学》2020 年第 6 期。

② 参见贺恒扬：《我国检察权的基本特征》，载《国家检察官学院学报》2008 年第 3 期。

③ 参见谢玉美、刘为勇：《行政违法行为检察监督程序论》，载《行政法学研究》2017 年第 1 期。

当无懈可击，避免因业务不精导致应当监督的而无能力监督等情况发生；要巧借抗诉监督的刚性，以抗促改，以抗诉监督为后盾促使审判机关和行政机关改正其不法行为；以抗促调，把抗诉的“势能”转化成调处和化解争议的“动能”，推动行政相对方正当权益得到合理满足，行政争议得以实质性化解。其次，要灵活运用再审检察建议、纠正违法检察建议和社会治理类检察建议等多种检察建议，充分发挥检察建议的功能效用，把检察建议制度优势转化为国家治理效能[①]，正所谓当柔则柔，将检察建议柔性监督的效用发挥到极致。最后，秉持双赢多赢共赢的监督理念，多方整合，善于借力。针对审判机关、行政机关不接受检察建议，不按照检察建议要求整改，或者整改不到位等情况，通过府检联席会议、人大检察联动监督等机制积极向同级党委政府和人大常委会报告，或者向其上级机关、纪检监察机关通报，借相关主体的实体性权力弥补检察建议程序性监督之不足；对于双方当事人各有立场，各有理由，争执不下的，可召开检察听证会，引入德高望重的乡贤和相关领域专业人士等社会力量，通过发表听证意见，释法说理，赢得当事人的信任与尊重，促其超脱自我，理性抉择。

二、对事监督与对人监督融合

在职务犯罪侦查权划转之前，提及检察机关的对人监督通常第一反应是对涉嫌职务犯罪的犯罪嫌疑人的监督；划转之后，则一般将国家监察机关的监督定位为对人监督，而将检察机关的监督定位为对事监督。显然，这样的区分是比较笼统而有失精准的。事实上，行政检察监督与监察监督虽在法律属性、法律依据、监督范围、监督权内容、监督方式等方面存在诸多差异，但在某种程度上也存在一定的契合关系，包括权力运行的类同性、监督对象的交叉性、必要的协作性与相互的制约性等[②]。就监督对象和监督范围而言，行政检察监督既包括对人民法院行使审判权活动的监督

① 参见黄文艺、魏鹏：《国家治理现代化视野下检察建议制度研究》，载《社会科学战线》2020 年第 11 期。

② 参见赵卿：《双重改革视域下行政检察监督与监察委监督的关系辨析》，载《江西社会科学》2020 年第 7 期。

和行政主体行使行政权行为等“事”的监督，也包括对直接行使审判权的法官等司法工作人员和直接行使行政权的行政机关工作人员等“人”的监督。因为“人”与“事”是辩证统一的，“事”靠“人”为，审判机关、行政机关作为组织并不能直接作出意思表示，而必须借助组织里的法官、行政官员等自然人；“人”因“事”设，凭“事”行权，无论是法官还是行政官员，脱离了人民法院和行政机关，在不行使审判权、行政权的时候，也只是一个普通的自然人。与此相应的是，对“人”的监督与对“事”的监督也是辩证统一的。司法实践中，检察机关一般是在认定存在审判程序违法之后，才进一步审查审判人员是否具有违法情形，通常难以脱离对审判程序的审查而仅对审判人员违法实施监督①。当然，法治实践也证明，对人的监督是最有威慑力的监督，通常也是具有较好监督效果的“深层次”监督②，要想取得较好的对“事”监督效果，往往需要以对“人”监督为突破口，借助对“人”监督的刚性威慑力。

因此，检察机关应当坚持对人监督与对事监督相结合。首先，要突出程序监督和实体监督并重，加强对行政审判程序违法的监督，对违反回避、送达制度，合议庭组成人员不合法，剥夺当事人诉权等程序违法，应当及时制发检察建议予以纠正；并由表及里，由事及人，深挖审判程序违法背后的审判人员违法，从对事监督向对人监督延伸。其次，要加强对行政审判人员违法的监督，将之贯穿行政检察监督各环节，对涉嫌利用职权实施侵犯公民权利、损害司法公正犯罪的审判人员，及时移送检察机关自侦部门，依法行使自侦权，予以查处；对审判人员涉嫌其他职务犯罪的，及时向监察委（纪委）移送，并做好配合协作工作。最后，要加强对行政诉讼执行和非诉执行活动以及行政违法行为的监督，充分行使调查核实权，不仅要督促审判机关和行政机关纠正违法行使职权的行为，还要关注违法行为背后的违法人员，通过制发检察建议等方式监督其纠正，从源头上、根本上促进司法公正、依法行政。

---

① 参见华锰、颜良伟：《审判人员违法行为检察监督十个关系辨析》，载《人民检察》2020 年第 14 期。

② 滕艳军：《民事行政审判违法行为监督实证研究》，载《中国检察官》2019 年第 7 期。

三、大数据赋能的类案监督法

传统的诉讼监督视阈下，行政检察监督必然是以个案监督为主的，个案监督也一直被认为是具有司法属性的检察监督有别于人大监督的重要标志之一。但是，法律监督质效的短板主要就表现在被动性、碎片化和浅层次三个方面[①]。为提升法律监督质效，必须推动个案办理向类案监督和社会治理转变。从系统论的视角来看，行政检察监督是一个信息收集、整理、加工、反馈的过程，整个办案过程都离不开信息。获取案件线索本质是收集信息并初步整理，案件审查是对案件反映的信息的全面消化吸收和分析研判，作出监督决定是基于信息分析研判而对信息进行处理的决断，制发检察建议等监督行为是对向被监督对象输出检察机关的信息处理结果，对检察建议落实情况进行跟进监督则是收集被监督对象的反馈信息，以为下一步的信息流转奠定基础。在信息时代之前，检察机关只能通过人海战术对碎片化的信息进行收集、整理、分析、研判和处理，个案监督当然地成为行政检察监督的主要方式，这种办案方式不仅成本高昂，而且事倍功半，收效不佳。进入信息时代之后，随着互联网、区块链、人工智能等新技术的兴起和发展，分散的点状信息得以互联互通，形成海量的数据源，并通过算法等技术得以被管理、分析、解释和提取。行政检察监督也随之迈入大数据法律监督时代，借助大数据的筛查、比对、碰撞等，检察机关得以从纷繁复杂的法律事实中高效地筛选出有监督价值的类案监督线索，针对人民法院、行政机关在司法、执法活动中存在的同类错误或者行政执法、社会治理中存在的普遍性、倾向性、共同性问题，灵活运用检察建议、专题报告、白皮书等方式向有关部门和单位提出监督纠正、堵塞漏洞、建章立制的建议，推动社会问题的系统治理、依法治理、综合治理和源头治理。当前检察机关开展大数据法律监督的最大障碍便是业务与数据（技术）“两张皮”：深谙传统个案监督之道的检察办案人员不懂技术，不擅于开发和利用大数据信息；适应信息时代要求的检察技术人员对检察监

① 参见贾宇：《数字赋能监督 监督促进治理——“数字检察”在浙江的实践与发展》，载贾宇主编：《大数据法律监督办案指引》，中国检察出版社 2022 年版，第 26—35 页。

督业务不熟悉，不善于构建大数据法律监督模型。要真正实现大数据赋能法律监督，必须彻底改变“两张皮”的现状。为此，检察机关必须摒弃就案办案的陈旧观念和传统的案件受理、审查方式，牢固树立大数据法律监督意识，以数据为基础、平台为支撑，打造最小数字办案单元，按照“解析个案、梳理要素”“构建模型、输出线索”“问题核实、类案监督”“一域突破、全域共享”的步骤，充分运用数据碰撞法、数据筛查法、反向推演法等方法，将数字思维、数字认知、数字技术统筹运用到法律监督工作中，用数字空间打破传统法律监督的时域限制，推动法律监督模式从“数量驱动、个案为主、案卷审查”向“质效导向、类案为主、数据赋能”转变，将类案监督打造成“治理场景”，从根本上促进法律监督与社会治理的深度融合，全方位提升监督促进治理的力度、广度和深度[①]。

四、多方借力协同监督

为了提升行政检察监督办案质效，检察机关必须发挥政治性很强的业务机关和业务性很强的政治机关的特点，善于运用政治智慧和监督智慧，向党委、人大、政府、政协、法院、社会组织和公众等多方借力。与此同时，国家治理体系和治理能力现代化需要检察机关逐步拓展对行政权监督的范围和深度。但是，这并不意味着检察权可以随意介入，而必须正确处理与行政领域已有管理监督机制的关系[②]。从党和国家法治监督体系的完善着眼，各类监督尚未有机贯通，相互协调性还存在不足。行政检察监督必须处理好与人大监督、政协民主监督、纪检监察监督、行政系统内部监督等监督制度之间的关系，打破“条条分割”，实现与各类监督机制相互衔接、协同、贯通、融合。

检察机关要积极对接、服务、保障法治政府建设，争取党委、人大、政协和政府的支持，加强行政检察与行政审判衔接，促进与法院、行政机关的沟通协调，在信息共享、案件移送、释法说理、聚力解纷、保障激励

---

① 参见杨春雷：《深入贯彻党中央全面深化行政检察监督新要求探索推进行政违法行为监督》，载《人民检察》2021 年第 21—22 期。

② 参见朱孝清：《国家监察体制改革后检察制度的巩固与发展》，载《法学研究》2018 年第 4 期。

等方面建立协作机制。一是建立健全“人大、政协监督 + 检察法律监督”的联动监督机制，拓宽行政检察监督线索渠道，增强检察建议等监督方式的刚性。[①] 二是建立健全府检联席会议机制，完善府检常态化沟通联络工作机制，促进政府和检察机关高效沟通协调，充分发挥法律监督职能，合力提升依法行政水平。[②] 三是探索建立常态化法检联席会议机制，促使法院与检察机关之间互相支持、互相理解、换位思考，既分工又合作，在立足自身角色定位做好分内事的同时兼顾对方在司法改革中的职能定位和需求，及时协商解决双方工作中的热点、难点问题，加强具体化、点对点的业务对接和跟踪办理，注重在监督中体现配合。四是建立健全行政检察与行政执法及行政执法监督、行政复议等制度衔接机制，加强与行政机关沟通协调，促进行政机关与检察机关共同搭建以互联网、大数据和人工智能为支撑的信息共享平台，实现信息互通、资源共享。此外，遵循公权力监督与私权救济的规律，充分考虑行政执法实践的复杂性和现实困难，把握法律监督与争议化解的契合度，注重与行政机关形成维护社会经济稳定发展的合力，运用监督破解行政执法领域长期得不到解决的“老大难”问题，实现双赢多赢共赢。五是完善检察机关与基层治理体系、“12345”群众来访信息系统的数据对接，帮助检察机关宽视野、多渠道、开放式挖掘各类行政检察监督案件线索信息，坚持创新和发展新时代“枫桥经验”，实施检调对接，在主持调解时，可以邀请人民监督员、律师、专家学者、人大代表、政协委员等参与，也可以和人民调解、行政调解、审判调解、律师调解等相对接，对正在办理或已作出不支持监督申请决定案件的当事人，要了解涉访动态，通过联席会议制度、案件通报和信息共享机制等与信访部门联合化解矛盾，维护社会稳定。六是完善检察机关内部协同机制，行政检察部门应当与刑事检察、民事检察、公益诉讼检察等业务部门建立信息共享、线索移送、办案协作、工作联动等机制；加强与案管、控申部门的协作，将线上受案、告知、审查闭环管理；对相关部门移送的线

---

① 参见天台县人民检察院：《天台：人大、政协监督 + 法律监督推进红色史迹保护》，载浙江检察网，http://www.zjjcy.gov.cn/art/2022/11/23/art_28_196460.html，最后访问日期：2023 年 1 月 10 日。

② 参见蓝恒、蒋杰：《浙江宁波：召开服务高质量发展府检联席会议》，载《检察日报》2022 年 12 月 21 日。

索进行全面审查，依法登记立案，并及时向相关部门反馈；在办理办件过程中需要其他部门协助调查、工作协作的，及时提出请求；发现行政检察监督范围之外的其他问题线索的，及时移送相关部门。

五、多措并举复合型监督

据学者考察，检察权是包含多面向职权的复合型权力。[①] 行政检察监督职权无疑也具备“复合型”特性，且因其“一手托两家”的“穿透性”监督使命而更为突出，在监督手段和方式上也表现出较强的综合性，往往需要多种监督手段和方式并用。

最能体现行政检察监督复合型监督特点的是“一案三查”，即一查人民法院行政生效裁判、审判、执行活动是否合法；二查行政行为是否合法；三查是否有行政争议实质性化解的可能，避免就案办案、一抗了之或者不支持监督申请了之。在“一案三查”过程中，检察机关还可借助“三查”融合、（公开）听证等其他辅助手段和方法。

“三查”融合的“查”，笔者认为，首先是审查。“检察审查”是检察权的核心，是所有检察职权的“最大公约数”，是检察裁量权行使的先决条件，在具体检察职权中实际上均包含着审查前置的要求；检察审查职权履行不充分，检察人员就不可能作出正确的决定，更没有足够的能力去发现各种违法情形，并说服法院和行政机关予以纠正[②]。可以说，检察审查是一切行政检察职能行使的前提、起点和基础，行政检察监督必须充分运用检察审查权，不断深化“四个必查”，即审查人民法院生效裁判有无漏裁诉讼请求，审判程序是否存在不当，审判人员是否涉嫌违法以及有无受到行政权力不当干预。其次是调查。检察机关开展行政检察监督需要基于一定的信息，而该信息又需要通过一定的途径和方式来收集，于是调查核

---

① 参见王海军：《中国语境下的“检察权”概念考察》，载《中国法学》2022 年第 6 期。

② 参见苗生明：《新时代检察权的定位、特征与发展趋向》，载《中国法学》2019 年第 6 期。

实成为必要，[①] 调查核实是监督工作的基础，是行政相对人表达诉求和补充法院卷宗外相关案件事实的重要途径。检察机关应当全面深入地向当事人、法院、行政机关和其他相关单位、人员了解案件情况，对重要证据材料进行查询、核实，必要时勘验物证、现场，在查清案件真相的基础上依法全面履职[②]。最后是侦查。在各类行政检察监督案件办理过程中，遇有需要调查核实相关信息而受制于现有调查权而难以推进时，检察机关可以借助对司法工作人员相关职务犯罪的侦查权以及机动侦查权和对刑事案件审查起诉时的自行（补充）侦查权，搭车调查。审查、调查、侦查是检察机关调查核实工作的三种法定手段，三者之间具有融合性、同质性，应当坚持“三查”融合的思维、方法，增强行政检察监督的系统性和刚性[③]。

检察听证是检察调查核实权的重要组成部分，是实现检察调查核实权的重要路径和形式[④]，是一种特殊的检察调查。行政检察监督的对象多涉及行政机关和人民法院等公权力行使主体，检察调查专业性较强、受到外部干预或者阻碍的可能性较大，且检察调查权的刚性不足，更需要以听证方式审查案件，通过召开听证会，就事实认定、法律适用和案件处理等问题听取听证员和其他参加人意见，达到查清事实、准确法律适用、提升检察办案公信力和影响力的目的。行政检察听证应当逐渐实现常态化和对所有行政检察监督业务和环节的全覆盖，尤其是在办理疑难复杂案件中应当全面推行检察听证，做到能听则听、应听尽听；要通过听证工作的常态化、规范化提高听证的质量，避免“做样子”“走过场”；在法律容许的范围内尽量采用公开甚至在线直播的方式，做到以公开促公正，以公正促公信，并扩大听证案件观摩和宣传范围，起到以案释法和提升案件影响力的作用；提倡由检察长主持听证，并邀请行政机关负责人及人大代表、政协委员、人民监督员、对相关领域真正有研究的专家学者等多方参与，开展

---

① 参见杨建顺：《推进行政检察要行使好调查核实权》，载《检察日报》2020 年 9 月 9 日。

② 参见韩成军：《行政检察调查核实权的规范化运行》，载《国家检察官学院学报》2021 年第 5 期。

③ 参见贾宇：《数字赋能监督　监督促进治理——“数字检察”在浙江的实践与发展，载贾宇主编：《大数据法律监督办案指引》，中国检察出版社 2022 年版，第 36 页。

④ 参见杨建顺：《推进行政检察要行使好调查核实权》，载《检察日报》2020 年 9 月 9 日。

释法说理、促进双方协商；以个案听证和类案听证、普通听证和简易听证相结合，实现听证效果的提升。

中国特色社会主义进入新时代，人民检察事业也进入新的历史时期，检察改革面临新的形势和新的任务。“四大检察”全面充分协调发展大局的形成，为行政检察监督创新发展提供了有利的外部环境，检察机关行政检察机构及其工作人员主观能动性的发挥是行政检察监督能否抓住机遇、迸发质变，进而实现现代化的内因。正所谓，“工欲善其事，必先利其器”。现代化的行政检察监督离不开监督方式和手段的现代化。现代化的行政检察监督手段和方式必须体现现代化的法治思维和方法。笔者将其概括为包括整体观下辩证思维、系统思维与协同思维和方法。可喜的是，行政检察监督实践中涌现出的刚性监督与柔性监督并举、对事监督与对人监督融合、大数据赋能的类案监督、多方借力协同监督和多措并举复合型监督等已经在自觉或者不自觉地运用上述思维和方法。笔者只是对上述监督方式和方法做了一初步的总结，以期为推动行政监察监督手段和方式现代化研究由不自觉走向自觉尽一点抛砖引玉之力。

生态环境公益诉讼损害赔偿金的管理与使用研究

林复旺　庄明源*

2019 年 6 月，最高人民法院发布《关于审理生态环境损害赔偿案件的若干规定（试行）》，对生态环境损害赔偿诉讼案件的受理条件、责任范围、强制执行等问题作出规定，但就生态环境损害赔偿金的管理和使用问题仅作出了“应当依照法律、法规、规章予以缴纳管理和使用”的原则性规定。

随后 2020 年印发的《生态环境损害赔偿资金管理办法（试行）》、2022 年 4 月出台的《生态环境损害赔偿管理规定》对赔偿金管理和使用制度作出进一步规定，明确指出由赔偿权利人进行管理和使用，在具体使用上，由相关部门提出申请，经本级财政部门审核后支出。但是，实践中的生态环境公益诉讼损害赔偿金主要存在执收主体不一、管理模式不一、使用规则缺乏等问题。

一、生态环境公益诉讼赔偿金管理使用的现状检视

（一）执收主体层面：执收主体多元，不利于资金统筹使用

当前，在生态环境公益诉讼不同阶段，生态环境公益诉讼损害赔偿金的执收主体不同，且执收主体之间关于生态环境公益诉讼损害赔偿资金的

* 林复旺，福建省泉州市人民检察院法律政策研究室主任，北京航空航天大学法学院环境与资源法学专业博士研究生；庄明源，福建省泉州市泉港区人民检察院党组成员、四级检察官助理，全国检察机关调研骨干人才。

管理和使用没有实现制度互通。具言之：一是民事公益诉讼诉前阶段，生态环境损害赔偿人将赔偿金交由办理公益诉讼的检察院来收执，获得法院胜诉判决后由检察院交到国库、管理专户或者法院账户；二是民事公益诉讼审判阶段，被告将调解或判决认定的赔偿金交由法院审判部门来收执；三是民事公益诉讼判决生效后，法院执行部门强制执行的赔偿金；四是刑事附带民事公益诉讼各阶段向公安机关、检察院和法院缴纳的生态环境损害赔偿金或向行政机关缴纳修复保证金。

生态环境保护呈现出的“多主体”格局决定了在生态环境公益诉讼的不同阶段会有不同主体执收生态环境公益损害赔偿金。然而，这其中暗藏的问题是，不同主体依不同职责要求对生态环境损害赔偿金的态度不尽相同。行政机关作为管理者更侧重执法思维，法院作为审判机关则更倾向于裁判者思维，检察机关基于公益保护职责更多是秉持公益保护思维，前两者更多关注裁判是否公正和执法是否到位，即形式层面的生态环境公益诉讼损害赔偿金的确定与执行问题，而后者更多的是将关注重点置于受损公益是否修复到位，即实质层面的生态环境公益诉讼损害赔偿金的落实问题。

（二）资金管理层面：管理模式不一，不利于资金监督管理

根据各地实践，赔偿金的管理模式主要可以分为以下几种：一是作为政府非税收入，上缴地方国库；二是生态环境行政主管部门设立专项账户，专款专用；三是缴入法院执行款账户或检察院公益诉讼赔偿金账户，司法机关对资金进行管理和使用；四是设立基金会，负责资金的具体运行使用。上述几种模式在实践中各有利弊，根据不同模式以下分述：

1. 地方财政部门管理

纳入财政非税收入账户管理。福建省厦门、泉州等地的《生态环境损害赔偿资金管理办法》中均有规定，生态环境损害赔偿金的性质是非税收入，应通过非税收入征收与财政票据管理系统上缴，由同级财政部门将该类资金纳入预算管理，使用时则按照国库集中支付制度有关规定执行。该模式是实践中较为常见的，操作简单且有利于资金调度和监管，但问题在于不符合生态环境损害赔偿金的专用性。考虑到公益诉讼生态损害赔偿金不同于刑事罚金，而是环境为人类提供的生态服务受到人为破坏时的法律

性对价[①]，不仅具有预防性和赔偿性的双重功能，其用途明确必须是专用于生态环境修复。上缴国库后纳入统收统支的生态环境损害赔偿金有被用于除生态修复以外的其他用途的可能。另外，生态环境损害赔偿金是具体的个案赔偿资金，缴纳后往往无法列入当年的财政预算，很难从国库资金中及时拨付用于环境损害修复，不利于及时实现生态修复。

2. 行政机关管理

相关主管部门进行管理生态环境损害赔偿金财政专用账户。行政机关设立财政专户可以实现专款专用，统一核算。生态损害赔偿金在行政机关封闭系统运行，存在难以保障社会公众参与环境修复方案决策、参与环境损害赔偿金收支监督的问题。

3. 司法机关管理

由人民法院执行款账户、人民检察院公共利益损害赔偿金账户管理。实践中，部分法院在生态环境公益诉讼案件的执行过程中，将执行到位的赔偿金直接缴纳至法院执行款账户。同样，部分检察机关也让违法行为人将赔偿金直接缴纳至检察院账户。然将生态环境公益损害赔偿金交由前述司法机关面临的问题是，一方面，生态环境修复工作并非司法机关的主责主业，专业修复人员的缺乏使得修复工作的专业性和及时性无法得到保证。另一方面，由作为裁判者的法院负责对执行款项的使用，监督主体的缺位，使得由法院全程负责对环境修复金的巨额款项的管理，赔偿金是否能完全用于修复工作无法保证。[②] 同样，由作为法律监督者的检察机关管理使用生态环境公益诉讼损害赔偿金与其职责定位不完全匹配，更有甚者将使其面临道德风险。

4. 第三方管理

成立专门基金账户、委托信托组织或公司交由公益信托对生态环境损害赔偿金进行管理、使用和监督。专业基金会的管理优势在于基金会的组织体系完善，可以配备或聘请涉及法律、金融、环境等多领域人士，推动科学决策，保证修复资金的高效使用，同时在资金使用上相对较于其他模

① 张陈果：《环境民事公益诉讼损害赔偿金去向的经验归纳与制度构建》，载《暨南学报（哲学社会科学版）》2022 年第 9 期。

② 刘卫先：《我国生态环境损害补救路径的整合》，载《暨南学报（哲学社会科学版）》2020 年第 10 期。

式更灵活，可由专业的金融人员运营赔偿金，进而保值或增值，但由专门的第三方管理同样存在不足之处。一是门槛较高，基层或者偏远地区一般很难找到专业的基金会。二是运行成本高，除资金管理外，还要处理生态环境修复专业性问题。因此，第三方管理单位必须自身具备或者购买专业技术能力①，要满足这些工作条件，需要投入较大成本。

（三）资金使用层面：缺乏规则指引，不利于高效合理使用

1. 使用主体的专业性问题

生态环境损害赔偿金的使用主体有地方政府、国土、林业、水利等行政机关，也有法院、检察院等司法机关，还可以是第三方生态环境修复组织，修复涉及不同生态环境要素和生物要素，需要多部门协同履职，当前缺少协作机制，造成资金使用科学性受到质疑，行政机关或者是司法机关没有相关的专业人员，很难保证修复工作的专业性。

2. 资金用途不明的问题

生态环境公益诉讼损害赔偿金的具体用途缺乏明确规定。实践中，损害赔偿金可以用于直接修复或者替代性修复，对于水污染的生态损害赔偿金，可能用于林地修复或者矿山生态环境修复，其合理性不免遭受质疑。同理，异地修复也存在原生态环境损害地的质疑。司法实践中，有将生态环境公益诉讼损害赔偿金用于购买环境监测设备的做法，亦有探索将生态环境公益诉讼损害赔偿金用于购买碳汇助力造林的做法，以间接修复生态环境，这些探索也同样面临泛化理解生态环境修复、滥用资金的争议。

3. 资金启用程序烦琐的问题

生态环境公益诉讼损害赔偿的使用往往较为敏感，无论是司法机关还是行政机关都非常慎重，因而，行政机关提出资金使用申请需要立项、预算、制定方案，并需财政部门审批资金支出预算，更有甚者要求和法院、检察院共同协商确定使用。对于是否使用、何时使用该资金尚无硬性规定，且在如何使用资金缺乏明确流程指引的情况下，生态环境、林业、自然资源等部门虽均肩负生态环境修复职责，但对环境损害赔偿资金的使用存在畏难心理，相互之间推诿使用资金的现象时有发生。

---

① 于文轩：《论我国生态损害赔偿金的法律制度构建》，载《吉林大学社会科学学报》2017 年第 5 期。

二、生态环境公益诉讼损害赔偿金的内在逻辑

管理使用生态环境公益诉讼损害赔偿金面临的实践困境看似是因立法缺位导致的，实则在于，在生态环境保护的浪潮下，这种“自下而上”的实践探索，主要是从关联性与便利性的角度出发去管理使用生态环境公益诉讼损害赔偿金，尚未从“根”上梳理生态环境公益诉讼损害赔偿金的理论定位，“自上而下”的理论阐释工作开展得尚不充分，理论根基不稳，实践堵点便难以打通。故而，厘清生态环境民事公益诉讼损害赔偿金的逻辑定位，是破解其实践困境的必由之路。

（一）生态环境公益诉讼损害赔偿金的演变

目前，我国生态环境损害救济制度出现了从私人实施（环境民事公益诉讼）回归公共实施（生态环境损害赔偿）的转向。但这种转向是不彻底的。[①] 由此，有学者提出，生态环境损害赔偿制度所指向的“损害”并非传统民法意义上的损害，而与秩序行政所致力于防止的“危险”重合，可以考虑引入惩罚性赔偿。[②] 亦即，从修复性的行政措施过渡到制裁性的行政处罚上来，这不但可以减少赔偿金“私权外观”对公权行权的阻碍，减少观念的混合与概念的重叠，也弥补了赔偿金制度概括性索赔、规则供给不足等方面的缺陷，进而推动两者形成一种互补、嵌合的关系，确保整个公共规制架构的内在均衡。而且从司法实践来看，司法解释已经明确承认国家机关在生态环境损害赔偿中的惩罚性赔偿请求权，需要进一步将其嵌入行政处罚体系中的适当位置。

（二）生态环境公益诉讼损害赔偿金的属性

事实上，单纯将生态环境公益诉讼损害赔偿金置于泾渭分明的公权属性与私权属性之争中的意义并不是很大，不论是基于公法视角还是私法视

---

① 程玉：《我国生态环境损害赔偿制度的理论基础和制度完善》，载《中国政法大学学报》2022 年第 1 期。

② 赵鹏：《生态环境损害赔偿的行政法分析——兼论相关惩罚性赔偿》，载《政治与法律》2023 年第 10 期。

角，二者在生态环境保护上的价值目标都是相同的。在同一个生态环境公益保护的目标下，生态环境公益诉讼损害赔金的基本属性可概括为以下三个层面：

1. 对象上的修复性

生态环境公益损害赔偿金是基于生态环境被破坏所造成的损害范围和程度而产生的，因生态环境修复而“生”的损害赔偿金的落脚点也自然置于生态环境修复，指向生态环境的修复性，用于救济遭受破坏的生态权利，恢复生态环境正常的功能与价值。这种“填补性”的制度属性有别于惩罚性赔偿金的“惩罚性”。

2. 归属上的特定性

环境民事公益诉讼中原告基于法律授权而享有赔偿金请求权，但生态环境公益诉讼损害赔偿金却不能像传统私益诉讼那样直接归原告所有，即原告并不是赔偿金的最终归属者，原告只是作为社会公共利益的代表进行诉讼，损害赔偿金真正的归属主体应该属于其代表的权利群体。同时，损害赔偿金的使用范围还需严格限定于修复生态环境及相关事项上，即便因生态环境损害造成人身损害也不得直接使用生态赔偿金。换言之，生态赔偿金具有强烈的个案属性，因案而起，“一案一赔偿，一案一使用”，不得另作他用。

3. 目的上的公益性

生态环境民事公益诉讼是以维护国家或社会公共的环境利益为目的而提起的诉讼，本质上具有的公益性，该诉讼制度下的生态赔偿金也随之具有公益性。虽然有学者认为环境公益诉讼司法判决的资金（即生态损害赔偿金）应属于国家收入性质，统收统支纳入国家国库管理。但就财政部《政府非税收入管理办法》中关于非税收入的定义①和最高人民法院支持探索建立环境专项基金对损害赔偿金进行统一管理的做法，显然生态环境公益诉讼损害赔偿金并不归国库管理。再者，结合生态环境公益诉讼修复的对象和归属的主体来看，生态环境公益诉讼损害赔偿金所修复的生态环境属于不特定多数人共同享有的公共利益，而非某一个个体的利益，体现的

① 主要包括有政府性基金、彩票公益金、国有资产有偿使用、罚没收入、以政府名义接受的捐赠收入、政府财政资金产生的利息等不同性质的收入集合体，而并未将生态损害赔偿金列入其中。

也正是公益性。

（三）生态环境公益诉讼损害赔偿金的功能定位

属性与功能是生态环境公益诉讼损害赔偿金研究中的基本理论问题，前者界定了生态环境公益诉讼损害赔偿金“是什么”，后者明确了生态环境公益诉讼损害赔偿金“应该做什么”，在修复性、特定性与公益性的制度属性指引下，生态环境公益诉讼损害赔偿金的功能归纳如下：

1. 修复功能

当人类对生态环境造成破坏后，适格主体通过诉讼为修复生态环境而取得生态赔偿金，即以费用的方式对生态环境损害进行量化，从而用于生态环境修复中，以恢复受损的生态环境功能。尽管生态环境受损本身所具有不可逆性，即便投入大量资金也很难恢复到原状，但生态赔偿金的确立，是在现有条件下，尽最大可能对所需恢复的成本进行的衡量，本质上是对环境的一种修复。

2. 预防功能

环境损害防御可表现为三种情形：一是对已经到来的具体危险的抵抗或抗拒；二是对环境有危险性行为的预防，即在预防危害的目标范围内避免或减少会产生环境污染的危险性行为；三是对未来美好环境采取预先保护措施，特别指维护基本自然生态以维持其永续存在和利用。① 我国司法实践表明，生态赔偿金的诉讼请求可以在环境污染事实发生前提出，不再要求有既成的环境损害事实的发生，只要有足够的判断依据来证明责任人所实施的行为可能造成生态环境受损时，就能对该责任人提起诉讼。环境民事公益诉讼案件受案范围的扩大，既是对环境保护法预防为主原则的承认，也是从尊重客观规律的层面，对一旦受损则不可逆的生态环境，采取前置保护的举措，将需要“消除危险、排除妨碍”的诉讼请求以货币数字化的形式表现出来，由环境损害责任主体承担清除污染以及调查、鉴定评估等合理费用。

3. 威慑功能

生态赔偿金的威慑作用，主要体现在向侵害人收取费用，提高行为人

① 参见吕忠梅：《“生态环境损害赔偿”的法律辨析》，载《法学论坛》2017 年第 3 期。

的违法成本，特别是当赔偿金数额足够大时，可以让其他潜在侵害人审慎评估自己的行为，提高其对生态环境保护的重视程度。此外，高额的生态赔偿金在对侵害主体进行重罚的同时，也是在向社会传递一种积极的信号，即国家高度重视并严格落实对生态环境保护的政策，切实维护社会公众的环境利益。

三、生态环境公益诉讼损害赔偿金管理使用的完善建议

立足于当前我国生态环境公益诉讼损害赔偿金管理使用的立法与实践背景，围绕生态环境公益诉讼损害赔偿金修复性、特定性及公益性的制度属性，以及修复功能、预防功能、威慑功能，确立生态环境公益诉讼损害赔偿金管理使用的基本原则，进而细化生态环境公益诉讼损害赔偿金管理使用规范，从“根”上打通生态环境公益诉讼损害赔偿金的运行堵点，助力其在生态环境保护领域发挥最大效用。

（一）生态环境公益诉讼损害赔偿金管理使用的基本原则

1. 专业性

生态环境公益诉讼损害赔偿金的管理使用要求具备一定的专业性。赔偿金的管理使用主体应当由相关专业人员组成，才能推动涉案生态环境修复工作合理统筹、有序开展，确保受损生态环境修复到基线水平或者符合生态环境质量标准要求。

2. 专用性

生态环境公益诉讼赔偿金用途管理应当彰显专用性，确保资金专款专用。赔偿金的管理主体应该是独立于赔偿权利人和义务人，且与生态环境损害赔偿案件没有任何利害关系的第三方，避免出现“角色混同”，引发道德风险。

3. 公益性

生态环境公益诉讼赔偿金管理模式要有很强的公益色彩，尽量扩大社会公众参与。一是资金的管理主体应当吸纳一定的民间力量，避免行政机构的全权领导从而形成过于浓重的行政色彩。二是资金的管理主体必须具有公益性的目的和宗旨，能够以维护社会公共利益为原则，拥有完善的信息披露制度，及时公布资金用途，确保资金使用的透明度，坚持信息公

开，引导群众对其进行有效的监督。

4. 灵活性

生态环境公益诉讼赔偿金管理更应有灵活性，有利于及时高效地进行生态环境修复。一方面，从资金的申请到审批和划拨，其中的流程和程序不能太过于烦琐和冗杂，要确保在较短的时间内实现修复资金到位。另一方面，应当选择合理的管理模式，确保管理主体能够对资金进行灵活安全地运营，防止资金的大幅度贬值，实现资金的保值增值。

（二）生态环境公益诉讼损害赔偿金管理使用制度的构建

1. 管理模式：专门化的基金运作

生态环境公益诉讼赔偿金的管理和使用属于社会公众和公益代表建立起一种信托关系。生态环境公益诉讼赔偿金在公权力机关监督下的基金会管理模式兼具正当性、合理性和可行性[①]，其法理基础来源于“公共信托理论”。具体而言，公权力机关作为受托人，为了更好地维护公民（委托人）的环境公共利益，将生态环境公益诉讼损害赔偿金（信托财产）转委托给具有一定资质的基金会进行管理。公权力机关和基金会通过缔结民事合同的方式建立起一种新的信托关系。

违法行为人损害生态环境而产生的公益诉讼赔偿金，公权力机关之所以要将由其托管的公共财产转委托给基金会，有其特殊优势和可操作性。首先，相较于公权力主导的资金管理模式，基金会管理模式会更加专业透明且灵活高效。引入社会力量管理使用赔偿金，可形成一定的竞争机制，从中选取最有资质的基金会，对赔偿金进行规范化管理，进而创造更多的价值，有益于实现赔偿金的效用最大化。其次，基金会具有公益性，可以更好地维护公共利益。最后，基金会管理具有监管便利性。

2. 使用规范：明确不同情形下的赔偿金具体用途

生态环境公益诉讼赔偿金款项都是先经评估或者预算确定的，这笔款项往往是根据生态环境实际损害情况酌情判定并直接在判决书中写明。最大限度修复受损生态环境是生态环境公益诉讼损害赔偿金的唯一目的。在

① 如中华环境保护联合会诉中石化燕山分公司环境污染侵权民事公益诉讼案，该案是全国首例由基金会对侵权人缴纳的生态环境损害赔偿金进行管理的环境民事公益诉讼，为探索基金会模式奠定了基础。

这一目的下，生态环境修复分为两种情形，一种是可修复的直接将赔偿金用于修复；另一种是基于生态环境的复杂性特征，导致部分生态环境损害难以依托现有技术进行修复。如前所述，实践做法通常是把赔偿金缴纳到国库，也有部分操作是采取替代性修复方式。该情形下，应当进一步细化生态环境无法修复并产生剩余赔偿金的处理方式。本文认为，鉴定机构以及鉴定人的鉴定意见是确定生态环境公益诉讼赔偿金额的前提条件，鉴定结果精确，就可减少赔偿金出现剩余的情形。另外，在生态环境修复过程中，鉴于生态环境具有脆弱性和复杂性，极大可能造成生态环境永久性损害，或者修复环境的代价过于高昂，在这种情形下采取替代性修复无疑是不错的选择。可以参考当前实践中，采用异地补植复绿、增殖放流等方式对被破坏的生态环境进行修复。

此外，生态环境公益诉讼损害赔偿金在生态环境修复工作结束后出现剩余的情形下，值得注意的是，赔偿金是基于赔偿义务人的过错承担责任的一种表现形式，而且计算赔偿金额是符合判决时的标准，但可能由于技术的进步，而导致实际修复环境的成本降低，此时产生剩余的赔偿金返还给赔偿义务人又难以在逻辑上成立。故而，在此种情形下应当将该款项继续存放于基金管理账户，作为一般生态环境维护资金。倘若该地区发生其他环境污染事件时，生态环境公益诉讼主体不能足以支付相关调查取证等办案费用，可以用此款项先行垫付或者用于环境鉴定技术的发展，同时也可基于当地环境治理的长远发展来作出规划。

3. 监督方式：检察监督与公众监督相结合

生态环境公益诉讼赔偿金的合理使用，需要良好的监督机制加以保障。我国现有法律法规并未对公益诉讼赔偿金管理使用的监督进行统一规范，对此完善监督方式尤为重要。

本文认为，应当考虑从顶层设计加以规制，推动形成统一的赔偿金管理使用的监督方式——检察监督与公众监督相结合。一是以检察机关的法律监督为主。检察机关可以对基金账户的使用情况进行监督，实际考察了解生态环境修复的进展、程度，督促及时修复受损的环境。如果涉及跨地区的情况，检察机关协同各地检察共同进行监督，同时要加强与当地政府的联系，及时解决修复环境过程中遇到的问题。二是以社会各界的公众监督为补充。基金会将具体的执行情况向社会公布，公众可以根据已有的知识以及对被破坏环境的了解提出自己的修复意见，资金使用存在的问题提出疑问，参与到生态环境治理当中。

采用检察监督与公众监督相结合的方式来保障生态环境公益诉讼赔偿金的合理使用的优势在于：其一，检察监督符合我国检察机关的制度特征和生态环境建设要求。法律监督由检察机关来实行是中国特色社会主义政治制度和法律制度的重要特征。党的二十大报告专门强调“加强检察机关法律监督工作”“完善公益诉讼制度”，与《中共中央关于加强新时代检察机关法律监督工作的意见》一脉相承。这也为新时代检察机关发挥法律监督职能作用、深入拓展检察公益诉讼提供了根本遵循。与此同时，生态环境修复本身就存在执行难的问题，必须有公权力对其进行监督。实践中，更多的是由一个行政机关的内部封闭体系来管理，不利于资金使用的高效透明。而检察机关可以独立行使职责，并能更好协同相关部门[①]，共同对赔偿金的使用状况进行监督，确保被破坏的生态环境得到修复。其二，公众监督可以及时发现问题，公权力进行监督毕竟精力有限，有些情况下不能及时发现问题。但是公众监督的方式灵活，较容易发现问题。比如，省内某地检察机关在实地考察时当事人已经恢复了被破坏的植被，但不久后就有群众反映栽植的小树苗又被拔掉，场地继续被用来养殖。公众的监督可以及时跟踪生态环境修复状况，促使违法行为人实际履行。

对生态环境公益诉讼损害赔偿金管理使用的监督，关涉生态环境公益诉讼裁决执行的成效。在赔偿金应用到各个领域时，每一环节必须对应相应的监督程序，并且在具体修复中要监督修复的效果是否达到一定的标准，这样才能确定生态环境公益诉讼赔偿金是否得到了有效的应用。

（三）生态环境公益诉讼损害赔偿金管理使用的检察角色

党的十八大作出“大力推进生态文明建设”的战略决策以来，我国在生态环境保护方面取得了瞩目的成就，其中检察机关发挥了积极而重要的作用，而在生态环境公益诉讼损害赔偿金的管理使用上，同样要进一步强化检察机关的“守护者”角色。

---

① 近年来，最高检部署推动长江流域 19 个省级检察机关及相关地市级检察机关陆续形成共 21 个协作机制，实现省界断面跨行政区划管辖协作全覆盖，并下发了检察公益诉讼跨行政区划管辖指导意见，着力推动解决协调联动不足的问题。

1. 诉讼提起的主力军

当前，绝大多数生态环境公益诉讼案件是由检察机关提起，且多数又是刑事附带民事公益诉讼。提起公益诉讼的目的，除了惩罚破坏生态环境违法行为人，更重要的是使受损的生态环境得以修复。

对此，检察机关应当加强实践探索和跟进监督，确保将追偿生态环境公益诉讼赔偿金贯穿到检察公益诉讼履职全过程各环节。一是将行为人履行生态环境损害赔偿责任纳入认罪认罚从宽制度，对涉及犯罪的行为人在法院判决前主动缴付赔偿金的，作为从宽处理的量刑情节予以充分考虑。二是探索保证金提存制度。公益诉讼案件侵权人（被告）在诉前或判决生效前自愿承担生态环境修复责任的，可以申请缴纳公益诉讼赔偿保证金，由检察机关协调公证部门进行提存监管，切实破解公益诉讼赔偿金执行难题。三是用好财产保全措施。根据现行司法解释规定，检察机关办理公益诉讼案件，需要采取证据保全措施的，依照民事诉讼法、行政诉讼法相关规定办理；同时明确检察机关提起的公益诉讼涉及损害赔偿的，不要求提供担保。四是强化执行跟踪监督。当检察机关发现法院在公益诉讼案件判决生效后，不依法移送执行或者执行活动违反法律规定的，应当依法向同级法院提出检察建议；发现审判人员和执行人员违法渎职、侵害社会公共利益相关线索的，应当及时移送职务犯罪侦查部门。

2. 制度建立的推动者

我国检察公益诉讼制度自 2017 年 7 月全面推行以来，在生态环境公益诉讼领域取得不少成效，但由于法律法规制度体系尚不健全，司法实践经验积累仍有不足，有的地方对于生态环境公益诉讼赔偿金的重视程度不高，“一判了之”“交完了事”，缺乏可操作性的管理使用制度，法院、检察院在生态环境公益诉讼赔偿金的管理上有时也存在相互推诿的情况，大量法院判决支付的赔偿金处于休眠状态而未发挥应有作用。

据此，检察机关理应针对当前生态环境公益诉讼赔偿金缴付率不高、管理使用不一、使用效果不佳等相关实际，积极发挥检察职能作用，与当地党委政府沟通协调，与财政、法院、生态环境、自然资源等有关部门协作配合，推动建立健全生态环境公益诉讼赔偿金管理使用制度，统一资金管理模式，明确资金的来源去向、使用规则、监督管理等相关事宜，使赔偿金最大限度地用于生态环境保护利用。同时，检察机关可以通过加强检察理论研究反哺司法实践，为进一步规范公益诉讼赔偿金管理的顶层设计提供基层鲜活经验。

3. 资金使用的监督员

检察机关要高度关注生态环境公益诉讼赔偿金的使用，确保其真正用于受损生态环境修复。一是增强判决的可操作性。检察机关在提起公益诉讼时，要督促相关行政主管部门研究制定详实的修复方案，在向法院提出赔偿诉讼请求时一并提出，为法院判决提供有效参考。当法院判决确定的修复方案不合理时，检察机关可以依法提出检察建议或者提出上诉（抗诉）。二是注重对受损生态环境无法修复、需要开展替代性修复，或者无须即时修复的赔偿金相关情况的监督。福建检察机关联合相关部门探索建立的生态环境修复基地具有较好的实践价值。三是加强赔偿金的使用监督。检察机关对行政执法机关在实施应急处置、环境监测以及生态环境损害修复过程中违法行使职权或者怠于行使职权的，可综合运用诉前磋商、检察建议、提起诉讼等形式，依法督促有关行政执法机关履行职责，推进生态环境损害赔偿金有效用于受损生态环境修复。

重罪案件审查中客观证明体系的构建与能动反思

高　峰　赵韵韵[*]

在消极的实体真实主义引导下，现代法治国家不断强化权利保障观念，以“客观证明”为核心的证据裁判在事实认定中越发占据主导地位。客观证明不但受到司法实务的积极追求，更在顶层设计得到基本确立。《中共中央关于全面推进依法治国若干重大问题的决定》指出，要推进严格司法，坚持以事实为根据、以法律为准绳，健全事实认定符合客观真相、办案结果符合实体公正、办案过程符合程序公正的法律制度。此后，“两高三部”亦首次提出“证据裁判”①的概念，再次强调“不轻信口供”，使隐藏于司法案件背后的“客观证明”的显性化有迹可循。

客观证明贯穿于刑事诉讼的全流程，不仅有规范依据和司法实践的支持，更是我国法律文化的传统绵延。尽管有学者对客观证明提出了反思，认为证明活动中，尤其在重罪案件中存在“高度乃至过度客观化的刑事证明理念、立法与实践”，②但是不可否认的是，客观证明在冤错案件的防范、司法恣意的限制上发挥着时代性的作用。检察官作为重要的事实认定者，需要秉持客观公正立场，一方面应警惕客观证明所带来的现实阻滞，另一方面要以客观证明为基础，优化重罪案件客观证明体系的构建和审查。

---

* 高峰，浙江省温州市苍南县人民检察院党组书记、检察长；赵韵韵，浙江省温州市苍南县人民检察院党组成员、副检察长。

① 《关于推进以审判为中心的刑事诉讼制度改革的意见》，载《检察日报》2016 年 10 月 11 日。

② 左卫民：《反思过度客观化的重罪案件证据裁判》，载《法律科学（西北政法大学学报）》2019 年第 1 期。

一、客观证明在司法实务中的多层表现

刑事证明活动是整体性、综合性的事实认定过程，客观证明贯通司法证明的所有层级，在司法实务中具有多层表现。

（一）证据层面：客观证据的裁判导向

从传统的证据理论上来说，作为认定事实的证据应当具有合法性、真实性（客观性）和关联性。“证据三性”的要求虽然没有给证据材料的证明力作预先设定，但是证据类型的法定化，为证据内蕴的指向性信息提供了较为固定的“证据形式”。由此，八种法定形式外的各类信息难以作为“具有合法性”的证据进入诉讼程序，因而证据种类具有封闭性。

有学者对证据裁判原则进行解读，并得出“证据裁判原则要求以口供以外的证据作为认定案件事实的主要根据”[①] 的结论。对客观性证据的仰赖，是客观证明在证据层面的直接体现，这给司法实务带来“实物证据定案主义”[②] 的裁判导向。案件缺乏关键物证或者关键物证存疑时，法院可能在言词证据具备的情况下而径行作出无罪判决。在防范、纠正冤错案件上，尤其是在重罪案件中，客观证明对客观性证据的高要求为司法实务发挥了重要的导向作用。

（二）证明模式：印证证明的认识优势

从实证层面看，司法实践赋予了印证证明模式以描述性的意义。正由于客观证明对客观性证据的要求，需要在证据评价时以客观性证据为主，且证据应当围绕客观性证据而展开。为此，在客观证明的影响下，实践中印证证明模式是认定刑事案件事实的通常表现形式。

在证据判断上，印证证明模式显现出典型的外部性：一方面，印证证明模式要求至少有两个或两个以上的证据来确认事实，并间接排除情态证据对事实认定者的利用。另一方面，印证证明模式要求证据之间内在的信

---

① 陈光中、郑曦：《论刑事诉讼中的证据裁判原则——兼谈〈刑事诉讼法〉修改中的若干问题》，载《法学》2011 年第 9 期。

② 向燕：《刑事客观证明的理论澄清与实现路径》，载《当代法学》2022 年第 3 期。

息具有同一指向性。这实际上是对证据客观性的强调，要求在单个证据判断的基础上，综合证据之间的信息得出结论。

（三）认定标准：司法证明的最高要求

客观证明是追求“事实真相”诉讼价值的直接映射，在司法证明活动中寻求“唯一结论”,[①] 由此带来的直观结果是，我国在刑事证明活动中设置了探求事实真相的最高标准，即“趋真”的事实认定标准。与此同时，设置高要求的证明标准更在于保障被追诉者的合法权益，由此往往降低出罪的难度，进一步要求事实认定的全面化和体系化。从证明标准来说，客观证明在一定程度上降低了认定事实的容错空间，但也压缩了言词证据在证明力上的效用空间。

二、客观证明在司法实务中的实践悖论

从诉讼目的角度出发，客观证明兼顾发现客观真实和追求权利保障，具有理论意义。然而，司法证明活动是综合性工程，应当重视司法实践给客观证明带来的桎梏。

（一）证据实践的局限性

“唯一正确结论”反映出顶层设计层面在司法证明上的愿景追求，但客观证明的高标准须建基于强大的刑事侦查体系。司法证明活动中，信息遗失、保全形式不佳、时间久远、技术能力限制等各种因素都可能限制客观证据全面性的实现。随着社会发展和科技进步，侦查活动的技术限制因素得到有力消解，但是历史性作为司法案件的重要特性，却不会随着技术的发展而淡化。

这种证据实践上的局限性在重罪案件中（尤其是陈年命案中）的表现尤为突出。如“白银连环杀人案”中，侦查机关虽然保存了 DNA 信息，

① 周洪波：《中国刑事印证理论的再批判与超越》，载《中外法学》2019 年第 5 期。

但直到2016年才根据新技术锁定高某某的家族姓氏，进而侦破案件。[①] 根据报道，DNA技术用于犯罪侦查活动的首例案件始于1987年，[②] 但直到1999年我国才开始建立罪犯DNA数据库，[③] 这就意味着DNA技术在2000年后才广泛运用于刑事侦查活动。因此，司法实践中，客观性证据短缺属于通常状态。

（二）证明模式的僵直性

印证证明模式能够在绝大多数案件中获得实证检验，但也存在缺陷。第一，绝对客观化的证据要求可能导致同案不同判的结果。第二，闭合的证明体系受到追求结论正当的功利引导，在司法证明过程中难免产生掩盖证据瑕疵的后果。第三，在现有证据体系满足印证需要的情况下，导致忽视辩方意见的司法失衡。究其原因主要是印证证明模式的操作规则缺乏精密表述。其一，“印证”没有法定解释，证据信息相互支持的程度及判断标准没有规定，通过语义解释判断印证程度将导致同案不同判。其二，直接证据和间接证据的印证规则缺失，对于法定形式外的辅助证据的证明力缺乏规定。其三，间接证据定案的印证规则，也因无精密表述而不具有信息解读的指导性。即只阐述证据之间的关系，而没有关注证据与待证事实之间的关系。从语义上来讲，“印证”与“孤证”相对的。然而在部分案件中，“孤证”从不同视角能够得出不同的判断结论。如在强奸未遂案件中，被害人陈述与嫌疑人供述直接矛盾，此外仅有一份被害人在案发后即时打电话报警的记录（或案发前的聊天记录显示被害人对发生性关系的否定态度）。从证据形式来看，报警记录与被害人陈述在内在属性具有一致性，而聊天记录作为品格证据在法定证据视角里不具有关联性。根据印证的内涵，该案就属于有合理怀疑的“孤证”案件。然而，实践面对此类案件往往作出不同的判断，部分判例将报警记录视为不同于被害人陈述的辅

---

① 参见《“白银连环杀人案”宣判！死刑!》，载人民日报百家号，https://baijiahao.baidu.com/s?id=1596333197735825975&wfr=spider&for=pc，最后访问时间：2024年6月30日。

② 参见游文娟：《DNA鉴定屡立奇功，它到底是个什么“功”?》，载《世界科学》2020年第4期。

③ 何柏生：《数字的法律意义》，载《法学》2022年第7期。

助证据，以被害人的情态来认定陈述的客观性。归根结底是在印证模式中，对于证据数量的要求以及印证内涵的理解缺乏精密化和规范化。

（三）司法证明的复合性

犯罪作为客观不法和主观责任相结合的产物，深深影响司法证明的性质。以探求犯罪为核心的司法证明过程，亦是主客观相结合的复杂证明过程。为此，我国在“事实清楚，证据确实、充分”的客观性证明标准之外，又将“排除合理怀疑”作为检察机关的“主观证明责任”。[①] 从证明模式和证明标准来说，客观证明将证据评价过程客观化、外部化，并辅以一定的规则限制事实认定者的心证形成过程。但刑事司法规律表明刑事犯罪具有偶发性，客观化的程序规则无法全面应对纷繁复杂的法律关系和社会现象。社会现象是“千差万别的，我们很难对社会科学进行‘量化’或是‘数学化’管理”。[②] 经验法则具有无限性，这就决定了在理性的司法证明过程中，需要在证据评价体系内部打开一个可供经验法则进行判断的口子。

三、重罪案件客观证明体系的构建方式

面对客观证明的局限性，作为事实认定者，应当在坚持客观证据为核心的基础上，强化自由心证的空间，有效构建起重罪案件的客观证明体系。

（一）构建理论：整体解释

近年来，最佳解释推理在司法证明中的运用得到理论界的支持。作为一种整体解释观，最佳解释推理指的是“当有很多假说都能解释某一证据时，推论者在得到一个合理假说时，必须拒绝其他假说。因此，如果一个已知的假说相比于其他假说能为某个证据提供‘更好的’解释，那么该已

① 郑金玉：《论主观证明责任的动态配置规则》，载《法学》2022 年第 8 期。

② 张友好：《经验与规则之间：为法定证据辩护》，载《中国刑事法杂志》2005 年第 6 期。

知假说就是真的”。[①] 作为整体解释的最佳解释推理，能够为现有客观证明的桎梏打开枷锁。

1. 最佳解释推理为证据局限性提供解决方案

前文已述，多数陈年命案的证据具有不充分性，但客观证明又要求司法案件中具有全面的客观性证据。为调和现实与理想之间的冲突，最佳解释推理通过设置不同的“假说”，并通过“假说”之间的竞争和对比，选择其中一个最佳解释作为司法证明的“趋真”结论，从而为司法证明的判断提供最终答案。

2. 最佳解释推理推进印证证明模式整体精密

印证证明要求证据的外部性和信息指向的同一性，但未拒绝推理的空间。印证证明关注于证据与待证事实之间的关系，然而如何在证据与待证事实之间建立起常态关联，却缺乏精密描述，这为最佳解释推理提供了融入的空间。在这种情况下，最佳解释推理为印证证明的证据链条进行有力解释，将印证证明模式统合到整体解释的进路中，有力避免“‘选择性’印证导致对矛盾点视而不见”，[②] 从而出现信息失衡。从重罪案件的类型来看，多数重罪属于自然犯。自然犯在“知识推定”的基础上更加关注行为的证据，而行为的发生顺序、逻辑为最佳解释提供了空间。

3. 最佳解释推理契合证明标准的动态论证结构

可以说，最佳解释推理与“排除合理怀疑”的证明标准之间存在融贯性。“排除合理怀疑”证明标准的引入，为复杂的司法现实注入了动态的司法证明过程。相较于轻罪案件，重罪案件在证明标准上的严苛程度更高，也给动态的司法证明提出了挑战。而最佳解释推理“允许竞争性假说与证据之间的解释与反驳关系得到充分呈现”，[③] 不仅实现重罪案件证明活动的动态论证，更能够在竞争性假说与证据间循环往复的解释间，实现“趋真”结论与其他竞争性假说的直接对抗，有力排除其他可能的解释。

---

① 转引自罗维鹏：《印证与最佳解释推理——刑事证明模式的多元发展》，载《法学家》2017 年第 5 期。

② 哈腾：《冤假错案防范视阈下客观性证据审查模式的构建》，载《长白学刊》2020 年第 2 期。

③ 向燕：《论司法证明中的最佳解释推理》，载《法制与社会发展》2019 年第 5 期。

（二）客观证据：基石核心

最佳解释推理的理论建立在客观证明的基础之上，故在重罪案件客观证明体系构建的过程中，仍然需要将客观性证据作为基石核心。

1. 特定情形下，客观性证据不可或缺

我国虽然不是法定证据制度国家，但是对于特定情形中的待证事实，如果存在客观性证据缺位的情形，可以视为待证事实无法成立。比如，在刑事责任能力的认定过程中，对于刑事责任年龄的判断，必须以客观性证据作为依据，在极端情况下，即使户籍证明、出生证明、身份证明等客观性证据全部缺失的情况下，仍然不能以行为人及亲属的言词证据认定刑事责任年龄，而需要结合骨龄鉴定进行综合判断。

2. 通常情形下，客观性证据的证明优先性

除特殊情况之外，重罪案件以客观性证据的证明力具有优先性。一方面，在言词性证据与客观性证据产生直接冲突时，应当采信客观性证据。另一方面，在具有实现证据全面性的条件上，应当充分调取客观性证据，不得以言词证据作为替代性证明。这是客观证明的必然要求，即在重罪案件中，应当在比例原则的引导下，合理、全面收集客观性证据。

3. 例外情形下，客观证据缺位的怀疑指向性

在穷尽侦查手段仍不能全面获取客观性证据的重罪案件中，例外地赋予“合理怀疑”的证明指向。从客观证明的反思角度来看，在多数案件中，即使客观性证据缺失，在言词证据形成体系、补强证据充分的情形中，足以认定待证事实。但是，司法证明活动不能忽视辩护意见，由此客观性证据的缺失往往成为“合理怀疑”的出口。检察官作为事实认定者，应当允许对抗性意见的存在，并将客观性缺失视为可能的合理怀疑，进而在整体解释观下进行体系对比，得出“趋真”结论。这时，就需要最佳解释推理出场。

（三）假说对比：“趋真”结论

在最佳解释推理中，需要提出竞争性的假说，从而进行整体观察和对比，确定各种假说中，哪一个才是“趋真”结论。这就要求事实认定者成熟运用以下方法。

1. 在现有的证据基础上提出假说

在体系对比的过程中，最佳解释推理要求事实认定者通过竞争性假说的提出对印证证明进行检验。主要有两个方面的内容：一方面，事实认定者需要在证据基础上提出可能性假设；另一方面，事实认定者需要在可能性的假设中进行对比、修正。

案例 1：在一起故意杀人案件中，证据 A 是现场勘查笔录，证实案发现场系出租车，在出租车右后门靠内处提取到一枚疑似带血的指印。证据 B 是鉴定意见，证实经技术鉴定，指印系犯罪嫌疑人所留，血迹无法检验。在该案件中，基于 A、B 两个证据，我们可以得出三个竞争性假说：假说 1“被害司机是犯罪嫌疑人所杀”、假说 2“犯罪嫌疑人乘坐过出租车，但当时犯罪嫌疑人手部受伤，下车时遗留指印”以及假说 3“犯罪嫌疑人乘坐出租车离开后，他人在后排杀害被害司机时，血液遗留在指印上”。在三个假说中，事实认定者还需要结合推理进行判断，同时结合其他证据对假说进行修正。如另有证人证言 C。C 系村民，证实听到有车辆响动的声音，看到一辆出租车停放在村里偏僻的土道上，后返回睡觉；次日起来发现出租车位置没有变化，在上前查看后报警；其间看到仅有 1 人从出租车上下来，无法辨认是否为犯罪嫌疑人；下车时间与被害人死亡时间区间吻合。在最佳解释推理中，即可对假说进行更新修正：在假说 3 中，犯罪嫌疑人走后有他人上车的可能性即被排除，因此仅剩假说 1 和假说 2。接下来，进一步在证据循环往复的对比中修正解释，并选取最佳结论。

2. 有效运用生活经验法则

“最佳解释推理是不确定状况下一般的认知规律”①，这意味着最佳解释推理仅在客观性证据不充分且难以通过现有证据得出“唯一结论”的情况下适用。为此，应在假说与最佳解释之间建立常态关联。

在此过程中，可能性假说作为大前提，常态关联的生活经验法则作为小前提，在结论与前提之间通过法则进行检验。在重罪案件中，需要合理运用或然性法则。即在进行常态关联的时候，只有在必然性法则不存在的情况下，才能够运用或然性法则。

案例 2：证据 A 是凶器菜刀，上面检测出被害人和犯罪嫌疑人的指纹，

① 罗维鹏：《印证、最佳解释推理与争议事实证明方法——兼与周洪波教授商榷》，载《法学家》2021 年第 2 期。

并检测出被害人的血迹。证据 B 是尸检报告，证实被害人左颈部锐器伤至左肺破裂失血性休克死亡。假说“犯罪嫌疑人使用菜刀砍伤被害人脖子，致被害人死亡”是建立在“菜刀上检测出犯罪嫌疑人指纹，犯罪嫌疑人使用过菜刀”以及“菜刀是锐器”的必然性法则上的推理结果。但是依据必然性法则不能推出“唯一结论”，原因是“犯罪嫌疑人使用过菜刀”不能必然等同于“犯罪嫌疑人使用菜刀砍杀被害人”。在“趋真”结论的对比中，往往需要通过或然性法则进行推理。

从逻辑结构上来说，最佳解释推理中或然性法则的运用，与事实推定的解构存在内在一致性。或然性法则的应用亦是三段论推理的过程。需要注意的是，或然性法则所需要验证的是生活历程事实，要防止滥用。主要包括：

其一，不得运用有失公正的或然性法则。如“犯罪嫌疑人说谎，是因为他有罪”的或然性法则，不仅存在事实认定的偏见，更易导致推理解释走向谬误。在严苛的证明标准的要求下，重罪案件应当一概禁止运用此类或然性法则。然而在司法实践中，有部分案件通过驳斥犯罪嫌疑人的辩解，从而证立待证事实，这就是错误运用或然性法则的表现。当然在部分案件中，即使存在错用或然性法则，仍然能够得出“唯一结论”，这与不同案件的具体情况有关。

其二，在运用低概率或然性法则时，应当格外慎重。例如案例 2 中，侦查机关发现犯罪嫌疑人与被害人素有恩怨。然而，犯罪嫌疑人因为恩怨去杀害被害人只是或然性经验法则，难以上升到推理层面的必然性。因此在运用或然性法则时，同样应当观测或然性法则的盖然性问题，否则极易导致错误。

其三，不得一概排除情态证据对事实认定的影响。情态证据在客观证明中被排除在法定证据类型之外，但在重罪案件中，情态证据对最佳解释推理具有重要作用。一方面，或然性法则验证的是生活事实，情态证据与生活事实紧密相连；另一方面，除法定构成要件要素之外，其他与案件存在关联性的事实，都将影响重罪案件的事实认定。

（四）排除怀疑：增进确信

竞争性假说的提出以追求最佳解释为目标，但是在选取“趋真”结论之后，还需要有效排除合理怀疑，从而增强事实认定者的内心确信。然而

"排除合理怀疑"作为原则性规定，缺乏具体性。从客观证明的视角看，有必要从两个方面进行合理怀疑的排除。

1. "合理怀疑"应当有证据基础

客观证明语境下，合理怀疑需要具有证据基础。即从整体解释观来看，合理怀疑同样属于竞争性假说的一种，由此合理怀疑不是简单的主观推测，而需要证据基础。

2. "合理怀疑"应当具有合理性

合理怀疑是具有合理性的，不仅要符合逻辑法则，更要符合生活经验法则。在此过程中，与假说对比的第二步骤——有效运用生活经验法则——具有相通性。当然，由于生活经验法则中包含或然性法则，由此在排除合理怀疑时，并不要求达到完全排除的程度，只需要合理怀疑存在的盖然性程度较低，即可达到排除合理怀疑的效果。

四、重罪案件客观证明体系的能动反思

整体解释观下，最佳解释推理能够对重罪案件客观证明体系起到检验印证、加强心证的作用，也给办案带来启迪。实践中，在整体解释观的引导下，检察官需要改进思维、优化工作方式。

（一）依法履职下的审查思路转变

新时代检察机关要推进高质量发展，需要检察官在工作中贯彻依法履职理念。而在重罪案件审查过程中，检察官依法履职的表现之一就是转变审查思路。在审查案件中，检察官要强化整体观念，从全局上把握证据情况，善用最佳解释推理，在客观证明的要求下优化形成证明体系的方式，摒弃"沿印求供"或"沿供求印"的传统思路，从而提升指控犯罪的质量和效果。

（二）依法履职下的侦查意识强化

重罪案件客观证明体系的构建需要充分挖掘客观性证据，但证据短缺的常态情形又不能忽视。为此，检察官要依法履职，强化"补充侦查"的意识。"捕诉一体"的体制下，检察官的审慎义务进一步提前，部分案件的证明体系有赖检察官主观能动性的发挥。检察官需要强化情态证据、补

强证据等证据的自行侦查，并进一步提升补充侦查的规范性。

（三）依法履职下的文书说理优化

在整体解释观中，竞争性假说的表现形式是“故事化”表述。由此，需要在审查中强化事实认定的释法说理，优化证据分析的论证方式，将内部化的内心确证过程进行外部化。最高人民检察院发布的《关于加强检察法律文书说理工作的意见》与此内在契合。同时，检察官应规范庭审预案制作，在庭审过程中通过证据开示和有效叙事，提升指控质效。

当前社会治理检察建议存在的问题及路径完善

王体功　岳宗毅　张　烽*

社会治理检察建议作为检察机关参与社会治理的有效手段，在服务中心大局、促进依法行政和公正司法、预防和减少违法犯罪、提升社会治理效能等方面发挥着重要作用。然而，社会治理检察建议在实践中存在的难点、堵点问题，影响了社会治理效能的充分发挥。坚持以习近平新时代中国特色社会主义思想为指引，深入贯彻党的二十大精神和《中共中央关于加强新时代检察机关法律监督工作的意见》，与时俱进加强社会治理检察建议规范化建设，以高质量检察建议推动解决社会治理领域突出问题，对于深化平安中国、法治中国建设具有十分重要的现实意义。

一、社会治理检察建议的特殊价值和重大意义

社会治理是国家治理的有机组成部分，在保障经济社会发展方面发挥着重要作用。随着中国特色社会主义进入新时代，面对人民群众在社会治理方面的更高需求，检察机关必须积极融入社会治理，努力将社会治理检察建议的制度优势转化为治理效能。

（一）弘扬新时代社会治理理念

党的二十大报告强调，健全共建共治共享的社会治理制度，提升社会

* 王体功，山东省滨州市人民检察院党组书记、检察长、二级高级检察官；岳宗毅，山东省人民检察院法律政策研究室副主任，全国检察机关调研骨干人才，山东省检察业务专家；张烽，山东省邹平市人民检察院检察业务管理部主任，山东省检察调研骨干人才。

治理效能。社会治理检察建议是检察机关贯彻落实“共建共治共享”现代治理理念的重要举措。一是检察机关坚持一体履职、综合履职，及时发现、主动介入、依法推动解决案件背后隐藏的深层次社会问题，通过积极参与社会共建促进司法办案与社会治理的深度融合。二是检察机关综合运用政治智慧、法律智慧、监督智慧，推动相关单位理解、接受检察建议，通过协调开展社会共治依法化解矛盾纠纷，做到案结事了人和，实现高质效办案。三是检察机关充分运用调查核实、公开听证、宣告送达等多元方式提升检察建议质效，全力为人民群众提供更高质量的法治产品，通过治理成果社会共享大力弘扬以人民为中心的发展思想。

（二）完善新时代社会治理体系

党的二十大报告要求，完善社会治理体系。随着国家法治建设进程不断深化，社会治理检察建议逐渐发展成为检察机关“为大局服务、为人民司法、为法治担当”的重要手段，在社会治理体系建设中发挥着越来越重要的作用。一是检察机关在“两反”职能转隶后，强化法律监督成为共识，社会治理检察建议的功能价值日益凸显，在拓展法律监督职能、健全社会治理体系方面发挥着越来越重要的作用。二是社会治理检察建议作为检察机关由司法办案向社会治理延伸的重要方式，通过深入分析案件背后的社会治理问题，依法提出检察建议，督促行政机关依法行政，指导企业合法规范运营，帮助行业主管部门完善制度、堵塞漏洞，为服务经济社会高质量发展提供法治保障。三是检察机关作为依法治国的重要力量，针对司法办案中发现的社会治理难题，通过制发检察建议促进依法行政和公正司法，全力推动法治国家、法治政府、法治社会一体建设。

（三）提升新时代社会治理能力

党的二十大报告强调，加强检察机关法律监督工作。社会治理检察建议作为检察机关依法履行法律监督职能的重要方式，在推进社会治理能力现代化方面发挥着不可替代的重要作用。一是随着检察建议被正式确立为检察监督的重要手段，社会治理检察建议工作发展迅速，检察建议参与社会治理的范围不断拓展，促进源头治理的成效显著增强。二是检察建议作为新时期检察工作融入社会治理的有力抓手，通过提醒、督促相关部门完善治理措施，补齐工作短板，健全公共法律服务体系，夯实依法治国社会基础，切实发挥法治的引领、规范、保障作用。三是检察机关积极适应多层次多领域社会治理需要，充分发挥检察建议“抓前端、治未病”的治理作用，依法推动解决类案、共性、隐性问题，有效促进检察履职能力和社会治理能力双提升。

二、社会治理检察建议工作中存在的主要问题

经过深入调研发现，社会治理检察建议工作中主要存在以下短板和不足：

（一）检察建议工作理念有待更新

一是习惯于单打独斗，检察监督与党内监督、人大监督、纪检监察监督、行政监督、社会监督、舆论监督的贯通对接不充分，有待进一步健全衔接机制、形成监督合力。二是社会治理应当聚焦普遍性、代表性问题，而司法实践中偏重个案监督，对类案治理重视不够，导致被建议单位认为检察机关是在“小题大做”。通过类案梳理、统筹制发推动解决普遍性、共同性、区域性深层次问题的意识有待进一步加强。三是专注于分析既有的治理漏洞，对潜在的风险预警不足，缺少治理要素数据支撑下的分析、预测，导致社会治理检察建议就事论事多，泛泛而谈多，对潜在的风险和隐患提示预防不及时。

（二）检察建议工作质量有待改进

一是片面追求检察建议数量而忽视质量。二是对社会治理检察建议与纠正违法检察建议、公益诉讼检察建议和其他检察建议的边界把握不清晰，甚至存在与纠正违法通知书、检察意见等文书混用情形。三是检察建议发送对象不准确。四是调查核实不深入，释法说理不到位，检察建议的内容、文书格式均有待改进。五是检察建议制发流程、质量管控落实不到位，承办部门与法律政策研究部门的沟通协调不顺畅，协同履职、共同把关作用发挥不充分，导致出现质量不高、程序瑕疵等问题，甚至脱离司法办案工作实际制发检察建议。

（三）检察建议落实措施有待改善

一是缺乏对被建议单位的回访和跟踪联络，甚至一发了之，视回复为采纳，导致被建议单位对检察建议认可度不高、采纳落实不到位。二是释法说理不到位，宣告送达运用不充分，导致被建议单位对于建议内容的认可度不高，在出现分歧时对异议复核程序运用不规范。三是检察建议跟踪问效不到位，存在回复不及时、怠于落实等问题。四是纸面整改，以整改方案或者工作部署来应付，落实不力，效果不佳，并未真正落实和实际执行。

（四）检察建议相关立法有待完善

一是现行法律涉及社会治理检察建议的规定较少，且原则性规定居多。二是关于社会治理检察建议的调查核实、协调配合、异议复核、执行落实等支持保障措施供给不足，法律规定的一些制度有待细化落实。三是司法实践中，面临检察机关为本部门设定权力的质疑和地方性法规效力层级的限制，导致社会治理效果大打折扣。

（五）参与社会治理成效有待增强

一是对最高检第一至八号检察建议的落地落实不彻底、不充分，以办理精品案件、制发优秀检察建议促进社会治理的意识欠缺、能力不足。二是对社会治理检察建议重点工作和典型案例的请示报告、备案制度落实不到位，争取党委领导、人大监督、政府支持和社会各界配合的措施有待增强。三是统筹协调工作有待改进，检察机关联合相关部门开展协作共治、深化源头治理的力度、成效有待加强，相关部门对检察建议帮助其改善管理、堵塞漏洞的功能价值了解不够，对检察建议工作配合不到位。四是对社会治理检察建议工作的法治宣传不到位，社会公众对检察建议的知晓度偏低，典型案例、优秀检察建议对深化社会治理的示范引领作用发挥不充分。

三、以高质量社会治理检察建议助推更高层次社会治理的路径选择

社会治理检察建议规范化建设是一项内涵丰富的系统工程。检察机关要围绕社会治理检察建议的范围拓展、方式创新、程序规范、督促落实等工作开展深入论证，以更高水平的检察建议推动更高层次社会治理要求落到实处。

（一）深化落实检察建议理念

一是从单打独斗向协商共治转变。对于涉及多个职能部门的社会治理问题，积极协调相关部门共同研究治理责任和工作目标，对于涉及机制、体制建设的社会治理问题，坚持长期实施、严格执行和共同落实，助推“检府联动”高质效开展。二是从个案治理向类案治理转变。改变“碎片化”监督模式，发挥类案监督的集成效应，从个案分析拓展至类案分析，从分散、单一问题提炼出典型性、普遍性问题。坚持系统分析、上下联动，通过研究提出系统性、长期性的治理建议，从制度机制层面推动健全社会治理体系，力争通过检察建议堵塞多个漏洞、解决一批问题。三是从事后纠错向事前防范转变。聚焦违法犯罪案件背后的风险点依法履职，不断增强分析预判、风险防控能力，通过深化大数据分析，加强对社会治理风险的前瞻和预判，从被动应对风险转为主动预防风险。

（二）切实提高检察建议质量

坚持从关注数量向关注检察建议的质量转变，积极推动社会治理检察建议从解决表面性问题向治理深层次问题转变，不断提升检察监督的刚性和质效。一是坚决杜绝追求数量、忽视质量的现象发生。秉持“高质效办好每一个案件”理念，防止脱离检察职责滥发检察建议，不断增强检察建议的专业性和公信力。注重从监督办案中发现参与社会治理的着力点，从检察建议的选题、调查核实、文书撰写、督促落实等多方面发力，制发一批质量高、落实效果好且具有鲜明地域特点的社会治理检察建议。二是准确把握社会治理检察建议的适用范围、前提条件、制发程序，严格界定社会治理检察建议与纠正违法检察建议、公益诉讼检察建议、其他检察建议

的边界，切实避免检察意见、纠正违法通知书等文书与检察建议混用、错用情况。三是准确确定检察建议发送对象，是促使被建议单位接受、落实的前提和基础。要结合被建议单位职能职责和社会治理发展实际，明确对相关问题具有管理职责的部门。一方面，向公司、企业、社会组织制发社会治理检察建议，要着力消除违法犯罪隐患、促进依法运营；另一方面，行政机关是社会治理的主力军，应作为工作重点，通过检察建议推动行政机关提升监管治理水平。四是加强调查核实和沟通协调，注重运用翔实可靠的证据、数据、案例、事例，深入分析被建议单位的具体症结和问题根源，加强释法说理，确保检察建议有的放矢、于法有据、合情合理、格式规范，具有科学性、说服力和可操作性。五是完善线索发现和受理、调查核实、审批、制作和送达文书、报备、回复、整改、案卡填录等工作流程，健全质量管控机制。承办部门与法律政策研究部门要加强沟通配合，对检察建议的必要性、合法性、说理性严格审核把关，对检察建议不精准、释法说理不到位、体例格式不规范、文书要素不齐全等问题及时修改完善，对疑难复杂问题必要时联合开展研讨论证。六是完善优秀社会治理检察建议培育、评选、应用机制，充分发挥典型案例的示范效应，不断扩大社会治理检察建议的影响力。

（三）全力推动检察建议落实

严格贯彻落实最高检“没完没了抓检察建议贯彻落实”工作部署，全过程紧盯被建议单位落地落实整改，推动检察建议从“办理”向“办复”转变。一是坚持分类施策、繁简分流。对于个案问题直接监督落实整改；对于区域性、行业性问题，协同主管部门合力推动整改。二是对重大社会治理问题开展宣告送达。通过公开听取评议，引起被建议单位重视，促使依法主动履职整改，进一步增强检察建议工作的透明度、参与度，强化检察监督的严肃性、公正性。三是从关注回复转向长期跟踪。收到被建议单位书面回复后，检察机关要及时开展调查回访，持续跟进监督落实。适时开展“回头看”专项活动，充分展示检察机关主动作为、监督到底的责任和担当。四是引入第三方评估。会同其他国家机关、事业单位、社会团体建立协调机制，共同开展评估回访，推动检察建议由二元监督走向多元合作。五是主动接受社会监督。健全检察建议落实公示机制，以公开促公正，不断扩大检察建议的社会影响力。六是由主要依靠自身力量监督向协作配合、借力监督转变。加强检察监督与党委政法委执法监督、人大监督、纪检监察监督、舆论监督的衔接协调，推动将检察建议落实情况纳入平安建设、法治建设考核，不断增强检察建议的“刚性”“韧性”。

（四）完善检察建议相关立法

立足检察机关职能定位，深入推进社会治理检察建议规范化、法治化建设，为检察机关运用检察建议参与社会治理提供理论依据、法治保障和制度支撑。一是聚焦社会治理检察建议的流程设计、管理措施、落实制度等重大问题深入开展研究探索，为完善相关立法和司法解释提供理论依据、积累实践经验。二是通过完善相关立法和司法解释，进一步明确检察建议的法律地位和适用范围，对社会治理检察建议的具体应用予以细化规定。三是进一步明确检察机关调查核实手段的保障措施，对无正当理由拒不配合调查核实的，明确检察机关的相应强制措施。四是探索构建上级办理异议复核制度，通过将异议复核权提级，赋予被建议单位向上一级检察机关申请复核的权利，进一步增强复核结果的权威性和公信力。五是进一步明确检察建议的执行力，规定被建议单位无论是否采纳检察建议，均应及时接收并书面回复，对不采纳检察建议的应详细说明理由。

（五）不断深化社会治理成效

针对社会治理检察建议涉及治安管理、安全生产、社会保障、环境保护等民生民利问题和多方利益交织的实际情况，检察机关应积极争取党委领导、人大监督、政府支持，加强与相关职能部门的联系沟通，依法激活相关主体及时履职，共同推动严格执法、规范监管、高效治理。一是统筹协调有关部门大力推进社会治理检察建议适用，持续抓好最高检第一至八号检察建议落地落实，着力办理一批具有示范引领意义的检察建议，推进多领域源头治理。二是结合办案中发现的社会治理问题，形成高质量调研报告，及时报送党委、人大、政府参阅，推动检察建议在更高层次、更宽领域、更大范围发挥作用，不断提高检察建议工作的影响力、权威性、知晓度。三是加强与有关部门的沟通协调，完善协作配合机制，通过信息共享、研讨会商、同堂培训和业务交流等多种形式，凝聚共识，常态联动，协同发力，强化系统治理，提升监管水平，压实相关企业和从业人员主体责任，切实减少和预防违法犯罪，确保检察建议取得更大成效。四是认真落实“谁执法谁普法”责任制，创新宣传方式和普法载体，对在司法理念和社会治理等方面具有示范引领价值的优秀检察建议和典型案例进行挖掘分析、总结提炼、广泛报道，让社会公众充分了解检察建议的功能和价值，不断扩大检察建议的社会影响力，真正实现办理一案、教育一片、影响一方的良好效果，促进更高水平社会治理。

强制隔离戒毒检察监督实现困境和优化路径

王　静　李爱军　毛　艳*

2022年3月，最高人民检察院与司法部联合印发《关于开展司法行政强制隔离戒毒检察监督试点工作的意见》，安排部署强制隔离戒毒检察监督工作，推进检察监督与强制隔离戒毒工作有效衔接。作为试点单位，经过两年的监督实践，积累了一些经验，也发现了一些问题，本文主要围绕强制隔离戒毒检察监督的意义、做法、问题进行探讨，并提出可行性对策建议。

一、强制隔离戒毒检察监督的意义

（一）完善国家监督体系

党的十八届四中全会明确提出，要对涉及公民人身、财产权益的行政强制措施实行司法监督制度。检察机关作为国家法律监督机关，具有权威性、公正性、中立性的特征，享有法律监督的先天优势，具备刑事执行法律监督和劳动教养戒毒检察监督的实践经验，由检察机关对强制隔离戒毒场所开展法律监督，能够有效保障强制隔离戒毒执行活动公正，也有助于推进行政执行制度的完善与良性发展。建立强制隔离戒毒检察监督体系，既符合历史逻辑和现实需要，又是完善国家监督体系的实际需求，更是依

---

* 王静，贵州省贵阳市乌当区人民检察院党组书记、检察长、四级高级检察官；李爱军，贵州省人民检察院法律政策研究室副主任、四级高级检察官；毛艳，贵州省贵阳市乌当区人民检察院四级检察官助理。

法治国的应有之义。

（二）保障戒毒人员合法权益

强制隔离戒毒措施具有高度的权力集中性与人身强制性，羁押时间跨度为1—3年，已经超过了轻刑案件的羁押期限，对强制隔离戒毒人员的人身自由和财产权影响较大。禁毒法第43条、第44条、第46条和《戒毒条例》第34条、第44条、第45条等条文虽然对强制隔离戒毒人员的一些基本权益进行了规定，但过于宏观和笼统，权利内容不够细化，在强制隔离戒毒人员人身自由被限制的情况下，现行规定的行政复议、行政诉讼两种救济方式因“期间不停止执行”原则，导致有的强制隔离戒毒人员的相关权益无法落实。故开展强制隔离戒毒检察监督，有利于杜绝权力滥用、司法腐败，既能有效对强制隔离戒毒行政违法行为进行监督，又能坚持以人为本、关怀救助等原则，最大限度保障戒毒人员获得应有的合法权益。

二、强制隔离戒毒检察监督实践情况

（一）加强组织领导，优化机构建设

试点工作启动后，贵州省、市、区三级检察机关上下联动、同向发力，共同推进试点工作顺利开展。省检察院、省司法厅联合印发《关于开展司法行政强制隔离戒毒检察监督试点工作实施方案》，共同组建工作领导小组，定期到试点地区开展实地指导。省、市、区检察院党组高度重视，多次召开专题会研究部署，并从资金、措施、人员等方面提供保障。试点检察院积极开展探索，与强制隔离戒毒所会签《关于开展强制隔离戒毒检察监督工作的暂行办法》，在强制隔离戒毒所设立“检察官办公室”，明确由行政检察部门负责开展试点工作。通过检察监督，促进强制隔离戒毒行政机关和行政人员依法行政，推进法治国家、法治社会、法治政府建设，取得了良好的检察监督效果。

（二）细化工作措施，明确监督方式

贵州省检察机关实行定期派驻强制隔离戒毒所制度，主要采取查阅卷宗资料、建立强制隔离戒毒人员信息台账、查看监控视频、召开联席会、

开展询问谈话、发放问卷调查等方式开展检察监督。检察机关还不定期对强制隔离戒毒所进行巡回检察，制定出台巡回检察实施方案，成立由省、市、区三级检察机关组成的巡回检察组，并联合市场监管、消防救援、卫生健康等相关部门共同对试点地区开展巡回交叉检察。通过在强制隔离戒毒所设置检察官信箱、公布举报电话、发放权利义务告知书等方式宣传检察监督职能，及时受理强制隔离戒毒人员控告、举报和申诉，加强强制隔离戒毒人员权益保障。探索推进强制隔离戒毒检察监督工作案件化办理，开展涉案线索"线上"移送工作，确保强制隔离戒毒检察监督案件全程留痕，落实检察监督的司法责任制。

（三）完善工作制度，推动协同发展

试点工作以来，检察机关与强制隔离戒毒所统一思想认识、强化协助配合、狠抓工作落实，建立了派驻、联络员、部门联动、联席会议等工作制度。对强制隔离戒毒执行活动中存在的管理漏洞，提出完善制度机制的意见，推动强制隔离戒毒所健全完善强制隔离戒毒人员所外就医、诊断评估、权益保障等管理制度，及时堵塞管理漏洞。如推动省戒毒局出台《贵州省司法行政强制隔离戒毒系统强制隔离戒毒人员所外就医规定》，明确细化严重疾病范围、办理时限、程序流程，更好地保障了戒毒人员生命健康权；又如推动省戒毒局出台《贵州省司法行政戒毒系统强制隔离戒毒诊断评估实施细则》，明确全省强制隔离戒毒人员诊断评估标准，统一了强制隔离戒毒执行活动尺度。

三、强制隔离戒毒检察监督试点工作中存在的问题

（一）强制隔离戒毒检察监督的基础薄弱

1. 检察监督法律依据不足

目前，没有一部法律明文规定赋予检察机关监督强制隔离戒毒执行的权力。有学者提出检察机关可以依据人民检察院组织法进行监督，但人民检察院组织法只规定了检察机关可以对监狱和看守所等场所进行法律监督，强制隔离戒毒所并未列明在内，其是否属于检察机关法律监督范围存在认识分歧。实践中，检察机关主要依据相关政策和最高人民检察院、司

法部出台的《关于开展司法行政强制隔离戒毒检察监督试点工作的意见》对强制隔离戒毒执行活动开展检察监督试点工作，其在法律规定上的依据不足直接导致强制隔离戒毒检察监督刚性韧性不足、监督手段有限、监督效果不彰。如何确定监督范围、细化监督流程、明确监督方式、提升监督质量等，都是今后在立法上需要进一步完善的问题[①]。

2. 监督观念认识不到位

在“重刑轻行”的思想观念影响下，检察机关内部对行政检察不够重视，导致行政检察目前仍是“四大检察”中的短板和弱项，部分检察人员开展强制隔离戒毒检察监督工作力不从心，存在不敢大胆监督、不愿深入监督、不会精准监督的现实困境。同时，不少强制隔离戒毒执行人员存在认识偏差，有的执行人员认为检察监督是没事找事、添忙添乱，有的执行人员担心检察监督对自己和单位造成负面影响，故对检察监督不配合，敷衍了事、消极应对。检察人员和强制隔离戒毒执行人员对监督的认识偏差，一定程度上影响了该项工作的顺利开展。

3. 监督队伍力量不强

目前，驻强制隔离戒毒所检察办案团队主要来自试点检察院行政检察部门，该部门普遍存在人员编制保障不足、人员力量薄弱、行政民事公益诉讼部门“三合一”等现实问题。同时，因强制隔离戒毒检察监督工作专业性强、涉及面广，对检察人员的法律素养要求高，有的检察人员对新增的强制隔离戒毒检察监督内容不熟悉，缺乏检察监督经验，在短时间内难以全面、客观、及时发现强制隔离戒毒工作存在的根本性问题，需要进一步加强专业化办案团队建设。

（二）强制隔离戒毒检察监督配套机制不健全

1. 协作配合机制不完善

在具体工作中，检察机关和强制隔离戒毒所也建立了一些工作制度，但仍具有滞后性，不可能面面俱到，而具体的强制隔离戒毒检察监督案件是丰富多样的，检察机关在强制隔离戒毒检察监督工作中发现，仍存在强制隔离戒毒信息共享和案件线索移送机制不完善，以及在情况通报、备案反馈、建议落实等方面缺少具体的制度指引等问题。目前进行了一些制度

① 参见吕涛：《检察建议的法理分析》，载《法学论坛》2010 年第 2 期。

探索，但在执行过程中仍存在不同程度的推诿、拖延问题。

2. 缺少强制隔离戒毒人员权利保障机制

开展强制隔离戒毒检察监督的目的是保障强制隔离戒毒人员合法权益，但由于法律没有对强制隔离戒毒人员基本权利内容进行细化，致使检察监督人员实践中难以界定强制隔离戒毒人员基本权利的保护范围。保护范围的清晰界定又是检察监督案件办理的起点①，强制隔离戒毒人员权利范围不明，检察监督介入易受到阻碍、拖延，影响强制隔离戒毒检察监督案件办理的及时性和实效性。

3. 缺少有效的考核考评机制

目前，因缺少对强制隔离戒毒检察监督案件的考核考评，导致检察人员和强制隔离戒毒执行人员对新增的检察监督工作“热情”不高，存在权责落实不充分、怠于履职等情形。如何来考核考评强制隔离戒毒检察监督工作，这方面的研究和探索还较少，体现本土化特征和强制隔离戒毒检察监督工作特色不够，更多关注办案量和工作量；管人管案管事还统筹得不够好，没有凸显强制隔离戒毒检察监督案件有质量的数量和有数量的质量两者的辩证统一关系。

（三）强制隔离戒毒检察监督的质效不高

1. 监督手段乏力

当前，检察机关开展检察监督的手段较为单一，缺少多元化的监督方式。实践中，提出口头或书面的纠正意见工作较少，多采取较为温和的制发检察建议方式为主，但检察建议缺乏强制力，戒毒所只回复不改正或者不采纳检察建议，检察机关缺乏刚性手段予以纠正。另有些检察建议质量不高，如提出的整改措施过于原则、缺乏针对性和可操作性，检察监督的必要性容易受到质疑；有些检察机关只发不管，检察建议跟进不足，戒毒所实际整改落实不到位，检察建议工作易流于形式。

2. 监督作用发挥不充分

目前，强制隔离戒毒检察监督过度依赖原始卷宗，调查核实不到位、虚化等问题时有发生，导致有的案件存在发现浅层次问题多、深层次问题少的情况，检察监督呈碎片化，难以发现隐藏在案件背后的执行活动管理

---

① 参见王锴：《基本权利保护范围的界定》，载《法学研究》2020 年第 5 期。

漏洞和执行活动腐败等问题。此外，检察监督介入晚，线索发现不及时，致使有些执法行为已经执行完毕，强制隔离戒毒人员的权益已经受到了侵害，难以从实体上予以纠正。

3. 监督线索渠道窄

强制隔离戒毒所具有很强的封闭性和保密性，检察机关和强制隔离戒毒所信息不共享，数据系统之间壁垒重重，检察人员信息掌握不够全面、及时，致使检察机关获取监督线索渠道较窄，现主要以受理强制隔离戒毒人员的举报、申诉、控告和查看卷宗档案等方式获取线索，线索来源渠道单一。如检察人员进入强制隔离戒毒所也要受到诸多限制，有些调查取证的工具不能带入，调查取证难度较大。

四、强制隔离戒毒检察监督的完善路径

（一）明确对强制隔离戒毒的检察监督权

1. 明确强制隔离戒毒检察监督职责

法律应将强制隔离戒毒检察监督纳入检察机关的法律监督体系和范畴，建议修改禁毒法、人民检察院组织法等，明确检察机关对强制隔离戒毒的法律监督权，通过顶层设计支撑检察监督落到实处。最高人民检察院可以出台司法解释或司法解释性质文件，参照高度同质性的刑事执行检察，并结合行政检察的特点明确监督规则，围绕强制隔离戒毒实体和程序问题，综合运用发送纠正违法通知书、检察建议、提出口头纠正意见等方式开展强制隔离戒毒检察监督，对涉嫌犯罪的依法移送职能部门查处，对适合开展行政争议化解的强制隔离戒毒检察监督案件，积极做好统筹协调工作促成化解，减少行政争议矛盾纠纷，修复被破坏的社会关系，实现“三个效果”的有机统一。

2. 明确强制隔离戒毒检察监督范围

对强制隔离戒毒工作的监督，不应当仅仅局限于对强制隔离戒毒场所的监督，而应当是对强制隔离戒毒的决定、执行、变更等全过程、全链条的监督。应当主要包含但不限于强制隔离戒毒的决定是否合法，决定机关变更强制隔离措施、提前解除或延长戒毒期限是否合法，以及对强制隔离戒毒人员提出的复议、控告权利救济过程进行检察监督等。重点盯防强制

隔离戒毒工作的薄弱环节和短板弱项，以法治性为指引、以回应性为基础、以实效性为目标，深入推进强制隔离戒毒检察监督。

3. 明确强制隔离戒毒检察监督原则

检察监督应当围绕最高人民检察院提出的新时代六大检察理念，秉持客观公正立场，充分尊重行政机关行政行为，遵循司法工作规律，以“我管”促“都管”，回应人民群众对检察监督的新期待，展现检察新担当，推动强制隔离戒毒检察监督客观高效。同时，保持监督谦抑性原则，以法定职责为前提和基础，把握好检察监督边界，遵循法定程序在明确的范围之内依法开展检察监督，坚持行政处理优先、检察监督保障原则①，努力实现共赢。

（二）健全完善强制隔离戒毒检察监督体系

1. 构建“制度＋保障”的检察监督体系

检察机关与强制隔离戒毒所应当共同探索常态化检察监督工作机制，稳妥推动检察监督工作顺利开展。建立协作配合机制，健全完善线索移送、信息互通、备案反馈、建议落实等联动机制，以定期举行联席会议、列席强制隔离戒毒所工作会议、开展案件通报反馈等方式，促进与强制隔离戒毒所的联络沟通。加强对强制隔离戒毒人员的权利保障，需要进一步完善和修订立法。在试点期间，检察机关和司法行政机关应当联合建立权责分明、边界清晰、执行有力的强制隔离戒毒人员权利保障机制，明确强制隔离戒毒人员权利和义务清单，以适当形式予以公开和告知，切实维护好强制隔离戒毒人员的知情权、隐私权、通信自由权、申诉控告诉讼权、生命健康权等。检察机关深入开展“三全”“三创”考核考评工作，发挥好考核考评的示范引领和内生动力作用，激励检察人员常态化深入监督场所开展检察监督。同时，将检察监督结果纳入对强制隔离戒毒执行人员的考核，发挥考核对检察监督工作的引导、激励、警示作用。

2. 坚持“派驻＋巡回”为主的多元化检察监督体系

对强制隔离戒毒检察监督应以实地检察和巡回检察为主，专项检察和例行检察、隐患排查与事故处理检察相结合的多元化模式开展检察监督，

---

① 参见熊亚文：《功能主义刑法的消极面向及其体系展开》，载《法制与社会发展》2024 年第 2 期。

努力做到检察监督及时、高效。检察机关在强制隔离戒毒所设立派驻检察室，实地深入强制隔离戒毒所执行活动各环节，实时掌握戒毒场所的情况，对发现的强制隔离戒毒执行活动中的执行活动瑕疵和违法情形可以通过口头提醒、检察建议、纠正违法等方式予以纠正，对侵害戒毒人员人身权利、涉嫌职务犯罪的违法违纪案件及时向相关部门移送案件线索，实现同步动态检察监督。检察机关应当强化巡回检察力度，坚持“派驻与巡回”并重理念，充分发挥巡回检察监督优势，充分利用社会人才资源充实巡回检察力量①。

3. 建立“听证 + 援助”的权利救济体系

进一步健全强制隔离戒毒人员获得救济的途径，完善检察听证制度，设立听证员库，引入社会监督力量，对影响强制隔离戒毒人员重大权益的事项举行检察听证，保障强制隔离戒毒人员充分实现陈述和申辩的权利，避免强制隔离戒毒执行人员的片面武断对个人权利和自由造成侵犯。引入法律援助制度。针对戒毒人员普遍文化水平低的现实情况，在强制隔离戒毒的决定、变更、延长等环节，可向戒毒人员免费提供法律援助机构的法律服务。开展检察帮扶活动，如设置检察官接待室，开展定期谈心谈话，建立检察长接访日、检察官接待日等，鼓励强制隔离戒毒人员积极咨询和合理投诉。强制隔离戒毒人员可以约见检察官咨询法律法规、提出合理诉求等，检察官按时解答和处理强制隔离戒毒人员或其亲属的咨询和申诉、控告。对强制隔离戒毒人员提起申诉、控告、复议和诉讼的，强制隔离戒毒所应当依法受理、登记、处理、转送和答复，检察机关同步开展法律监督。

（三）不断提升强制隔离戒毒检察监督的质量和效果

1. 树立“监督 + 支持”的共赢检察监督理念

从工作目标上来讲，检察机关和强制隔离戒毒所高度一致，都是为了提升强制隔离戒毒工作水平、保障强制隔离戒毒人员合法权益。故在开展检察监督过程中，检察机关和强制隔离戒毒所要积极转变思想观念，树立“监督与支持并重”的共赢理念，坚持分工负责、相互配合、相互支持的

① 参见吴世东、林君安、章少杰：《强制隔离戒毒执法检察监督的探索》，载《人民检察》2021 年第 10 期。

原则，共同实现检察监督领域新突破、强制隔离戒毒工作能力新提升的共赢局面。强制隔离戒毒所应当树立严格依法执行、自觉接受检察监督的意识，对检察监督的意见建议，依法整改落实，推动问题解决。检察机关和强制隔离戒毒所通过建立沟通协作机制，改变传统的“零和博弈”监督关系，共同解决工作中遇到的重点、难点、堵点问题。

2. 建立“队伍 + 人才”的专业检察监督团队

监督者只有具备过硬的素质才能做好监督，检察机关对强制隔离戒毒工作开展法律监督，依赖于检察人员业务素质与水平，要加强强制隔离戒毒人员配备和专业团队建设，形成一支相对稳定的派驻检察队伍。要加强强制隔离戒毒领域专业人才教育培训，常态化开展强制隔离戒毒检察监督岗位练兵、技能培训、线上学习，以及通过邀请强制隔离戒毒工作领域专家做专题讲座等方式，强化强制隔离戒毒检察监督理论学习和研究，提升检察人员专业素养和办案能力。

3. 采取“建议 + 纠正”的多元检察监督方式

借鉴高度同质性的刑事执行检察，探索开展检察监督多元化监督机制。将柔性方式和刚性监督相结合，根据个案违法违规程度予以区分，对情节较轻的，运用口头提醒等形式予以纠正；对情节较重的，可以制发纠正违法通知书等方式予以纠正；对于综合治理类和类案违法行为则采取发送检察建议的方式。对不纠正违法行为、不采纳或不回复检察建议的，将纠正意见及检察建议抄送戒毒所上级主管部门和上级检察机关，必要时可以向同级人大、政府报告。同时，要提高纠正意见和检察建议文书质量，强化问题分析和释法说理，提出更具有针对性和操作性的建议。还需在跟进监督的“韧性”上下功夫，依托“府院联动”机制，将检察建议回复整改纳入法治政府建设考评，从机制上完善和落实跟进监督，把检察监督做到刚性。

4. 运用“数字 + 模型”的智能检察监督手段

统筹运用数字赋能检察监督，充分利用好云计算、区块链等先进技术，探索大数据研判挖掘监督线索。建立检司信息共享平台。由强制隔离戒毒所针对戒毒人员制作一人一档电子卷宗，上传戒毒人员入所至出所的相关书面材料，检察机关可通过特定身份验证后进入信息平台，查阅和了解戒毒人员档案信息，便于检察人员实时掌握戒毒人员动态，及时发现执法环节中的违法违规问题。研发大数据监督模型，借助数字化改革解决强制隔离戒毒工作中存在的难点问题，通过对公安机关、强制隔离戒毒所、检察机关、法院等数据进行归集和碰撞，从个案中筛选同类共性问题，依靠业务规则的提炼和人工智能核心算法的应用[①]，统筹好“人工”“智能”两种资源，以大数据监督模型打通各司法机关和行政机关之间涉毒案件管理系统，促进数据深度融合，拓宽检察监督案件线索来源渠道，提升检察监督质效。

---

① 参见王福华：《互联网司法的正义体系》，载《中国法学》2024年第1期。

供应链金融领域诈骗犯罪办理难点研究

孙　伟　苏莹莹*

一、供应链金融的内涵与外延

（一）供应链金融的定义

供应链金融是一个横跨实体经济供应链领域与金融经济融资领域的概念，在研究与实务操作中常将“融资性贸易”“托盘贸易”等具体产业金融模式作为“供应链金融”的同义词或近义词。从内涵实质来看，供应链金融是一种为实业企业上下游供应链运转提供融资的金融服务行为，这一金融行为与常见的商业贷款差别在于供应链金融开展主体多为供应链条中的关键中心企业，对具体货物贸易提供资金支持，金融行为设计与货物贸易关联紧密，在实际操作中呈现为融资性贸易、应收账款质押、保理等特定形式，而商业贷款与供应链贸易行为往往不呈一一对应关系，开展主体多为银行等专门金融机构。

（二）供应链金融的具体表现形式

融资性贸易是参与贸易的各方主体在商品及服务的价值交换过程中，依托货权、应收账款等财产权益，综合运用各种贸易手段、金融工具及担保工具，实现获得短期融资或增持信用目的，从而增加贸易主体的现金流量。[①]“托盘贸易”“托盘融资”都是融资性贸易概念下的子概念。基于是

* 孙伟，上海市徐汇区人民检察院第三检察部检察官；苏莹莹，上海市徐汇区人民检察院第三检察部检察官助理。

① 吕冰心：《融资性贸易的实证研究及裁判建议》，载《人民司法》2020 年第 31 期。

否存在真实的货物、货物如何流转、中间方是否控货、是否构成上下游之间的循环贸易等标准，可以将融资性贸易分为为真实货物交易提供融资的“托盘贸易”与以买卖合同为名掩盖借贷关系的“托盘融资”两种形式。

按照货物流转情况的差异，“托盘贸易”可以细分为多种具体操作模式。第一种是中间方控货模式，上游供货商将货物先销售给中间方，中间方收到货物后获得货物所有权并占有、控制货物，再销售给下游客户。在资金流向上由中间方先向上游供货商支付货款，待下游客户向中间方付款以后，中间方向下游客户直接交货并转移所有权。这种模式与传统销售模式的区别是，在这种模式下中间方可能与下游客户签署买卖合同或者代理采购合同，按照下游客户要求先行垫付货款采购货物。第二种是上游直发货物模式，上中下游同样连续签署买卖合同，待下游客户向中间方付款后，上游供货商根据中间方指令直接向下游客户交货。这种模式减少了中间方交割货物的运输、仓储成本，但也增加了上游不按指令交付货物的风险。

“托盘贸易”模式的特点是在真实货物贸易之中加入了金融信贷因素，中间方插入交易链条为上下游实体企业先行垫付购货资金，减少了上下游企业的资金占用压力从而盘活供应链链条，并收取固定的货物贸易差价作为付出资本的回报，其角色类似于向购房者提供按揭贷款的银行，所借出的款项直接进入卖房者的账户并且专款专用。在供应链金融中，中间方还承担了一部分寻找下游客户确定需求的分销功能，为上下游企业提供货物整采零销、物流仓促服务、筛选下游客户、锁定长期协作价格优惠、增加交易规模等其他贸易服务。

“托盘融资”与“托盘贸易”在形式上非常相似，也是由中间方与上下游客户之间分别签订买卖合同，资金从下游企业经过中间方流向上游企业，但实质目的在于从中间方借贷资金给上游企业。下游企业的存在只是为了配合制造贸易形式规避监管并借此归还贷款，对合同约定的货物并无真实需求，是以开展货物贸易掩盖本质上的借贷关系，因此一般是上游企业实控人控制的其他公司或专门走账的公司。“托盘融资”也可以分为多种模式。第一种是有货循环贸易模式，上游企业将货物卖给中间方并进行实际交货，中间方再将货物卖给确定的下游企业，下游企业收到货物后加价卖回给上游企业。中间方购买的货物实际上是借款担保物，如果下游企业不支付货款，中间方就可以出售货物实现担保目的。在实际操作中为了减少货物运输成本，经常以仓单转让实现形式上的货物物权控制转移。第二种是无货循环贸易模式，上、中、下游企业互相签订从上游出售给中游、中游出售给下游、下游又反向出售上游的货物买卖合同，三方之间签订的买卖合同在订立时间、数量和质量、验收结算、违约责任、争议解决等条款上内容基本一致，但实际上不存在“买卖”的货物。上中下游三方都明知实际不存在货物，只是为了逃避监管而以收货确认书等单据确认收货并付款转账。

应收账款质押与保理是供应链金融领域中两个非常相似的概念。为了解决获得应收账款债权但没有及时收到现金回款的问题，上游企业将出售货物给下游企业后获得的应收账款债权通过质押或者签订保理合同方式获得融资。民法典将保理合同明确定义为“应收账款的债权人将现有的或将有的应收账款转让给保理人，保理人提供资金融通、应收账款管理或催收、应收账款债务付款担保等服务的合同”。上游供货商企业与保理人通过签订保理合同将对下游企业的应收账款转让给保理人获得资金，保理人则获得了对应收账款的债权请求权，应收账款质押则是将应收账款作为质押品质押给资金提供方从而获得融资。应收账款质押与保理的根本区别在于是否转让应收账款债权，应收账款质押不转让应收账款的债权，同时应收账款质押只包含以质押进行融资一项内容，而保理还包含催收、坏账管理等多项供应链支持服务。与托盘贸易、托盘融资的资金提供方往往是供应链中的大型实业企业不同，应收账款质押、保理更加凸显金融色彩，因此由银行或者专业保理公司作为资金提供方参与较多且一般不控制货物。

二、供应链金融领域诈骗犯罪案件的特点难点分析

（一）供应链金融领域诈骗犯罪常见类型的历史变化

由于供应链金融的融资特性，使得该领域易于发生诈骗类犯罪，但目前对于供应链金融领域的研究集中于经济学范畴，对于相关法学问题尤其是刑事犯罪范畴研究较少。我国首次供应链金融诈骗犯罪高峰是2012年前后的钢贸供应链诈骗串案，这一系列犯罪的发生背景是2011年之后国内钢铁产品价格不断走高，钢铁厂商一般要求下游钢贸企业支付现款购买钢材，钢贸企业在承受一次性付款购货的现金流压力的同时获得大量库存

钢材抵押物。基于业内预期钢材价格将会继续上涨，部分钢贸企业人员利用伪造的高价钢材库存、仓单或者以重复质押货物、虚构下游客户等手段来骗取银行提供授信及贷款用于购买所谓“钢材”，另一些则是以进行钢材托盘贸易乃至托盘融资名义诈骗资金实力雄厚的国有企业作为中间方提供购买“钢材”资金。由于之后钢铁产品价格不断走低而导致实业贸易的利润不足以覆盖资金成本，钢贸企业资金链断裂使得银行与资金提供方开始抽贷、查货，进而引发诈骗案件大量集中爆发。这一期间的供应链金融诈骗犯罪以骗取贷款、贷款诈骗、合同诈骗等罪名为主，主要被骗对象是银行以及提供资金的大型国有企业。由于当时的司法实践严格限制企业间的借贷行为，除了银行等金融机构以外的企业不得对外出借资金，主流资金融通方式是银行开展的授信、贷款等金融业务，因此在钢贸领域骗取银行贷款犯罪的行为方式主要是将已经收回的应收账款或者将小额的应收账款涂改成巨额应收账款，作为担保物与银行签订贷款合同，而后通过私刻公章、冒名顶替等方式完成尽职调查、面签确认等环节的手续，最后骗取银行贷款。[①] 在此之后，由于银行信贷业务的日趋规范，供应链金融中的资金提供方从银行等金融机构向大型国有企业等具有闲置资金但又不具有金融资质的实业企业转移，同样由于当时的法律法规不允许国有企业开展金融借贷业务，因此只能以托盘贸易形式将借贷行为融入货物贸易之中，之后又逐渐演化为完全脱离真实贸易的托盘融资形式，所以此后供应链金融领域犯罪多发在实业企业开展的托盘贸易与托盘融资领域而较少出现在银行信贷领域。

（二）供应链金融领域诈骗犯罪的常见特点与办案难点

在主流供应链金融形式向托盘贸易、托盘融资转化的同时，该领域诈骗犯罪也更加趋于隐蔽化、民刑交织化。供应链金融诈骗犯罪的特点与难点可以归纳为以下几点：

一是犯罪隐蔽性强，民事欺诈与刑事诈骗犯罪交织，难以查明被害单位是否被骗。供应链金融通常以正常贸易的合同外壳包装实质上的金融借贷行为，即便是含有真实交易内容的托盘贸易中也隐含了融资借贷的行为

---

① 刘权：《供应链金融新型合同犯罪风险问题与防控对策研究》，载《浙江警察学院学报》2022 年第 3 期。

意思，而托盘融资更是以伪装的外表贸易掩盖实质的借贷行为，双方的交易模式、形式糅合在企业正常贸易当中，使得诈骗犯罪行为十分易于被隐藏在表面的合同交易行为之下。例如犯罪分子常常以双方为无真实贸易的托盘融资关系来辩解双方无真实货物交易，对方不是由于被骗认为存在真实货物交易而付款。有观点认为托盘贸易与托盘融资二者之间可以较为明显地进行区分，大量刑事判决认定类似合同的借款方构成合同诈骗罪，由此导致了刑法判断上的异化和扭曲。[①] 事实上，托盘贸易与托盘融资二者在表现形式上近乎完全一致，从中间方是否具有借贷资金意图上难以区分二者，托盘贸易里中间方的获利既可以说是买卖货物的价差也可以说是提供资金的“利息”，区别两者的实质关键点在于是否存在真实货物交易。托盘贸易必须依托真实的货物贸易，托盘方是为货物贸易垫资获得资金回报，而托盘融资只是以货物贸易为名行借贷融资之实，因此往往可见下游向上游返售货物的情形。这种同一主体低卖高买同一货物的情况显然违背正常商业逻辑，只能解读为归还借款或者以此方式实施诈骗犯罪实现资金回流二者之一，但两种情况下都不会出现真实货物，这就难以通过是否存在实际交货来判断罪与非罪。

二是交易形式复杂，货物、资金流向查明困难，证明非法占有目的难。在供应链金融中通常采取循环销售方式开展贸易，犯罪嫌疑人即资金需求方一般会利用其控制的一家或多家关联企业参与，资金在供应链上中下游各环节不断循环流动混同，有时甚至会出现不同企业间法人人格混同的现象，使资金去向更难追溯；同时供应链金融涉及多批次合同，被害单位在发现对方未归还钱款时往往误以为只是民事合同纠纷，在追讨过程中继续产生资金往来，使得案发时双方资金来往原因存在多种可能，难以排除犯罪嫌疑人辩解证明非法占有目的。

三是言词证据的可信度易受质疑，书证证明力相对较低，证据印证难度大。由于资金提供方遭受资金损失，相关人员笔录难免会夸大被骗情节以谋求司法向其倾斜，犯罪嫌疑人由于涉案金额特别巨大基本都做无罪辩解，使得案件中往往各执一词。由于供应链金融多存在以合同掩盖借款合意情况，书面合同记载内容与被害方陈述往往会出现一定内容差异，与被

---

① 周光权：《实务中对托盘融资行为定罪的误区辨析》，载《环球法律评论》2018年第5期。

害方言词证据形成实质印证的难度较大，易被辩护人质疑被害方事后编造被骗事实来“以刑化债”。

三、高质效办理供应链金融领域诈骗犯罪案件的对策与建议

（一）以“原子式”“穿透式”证据审查方法完整审查在案证据，准确还原全案事实

在办理供应链金融诈骗犯罪案件时，首先要抓准案件中究竟是何种形式供应链金融行为，分析判断所谓被害人对于整个交易流程的认识究竟是什么，才能明确其是否被骗，进而判断行为人是否具有非法占有目的实施诈骗犯罪。一方面要慎重对待犯罪嫌疑人的辩解，不可先入为主不予采信；另一方面要注意对客观证据加强收集，准确认定双方的真实意思。认定供应链金融行为具体性质的难点在于当事人主观意思及合意内容的判定。这就需要结合当事人陈述、合同文本、来往货物单据、仓库存储单、往来通信内容等整体判断当事人的真实意思是什么。例如当行为人辩解是托盘融资而非托盘贸易时，要判断是带有买卖性质的托盘贸易还是单纯的托盘融资，不仅要看一方当事人的说法，更要综合看整个贸易链条上相关方的书面表述与言辞说法，结合往来的电子数据、书面合同等客观材料深入了解双方、多方的真实意思以及合同链条的实际操作。需要着重采集双方商谈合同的聊天记录、电子邮件等客观证据，以及可以证明交货、收货等内容的证据，确定合同的真实目的究竟为何，这是确定全案基础事实的关键，对该类证据的收集与审查是案件重中之重的工作。例如在曹某合同诈骗案中，曹某认为其行为仅为民事欺诈，甚至对伪造合同、虚开发票、欺骗垫资方等牵连行为也拒不认罪，对抗司法审查情绪大，难以从主观供述上有所突破。检方通过手机鉴定提取了解到曹某2014年后，便长期从事此类资金拆借“把戏”，游走于各企业、个人之间。由此证明此次犯罪是其一贯行为的延续，绝非偶然行为。[①] 往往通过对手机聊天数据等客观证据的恢复，才能查明出资方在签署合同时真实意思究竟为何，从而辨析

---

① 任韧：《“托盘贸易”类合同诈骗犯罪研究——以“曹某合同诈骗案”为例》，载《贵州警察学院学报》2021年第3期。

犯罪嫌疑人的辩解究竟是否能够成立。

（二）准确适用法律规定，按照刑法分则规定的构成要件精确涵摄类似的案件事实

对于托盘贸易型案件，重点在于查明出资方的真实意思究竟是为真实贸易垫资还是纯出借资金，进而确定其是否因被欺骗认为存在真实贸易。对于托盘融资型案件，由于实际上不存在真实的货物贸易行为，合同标的物是否存在对借款和融资合同的成立与否没有直接影响，因此不能简单地以合同约定的货物是否存在来判断提供资金方是否被骗以及认定行为人有欺骗行为。此类案件的审查要点在于查明犯罪嫌疑人是否以提供虚假担保等手段骗取借款，审查方向更类似于贷款诈骗案件，如果犯罪嫌疑人通过虚构担保抵押骗取托盘方的借款，仍可认定构成诈骗犯罪。如在陈某合同诈骗案[①]中，出资方天晨公司在与陈某开展托盘融资时要求合同约定的货物乙二醇真实存在，价值与借贷钱款相当且必须实际转让货权，还安排了工作人员实时关注乙二醇的价格，在价格出现波动自身利益可能受损时要求对方增加保证金或者将货物销售，所以该笔乙二醇是陈某借款的“担保物”。由于陈某伪造了虚假仓库单据，致使天晨公司误以为存在真实担保物而借出资金导致损失，仍可认定陈某行为构成合同诈骗罪。在应收账款质押、保理类案件中，审查重点在于对应的应收账款是否真实存在，犯罪嫌疑人是否编造、虚增应收账款或者隐瞒应收账款无法兑付情况来骗取资金。例如在“承兴系”合同诈骗案中即通过伪造对京东、苏宁等知名企业的应收账款向其他单位申请保理进而骗取巨额资金。

（三）建议将供应链金融行为纳入国家金融监管领域，提升保理等正规化、信息化融资形式的比例

目前金融监管部门由于供应链金融不属于银行、证券等传统金融领域而没有将之纳入监管范围，导致供应链金融有金融之实而无监管之责，游走于灰色乃至黑色地带的犯罪屡禁不止。在现代化供应链体系下，供应链金融犯罪的风险易于从被害的供应链实体企业蔓延到银行等金融企业，进

① 参见徐贞庆：《以虚假货权担保的托盘融资行为定性探究》，载《中国检察官》2022年第22期。

而造成系统性金融风险，同时供应链金融诈骗犯罪还易于衍生非法集资等涉众型犯罪，引发群体社会性矛盾，例如“承兴系”合同诈骗案中金融机构将购买到的虚假“应收账款”打包成信托理财产品对外出售，导致该案风险向社会蔓延。对此更应加强统一金融监管体系，切实防范金融风险从供应链实业领域向更大范围扩展，维护金融经济领域安全。

对于托盘贸易、托盘融资等非正式化的供应链金融形式应促使向供应链保理等正规化、显名化金融转变，减少以其他民事行为掩盖真意的金融融资，在行政监管与司法上实现对金融行为的穿透实质监管。对于供应链中的中心实体企业，应当鼓励其通过区块链等信息技术实现供应链金融的货物流、资金流、发票流相互对应印证，防止虚假货物贸易背后存在的诈骗乃至虚开增值税专用发票等违法犯罪行为。

小众社交软件涉罪频发的实证研究

李良才　陈明南　邬雪红*

社交媒体是指以用户自由发表的内容为主的、用户之间能够自由共享、交流的网站和App。在市场空间有限的态势下，部分社交应用充分利用长尾理论，通过挖掘小众群体的独特需求，来寻求新的创新点。微信、QQ在社交媒体中依然占据统治地位，[①] 但已不是一枝独秀，各类新的垂直化精准社交媒体争相涌现。

本文所研究的小众社交软件是除微信、QQ传统社交软件外的即时通信软件。当前，在案件梳理中发现出现频率较高的有“纸飞机”“蝙蝠”“事密达”“WhatsApp”“推特”“土豆”等境外手机聊天软件被犯罪分子利用，境内“陌声”“鱼丸”“陪我”“音遇”“寻你”等多款同质化社交软件为犯罪而开发或被犯罪所利用。

本文以金华市婺城区检察院近三年办理的976起网络犯罪案件为样本，就小众社交软件在新网络犯罪趋势下被犯罪分子利用的法律风险进行分析，探索网络犯罪的治理路径，加强网络安全法治建设，优化营商网络环境。

---

* 李良才，浙江省金华市婺城区人民检察院党组书记、检察长；陈明南，浙江省金华市婺城区人民检察院党组成员、副检察长；邬雪红，浙江省金华市婺城区人民检察院三级检察官助理。

① 从社交平台市场份额排名来看，eMarketer的数据显示，目前全球社交平台市场份额排名前五名分别为：Facebook、TikTok、微信、Instagram和QQ。

一、小众社交软件涉罪基本情况及其主要特征

随着网络科技从 Web1.0 到 Web2.0 再到 Web3.0[①] 的发展变化，犯罪行为在形式和内容等各方面都带上了网络科技不同时代的特征。数字时代背景下，社交软件繁荣的同时，涉小众社交软件犯罪呈高发态势，具有以下特征：

（一）犯罪类型多样

1. 涉案种类多

小众社交软件被广泛应用于各类犯罪，且较容易被用于侵财类网络违法犯罪活动。从涉及罪名方面看，诈骗罪，帮助信息网络犯罪活动罪，掩饰、隐瞒犯罪所得、犯罪所得收益罪，开设赌场罪，作为比较常见的网络犯罪，在涉小众社交软件案件中占比超过 80%。从小众社交软件在犯罪中所起的作用来看，将小众社交软件作为犯罪对象的诸如非法控制计算机信息系统案件仍然少量存在。利用小众社交软件联系后实施盗窃、敲诈勒索犯罪等侵财案件占比也呈逐步上升趋势，小众社交软件被作为犯罪工具的网络犯罪最为常见且不断变异，以小众社交软件被作为犯罪空间的犯罪日趋重要，涉及罪名有非法吸收公众存款罪，集资诈骗罪，传播淫秽物品罪，生产、销售伪劣产品犯罪，侵犯公民个人信息犯罪等。

2. 犯罪模式新

随着网络犯罪的集团化、产业化和分工细化，利用小众社交软件实施犯罪的行为人呈现以下三种主要犯罪模式。其一，“开发型”犯罪模式。是软件开发犯罪团伙专门制作研发利于实施犯罪的社交软件，开发者与购买方以网络为媒介进行联络，向购买方出售开发的产品，提供相应的“售后”技术服务。其二，“运维型”犯罪模式。是行为人通过网络媒介与犯罪分子联络建立雇佣关系，作为上家的软件运维“外包型”团伙，主要是在运维服务环节，自行购买或利用上家提供的网络技术设备，接受与服从

---

① Web（world wide web）即全球广域网，又称万维网。Web1.0、Web2.0、Web3.0 也可称为互联网 1.0、互联网 2.0、互联网 3.0，科技界一般使用 Web1.0/2.0/3.0 的简称，以此代表互联网迭代演进的三个不同时代。

上家的指示安排，开展实施网络犯罪需要的软件技术运维服务。其三，“实行型”犯罪模式。是由犯罪实施者自行通过即时通信工具实施犯罪。如通过一款“蜜月交友”恋爱交友 App 实施诈骗，通过社交平台设置“抽奖机制”实施赌博犯罪等。

3. 技术更迭快

随着区块链技术、AI 技术的发展，犯罪分子将比特币、AI 技术和社交软件结合运用于网络犯罪。具体表现为研发、使用功能更加强大的设备和软件。比如，本院办理的“彩乐坊”博彩类电信网络诈骗案中，诈骗公司设置“计划师”AI 在博彩群发布押注方法，再由业务员根据发布的方法通过“telegram”“skype”两款国外小众社交软件诱导客户投注实施诈骗。同时，诈骗团伙还利用新型群控设备，通过模拟安卓手机硬件以实现批量登录、操控社交软件和 IP 代理等功能。又如，结合短视频等新媒介犯罪，即时通信与短视频的融合成为当前社交媒体行业发展的主要趋势。本院办理的网络犯罪案件中，有超过 65% 的案件犯罪分子利用网络直播间聚集的人气，在直播间的弹幕或留言中发布各类黑灰产广告，吸引潜在犯罪分子，通过即时通信工具联系成立各种群组后共同实施犯罪。

（二）犯罪行为隐蔽

1. 真实身份难以被查实

一是用户注册简单。根据《中华人民共和国网络安全法》的规定，为用户提供即时通信等服务时应当要求用户提供真实身份信息。而小众社交软件用户注册相对简单，没有严格落实实名注册制，如办理的范某某开设赌场案，行为人利用了“会合”等聊天软件发布宣传广告、联系参赌人员、组建聊天群发布规则和信息。只需一个手机号即可以注册使用，犯罪分子可通过购买他人手机卡隐藏真实身份。二是嵌入非实名制交易。在办案中发现一些小众社交软件未实名制嵌入了转账等金融支付结算功能，违反了《中华人民共和国反洗钱法》“任何形式的支付交易必须做到可追踪、可还原、可回溯，不允许非实名收款与非实名付款”的规定。如周某某开设赌场案，行为人通过一款“海鸥”小众社交软件中红包转账功能支付结算赌资，而支付账户没有实名认证。

2. 软件反侦查隐蔽性强

一是隐蔽功能多样。例如“密聊猫”“事密达”“海鸥”“小棉球”等小众社交软件具有锁屏设置、账号销毁、设置密信功能，每次登录都要先输入解锁密码，在解锁界面输入销毁密码后，可立即销毁当前账号，对方需要输入暗语，才能查看聊天信息。二是名称地址更改频繁。相对于传统利用网站开展的网络犯罪活动，小众App隐蔽性较强，难以通过简单的方式找到后台入口及对应IP地址。如乔某等人诈骗案，乔某担任法定代表人的某科技有限公司帮助境外诈骗团伙开发、运行、维护了多款即时通App，并按照上家要求频繁更改App名称，在几个月内制作了“汇赚”“汇富”“汇聚”等十几个名字，同时频繁更改App下载域名。

3. 证据缺失追责困难

一是保存时间短。小众社交软件数据保留时间较短，如办理常某某开设赌场案时，犯罪嫌疑人所使用的国内一款软件平台因数据库存储容量限制，仅能提供近2个月的流水，且提供的流水没有对手信息等侦查需要的关键内容。又如办理常某某等人“暗网”毒品系列案时，国外“蝙蝠”等小众社交软件提供双向撤回功能，随时撤回自己和对方设备上的聊天内容，撤回后数据不可恢复。二是证据提取困难。公安机关对涉案手机进行电子勘验时，无法抓取这类新型软件，对案件侦查数据挖掘和线索研判带来一定的难度。

（三）犯罪危害严重

1. 涉案数量呈现高发

从全国范围看，自2019年起，针对即时通信工具传播违法违规信息、匿名注册、欺诈诱骗、为线下违法违规活动提供平台服务等行业乱象，国家网信办通过小众即时通信工具专项整治、网络音频专项整治等专项行动对多款违法违规App进行查处。2020年检察机关办理利用暗网或境外通信软件实施的网络犯罪案件同比增长近70%。从本院受理案件情况看，在本院近三年办理的976起网络犯罪案件中，不法分子利用小众社交App实施犯罪的有587件，占比达60.14%。

2. 社会风险叠加交织

不法分子通过定制App实施犯罪，要求开发者在软件中嵌入收集用户信息的功能包及链接国外支付通道等，与上下游黑灰产业链勾连，极易引发信息安全和金融等社会风险。如本院办理的彭某等人诈骗、侵犯公民个人信息案，彭某担任法定代表人的某科技有限公司帮助境外诈骗团伙开发、运行、维护了多款即时通 App，在短短一个月时间内，就为上游犯罪分子搭建了300余条链接国外支付通道，涉案资金达500余万元。该社交软件具有兼容性强、个性化程度高、交易速度快的特点，通过变相从事资金结算服务，致使资金交易过程脱离国家金融监管体系，并导致资金流至境外。同时，涉案软件嵌入第三方 SDK 功能包，可以收集用户行为数据，收录的1000余条信息内容被卖给其他服务商，造成用户信息泄露。

3. 影响群体多范围广

一方面，涉案范围境内外地域跨度大。境外电信网络诈骗犯罪团伙利用小众社交软件对境内居民实施犯罪最为突出。如本院办理的“12·30”“4·30”“7·17”等特大跨境电信网络诈骗案件，主要是境外的犯罪分子通过“蝙蝠”等国外社交软件联系境内犯罪分子，由偷越到境外的犯罪分子利用国内外即时聊天工具实施诈骗，涉案金额大，辐射范围广。另一方面，利用通信软件传播速度快。如办理的李某某等人数字货币“头寸管理”的网络传销系列案，该传销平台利用了“苏格”聊天软件发展会员，仅在4个月时间里，传销平台吸纳众多会员参与，涉案资金高达百亿余元。利用软件的便捷性开展非法传销，体现出跨区域、蔓延速度快的犯罪特征。

二、小众社交软件涉罪频发的主要原因

小众社交软件被用于犯罪的案件频发，反映出法律规制缺失、监管执法缺失、企业内控缺失和社会防控缺失四个方面的问题。

（一）法律规制缺失

1. 监管主体责任尚未落实

我国现行有效的关于社交软件、网络运营服务等内容的法律法规主要有《中华人民共和国网络安全法》《中华人民共和国反电信网络诈骗法》《移动互联网应用程序信息服务管理规定》《即时通信工具公众信息服务发展管理暂行规定》等，因社交软件涉及多个监管主体，相关法律法规并未完善规定主管部门的监管情形。如《中华人民共和国反电信网络诈骗法》规定由公安机关牵头负责反电信网络诈骗工作，金融、电信、网信、市场监管等有关部门依照职责履行监管主体责任，负责本行业领域反电信网络诈骗工作。但由于存在多个主管部门，实践中可能存在互相推诿导致无法

落实监管。

2. 平台监管责任尚未细化

根据我国相关法律法规，网络平台需履行配合协助政府监管义务，随着网络技术的广泛发展和应用，国家已充分意识到网络技术的复杂性和网络犯罪侦查的难度，从法律到行政法规对网络服务提供者的义务作出了要求。然而破解网络服务提供者协助取证困难是一项系统性工作，需要系列制度配合。法律并没有明确网络服务提供者侦查协助义务的适用范围与条件，拒绝履行侦查协助义务的后果更是缺乏明确细致的规定，这也导致了监管的难度加大。

3. 技术人员责任尚未确立

社交软件背后的研发者是涉社交软件犯罪的关键人员，目前《中华人民共和国反电信网络诈骗法》明确规定了应建立健全互联网应用程序备案机制，禁止为电信网络诈骗提供互联网应用程序。当前尚未有相关法律对其进行具体约束，同时也存在法律适用方面的难题。一方面，传统共犯理论适用困难。从意思联络的成立方式来看，较之传统共同犯罪，网络共同犯罪的偶然性和不确定性更为突出，导致难以按照传统犯罪逻辑认定是共犯或帮助犯。另一方面，现有罪名逻辑并未统一。在共犯认定存在障碍的情况下，近年来我国相继规定了拒不履行信息网络安全管理义务罪、非法利用信息网络罪和帮助信息网络犯罪活动罪等，但从实务中发现，拒不履行信息网络安全管理义务罪案例数量极少，且与其他罪名适用标准并未统一。

（二）监管执法缺失

1. 预警情报深挖难

一方面，情报筛选验证效果差。预警情报数量庞大且需要大量人力、物力进行真伪验证。而当情报线索与虚拟网络相结合的时候，往往表现出虚拟身份和虚拟行为，如在办理廖某某等人跨境电信网络诈骗案件时，通联设备“蝙蝠”“TG”是从网络购买很难锁定真人，同时这些App运行所依赖的服务器往往不真实，隐藏真实数据流向。这给验证情报带来巨大困难。另一方面，技术支持力量小。大数据系统的建设和维护耗资很高，技术工具的研发也存在数据模型开发及优化的难点。实践中，通过数据模型等技术工具去捕捉海量数据间的关联，目前这类技术工具能发挥的功能作用还不够。

2. 执法应对难度大

一是安全主体监管协作不足。从现有的案件情况来看，小众社交软件往往具备支付结算、语音视频交流等多种功能，涉及金融、电子信息技术等多方面，单一的监管主体很难监管到位。现行的监管模式是由应用商店或应用分发平台监管开发运营方，因监管者本身有利益追求，也很难达到监管目的。二是犯罪分子恶意绕过监管。部分 App 封装平台审核流程形同虚设，伪实名注册、更换网址重复封装现象频出。部分 App 扫码即可下载，绕过应用商店审查，监管处于缺失状态。犯罪分子用于实施犯罪活动的 App 均未上架至应用商店，而是委托他人将 App 安装包上传到相应平台，平台生成二维码或短链接，用户只需扫码或点击链接即可下载使用，加之涉案网站多租用域外服务器，致使 App 近乎处于脱管状态。

3. 事实认定障碍多

一是证据固定和认定难。在固定证据方面，一些犯罪嫌疑人采取“删库”、物理销毁等方法破坏证据。如本院办理的“寻你 App”诈骗案，该 App 被认定为涉嫌刑事犯罪前，即对相关数据进行删除，导致大量被害人数据灭失。在证据关联性方面，当案件涉及多重环节和涉案人数时，证据之间以及证据与犯罪嫌疑人之间的关联性证明存在阻碍，主要表现为犯罪嫌疑人线上线下身份、资金流关联性证明等。二是证据调取效果差。当前公安机关在证据调取过程中，存在申请程序烦琐、反馈周期较长等问题，导致贻误战机。如在办理程某某诈骗案过程中，公安机关通过协查方式调取外省一家小众软件开发公司相关数据，超过 2 个月未反馈。

（三）企业内控缺失

1. “技术中立”理念影响

技术中立理念是指某项产品或者技术是被用于合法用途还是非法用途，并非产品或者技术的提供者所能预料和控制，因而不能因为产品或技术成为侵权工具而要求提供者为他人的侵权行为负责。[①] “技术无罪论”“技术中立原则”成为被用于犯罪的小众社交软件开发者、运营商为自己正名的有力说辞，也成为规范小众社交软件开发及使用路上的理念障碍。

---

① 参见陈娟、陈红霞、张爽：《网络技术灰黑产刑法规制初探》，载《中国检察官》2019 年第 3 期。

在此背景下，多数网络平台设置了免责声明，要求用户认同，对用户个人信息安全的保护形同虚设。

2. 技术门槛犯罪成本低

随着黑产技术和产业发展，越来越多的工具和软件以直观、简单的产品形式呈现，易学易用的特点大幅降低了软件开发门槛。制作一款社交软件只需知道源代码，市场上充斥同质化、低质化产品。如彭某某等人诈骗案中，彭某某招募美工、策划、后台等八名员工，通过从上家获取的源代码，直接套用已有、现成的 App 固定模板，开发时间短，约二至三日即完成了客户需要的通信软件，费用也在几千元左右，获利达上百万元。

3. 利益驱动导致犯罪频发

网络服务提供者一方面负有保护用户个人信息和隐私的义务，另一方面又负有协助侦查机关取证的义务，这两种义务不可避免会产生对立紧张关系，[①] 大多数网络服务提供者更倾向于维护自己的商业利益而拒绝为侦查机关提供帮助。如本院办理的孙某某帮助信息网络犯罪活动案，计算机专业毕业的孙某某在明知 App 是为不法分子实施犯罪使用，仍提供技术维护服务，不到 3 个月，孙某某非法获利 22820 元。

（四）社会防控缺失

1. 科技公司治理受限

科技公司在网络安全、犯罪打击、科技强警方面与公安机关开展合作已成为普遍现象，但在合作过程中仍存在不足。一是技术压制不易。犯罪人员也会开展攻防博弈，比如在电信网络诈骗案件中，特别是跨境实施犯罪的一些犯罪人员具备较高的网络技术能力，还会采取地址跳转等技术手段隐藏身份，科技公司发现、追踪、确定此类犯罪人员存在一定难度。二是合作机制不完善。目前针对几款常见的小众社交软件，科技公司已经向公安机关提供了勘验检查的相关程序方式，但科技公司作为营利公司，出于利益的考虑，如与公安机关没有更好地协作保障机制，不会耗费大量时间精力针对所有小众软件破译技术研发。

---

① 参见王志刚：《网络犯罪治理中的证据与证明问题研究》，中国政法大学出版社 2021 年版，第 106 页。

2. 被害人风险防范弱

社交平台的“算法”深谙人性，很容易让人上瘾。一是针对猎奇心理的年轻人。随着年轻人对于微信、微博等实名制社交的倦怠，陌生人社交和声音社交逐渐成为社交新窗口。不少年轻人认知到该软件风险，但出于猎奇心理仍愿意尝试使用，甚至深陷其中。经统计，近3年办理涉及此类社交软件案件就有6起以上，涉案金额从几万元到数百万元不等，最高的一笔金额甚至超过300万元，合计金额超过600万元。二是针对投资理财需求的人群。投资理财类诈骗案件高发，通过组建投资者“水军”等方式，利用被害人心理弱点诱使被害人投资。如本院办理蓝某某诈骗案，案件中被害人杨某某经人推荐下载了“多小聊”聊天App，说有导师指导股票投资，发现被骗后自杀身亡。

3. 社会公众参与不足

一是参与意愿不高。大多数人抱有“事不关己”的想法，且缺乏长效的激励和保障机制，导致大部分人没有对此类犯罪防控的长久热情。二是参与途径单一。主要通过向公安机关报案的手段提供犯罪线索，但报案后需要配合调查等可能会花费个人时间，导致民众热情度不高。三是参与能力有限。社会公众直接接触犯罪机会较少，对于隐藏在网络背后的犯罪人员没有提供有效线索的能力。

三、小众社交软件涉罪风险防控和治理对策

党的二十大报告提出“健全网络综合治理体系，推动形成良好网络生态”，再次强调了党的十九大报告中建立网络综合治理体系的战略思想，强调在治理主体上多方协同，治理手段上多途规范。习近平总书记强调，网络空间不能成为违法犯罪的温床，要坚持依法治网，打击网络违法犯罪行为，全面推进网络空间法治化建设。

（一）强化“法治”，加大犯罪打击力度

1. 加大犯罪打击力度

一是严惩相关违法犯罪。针对涉小众软件犯罪高发多发的严峻态势，要注重依法严治，坚持重拳出击，协同打击，凝聚监管部门与公检法合力，开展专项整治行动。加强对网络空间的巡查力度，发掘涉罪互联网应

用程序、推广引流通信群组等，根据具体情况，及时采取线索收集、封停关闭等应对措施。二是精准适用法律定责。根据“技术中立”传统理念，不能追究开发者责任，我们认为要依法适当突破，视情追责，实现源头治理。结合具体构成要件辨析罪名，有效打击相关犯罪。如针对“明知”，我们认为可考虑借鉴毒品犯罪证明模式，适当调整对于网络犯罪中帮助犯明知的解释，应包括“知道或应当知道”。尤其针对专业技术提供者，其对于技术的充分了解导致其必然知道该项技术使用领域及用途，因此对于明显被应用于网络犯罪的技术应推定其明知帮助对象系采取违法犯罪行为。当然，还要注意不同技术人员明知的认定也存在一定梯度，如对局部、边缘技术人员的明知要求要高于完整、核心技术人员。三是建立从业约束机制。一些技术人员通过实施代码编写、服务器租用、域名解析、封装 App 等技术行为，研发定制应用工具，应从源头建立从业约束机制。完善互联网从业规定，建议将相关法律知识的掌握作为互联网行业从业原则性标准，为提高此类犯罪的预期成本，建议设立资格刑，对此类被判处刑罚的从业人员任职相关职务及重新从业进行限制。

2. 加强取证系列制度

破解网络服务提供者协助取证困难是一项系统性工作，需要系列制度配合。一是划定协助等级。考虑协助配合取证的成本大小以及对企业经营自由权和拥护隐私权的让渡程度，根据协助案件的严重程度划分协助内容等级。二是细化协助内容。电子证据的真实性和完整性是其证明力的重要保证，针对法律规定的原则性法定数据保留期限，可针对电子数据的不同类型、所涉案件的性质、提供能力等特点，由侦查机关与提供者约定具体的数据保留期限。三是严格审批程序。为防止侦查权力的滥用，有必要设置严格的事前审批、事中监督和事后救济机制。由审批机关对侦查人员的权力行使合法性、适当性进行过程监督，对于侦查机关不合理的执法要求可以有申诉的权利，对于为配合侦查机关对相关数据进行存留而安装或配置相关设备、设施及其服务进行调整的与侦查活动直接相关的合理费用，可以得到相应支付或者补偿。

3. 打击黑灰产业链条

为充分掌握涉小众社交软件案件特点，确保侦查活动全面调取涉案证据。一方面，形成打击合力。检察机关派员适时提前介入，在了解掌握了案件的新特点后，引导侦查机关全面取证。准确厘清是否构成共同犯罪，结合具体构成要件辨析罪名，有效打击相关犯罪。如在侦查活动中，应当确保一直有专门针对电子数据的取证人员，一旦发现了电子数据立即进行提取和固定，并且采取适当的措施对电子数据加以保护，避免其发生损毁或者丢失。另一方面，加强全链条打击。小众社交软件涉罪往往呈现链条化、产业化特征，成为黑灰产业链条上的关键一环，通过加强警检协作，深挖上下游犯罪，从源头到末端全面排查，精准打击，彻底斩断犯罪链条。

（二）强化“共治”，探索多元协同治理

1. 深化部门共治

一是源头治理、持续发力。设立并落实好 App 市场准入制度及开发主体、封装主体、分发主体实名登记备案制度，并制定行业规范、定期核查，从制度层面构建安全可信的信息通信网络环境。二是共同防御、共治共享。逐步完善协调不同机构与部门共同参与行业的监管与治理。逐步建立以人民银行、工信部门为主，银监会、工商部门、税务部门、电子信息产业部等多部门为辅的共同监管体系。推进社交软件行业协会的规范建设与运行。三是堵塞漏洞、升级监管。网信部门应确立对未在应用商城上架 App 的监管方式，堵塞监管漏洞。高度关注“阅后即焚”等功能的聊天软件，防止其在犯罪领域充当洗钱、支付、上下家勾连的工具。

2. 深化行业共治

一方面，小众社交软件的开发、运营企业完善内部控制流程。对安全设置步骤进行简化，并指引用户设置好个人信息保护系统，从而规避个人信息无意识泄露的问题。同时，加强自身的安全审核功能，通过对访客、群主、用户的身份审核，防范不法分子渗入盗取信息。加强对自身工作人员的培训力度，明确操作人员和技术人员的主体责任，做好异常记录登记。[①] 另一方面，做好各环节风险防控。有关云基础设施的提供者要把好入口环节，对于恶意链接要及时屏蔽，对于接入服务开展全面清查，杜绝源头上的问题。应用商店作为分发环节的主要责任主体，应认真履行主体责任，完善好内部关于小众社交软件上架的审核流程，及时更新安全检测的技术，发现违法违规的小众社交软件及时清理。社交平台在传播环节要

---

① 参见梁华国、陈东方：《基于大数据的社交平台用户个人信息安全保护策略》，载《无线互联科技》2017 年第 21 期。

关注群组的传播方式和特点，加强对站外链接以及二维码的审核力度。采取多种方式激励用户参与信息生产，如制定奖励制度鼓励用户生产优质信息、对低俗信息进行处理。

（三）强化“智治”，提升数字治理成效

1. 提升数字防控技术

对于网络平台发布的网络链接、应用服务通信信息聊天记录、后台服务器中以日志形式存在的转账记录等数字信息，需要有效运用分析，实现技术防控。如随着信息安全与用户隐私保护意识的不断增强，越来越多的社交软件开发并使用私有加密协议，广泛采用端到端的加密技术，这导致一些非法活动通过社交网络无序传播，而监管部门无法对社交网络进行有效监管。需通过软件产生的流量数据、日志数据、互联网流量等信息，得到网络管理性能指标以及安全管理需要的信息，研发新技术对用户行为进行有效识别。

2. 开发数字治理模型

利用算法模型进行大数据画像能够自动通过数据的“异常”波动有效识别、筛选、判定和排除犯罪风险。实现从“回应型”向“预防型”网络犯罪治理。如针对暗网社交软件毒品滥觞，浙江省吴兴区检察院依托“浙江检察数据应用平台”，搭建数字模型，通过导入归集的数据信息，设置规律性参数，构建整合各地区资源的涉毒隐语数据库并适时地实现数据共享，利用数字技术有效释放数据要素的价值，实现自动分析对比，探索毒品犯罪“数字画像”的类案监督道路。又如针对涉社交软件网络犯罪，建立 App 风险监测平台，运用大数据、人工智能等科技手段，通过大数据画像对平台获取身份信息、信用管理等对平台用户、行为进行信息审核，并根据平台实时交互产生的海量数据进行画像识别。基于犯罪数据研判对平台用户进行分级动态监管巡查，对 App 潜在安全漏洞进行监测分析和识别预警，并建立风险评估模型，实现分级治理及高风险场景重点巡查。①

3. 整合利用数据资源

一是充分挖掘数据。面对社交平台海量数据，监管部门、司法机关及运营平台必须充分利用现有技术。比如熟练掌握基础的数据类型和质量的

① 参见金小慧等：《网络犯罪的检企共治模式探索》，载《人民检察》2023 年第 9 期。

清洗技术、异常值搜索和处理技术、时空基准技术等。[①] 在收集数据过程中，注重来源真实与完整，进行深入挖掘分析。二是及时更新数据。注重数据及时更新，如在破获一起案件后，要及时将相关信息录入数据库进行数据分析，为延伸案件查处上下游犯罪提供数据支撑。三是整合数据资源。整合数据资源，需要金融、电信、网络运营商、高新企业等部门的协助。如由公安部牵头，搭建跨行业情报共享平台，公安机关内部健全预警情报共享机制。

（四）强化"防治"，加强宣传教育引导

1. 科技公司协助预防

科技公司通过为公安机关提供技术支撑，以开展相关犯罪防治。其一，协助发现线索打击犯罪。寻找"暗网"等相关黑产资源交易平台进入此类犯罪交易环节。为公安机关提供警情线索及研判，划定打击范围。组织网络攻防技术力量，控制目标。其二，为公安机关提供技术支撑。科技公司与公安机关可以建立常态化合作机制，加强合作共治，前者为后者提供技术支持，后者为前者提供相关保障。

2. 社会公众参与治理

提供社会公众参与治理的平台，建立社会公众参与治理的奖励机制。一方面，拓宽社会公众参与治理的平台，通过在公安机关等有关治理主体专门设立此类犯罪的线索提供渠道，畅通线索提供路径。另一方面，建立社会公众参与治理的奖励机制，采取多种方式激励用户参与信息生产，如制定奖励制度鼓励用户生产优质信息、对低俗信息进行处理。

3. 提高用户安全防范意识

引导用户做好个人信息保护，不随便访问来历不明的网站，不随便点击非法链接。在经常登录的手机或者电脑中，加装安全软件和防火墙，提高技术安全防范的实效性。对于手机 App 授权要严控、按需开启，控制好 App 软件授权。同时，加大社会普法力度，倡导正确价值观，加强对青少年价值观引导，远离黑灰产。

---

① 参见刘鹏程：《大数据时代下社交媒体的开源情报价值与问题研究》，载《网络安全技术与应用》2022 年第 9 期。

数字赋能法律监督的实践与探索

——以G省A市探索实践为延伸视角

丰丹丹　吉庆怡*

检察工作的现代化建设要利用好数字时代释放的红利。数字化、区块链、AI智能等技术渗透进无数行业和领域，如何利用数字赋能检察监督工作，成为新时代检察工作的时代课题。G省A市检察机关以“大数据”为契机，在数字法律监督改革实践进程中，从个案的偶发到类案线索的发现，推进法律监督办案人员理念转变、算法规则建立、模型建构，取得一定成效。诚然，数字时代的变革并不是简单地将大数据技术和检察监督有效融合，在数字技术与监督要素进行融合的同时，数字规则与监督要素之间的堵点依然存在。因此，对数字监督的价值评价不能仅仅停留在从理论层面去探讨监督模型的可行性，还需要将价值评判的视角转移到司法实践中去，进一步探究和完善数字法律监督的实践路径，为新时代数字法律监督的变革总结经验。

一、G省A市数字监督模型检察机关的探索与实践

A市检察机关立足“大数据”优势，主动顺应数字时代的发展趋势，深入实施大数据检察战略，把数字法律监督作为基础性、长期性工作来抓，持续加强数字法律监督模型应用探索，利用数字的优势促进法律监督工作精准化、常态化、智能化。主要实践做法如下：

---

* 丰丹丹，贵州省紫云自治县人民检察院第三检察部主任、检察委员会委员、一级检察官、检察员；吉庆怡，贵州省紫云自治县人民检察院四级检察官助理。

（一）提高战略站位：建章立制

A市两级检察机关认真贯彻落实全国检察机关数字检察工作会议精神，高度重视数字检察战略，不断探索数字检察新路径。进一步深化检察大数据战略，建章立制，明确工作职责，细化贯彻落实数字检察方案，以此加快推进数字检察建设，以“数字革命”驱动新时代A市法律监督提质增效提供了思路。这一做法旨在以制度之力推进检察工作数字化，进一步统一数字检察思想，凝聚共识，提高办案人员对数据的敏锐性。

（二）A市实践与探索：数字法律监督模型的运行机理

在司法实践中，A市基层检察机关立足本辖区的工作实际，收集、归纳监督要素，确定数字算法规则，设立数据资源池，将监督数据要素与数字算法规则相融合，不断探索新型数字法律监督模型。目前正在运行的数字法律监督模型几十个，还有多个模型正在试运行阶段，从A市运行实际来看数字监督模型取得一定成效。其模型运行机理特征如下：

1. 数据采集与共享

数字法律监督模式对检察官的数字敏锐思维有更高要求。实践中基层检察官通过建立数据资源池来整合共享来的数据，对数据进行分析、归纳、研判，提取监督要素，进一步解决部门之间“业务壁垒”的弊端，实现跨部门、跨领域数据共享，使数据可以发挥应有的价值，为赋能法律监督提供坚实的基础。例如，A市B县在办理涉林业违法案件时，以行政机关调查涉林业违法案件数据为切入点，建立涉林业保护刑行衔接监督模型。通过建立数据资源池来收集、共享行政机关执法数据。再如，A市C区人民检察院通过与环保、交管、住建等部门进行数据共享，获取噪声举报、噪声值数据、道路监控抓拍、噪声行政处罚等数据信息，来设立检察系统内部数据资源池。[①]

2. “数字”算法规则的确立及“数字”监督模型的构建

数字技术与监督要素并不是天然的融合关系，而是后天逐渐演变、融合、提炼，数字法律监督才应运而生。实践中，通过对法律监督职能、行

① 胡铭：《全域数字法治监督体系的构建》，载《国家检察官学院学报》2023年第1期。

政机关执法数据要素、监督事项等进行分析、归纳，提炼监督要素，确立数字算法规则，构建数字监督模型，将资源池里面的数据和提炼的监督要素进行深度融合，进而发现监督线索。例如，A市D县检察机关通过逐一分析、研判多类数据信息，整合数据要素，确定数字算法规则，建立耕地占用税征管监督模型，从市场监督管理局调取企业登记信息数据，向税务机关调取耕地占用税申报入库信息数据。此外，还有A市人民检察院、E县人民检察院技术平台共同研发公租房治理法律监督模型、F县人民检察院的密切接触未成年人行业入职查询数字监督模型等，都是以数据为基础，进行分析、研判，提取监督要素，以数字法律监督模型为载体确立数字算法规则，实现对类案线索进行全方位监督。

3. 人机耦合常态化开展全域类案监督

法律监督由负责办案的检察人员决策，乃司法正当性之精义。数字法律监督模型仅仅是检察机关履行检察职能的一种工具，并不能主动进行数据融合、碰撞、分析、比对，需要检察办案人员发挥主观能动性，借助数字法律监督模型算法规则，将数据资源池里面的数据进行有效融合，常态化开展违法线索摸排、数据碰撞、比对工作，找出社会治理过程中的违法线索。例如构建规范养老金发放数字法律监督模型，A市G区人民检察院联合人社、民政、公安、法院等多家部门，采集数据1000万余条，运用算法规则，筛查出40余条高质量线索办理行政监督案件5件。[①]

二、问题之应：A市数字法律监督模型运行现状之掣肘

从A市部分检察机关的探索实践来看，以数字法律监督模型为运行载体，将各部门的行政执法数据要素与监督要素相互融合，进而发现一系列的监督线索，效果显著。诚然，在实践和探索过程中，存在一定的共性制约因素，具体表现为以下四个方面。

（一）数据质量与预期相差较大

数字法律监督模型运行的效果取决于数据资源池里的数据与监督要素

---

① 《数据赋能，助力行政检察监督提质增效》，载A市政法微信官方平台2023年4月13日。

的关联度、匹配度是否高。实践中，数字法律监督模型的设立预期与实际获取的数据质量存在较大偏差，主要体现在这几个方面：一是数据关联度较低，面对海量行政执法数据以及其他数据，无法精准筛选出关联度高的监督数据要素，例如A市G区检察机关养老金发放数字法律监督模型，检察院采集数据1000万余条，筛查40余条高质量线索，仅占万分之四。二是业务壁垒的存在。一方面，检察机关属于法律监督职能部门，而其他行政部门或者单位属于被监督对象，肇致部分职能部门对检察机关有所保留，所以获取的行政执法数据信息残缺不全，实用性信息较少；另一方面，检察机关与行政执法单位对系统内部的数据秘密级权限有各自要求，所以，在实务中部门之间的秘密级权限制约了高质量执法数据的获取。三是鉴于各自单位的职能属性不同，开展的业务条块也会有所不同，收集的数据格式、数据要素等都会存在差异，进而也会导致数据质量关联度较低。

（二）“数字”办案人才匮乏

实践中，基层检察机关数字人才的匮乏一定程度上制约了法律监督模型的发展。主要有以下几方面原因：一是思维定势未转化。较多基层检察院办案人员还存在以往的思维定势，对数字法律监督的重视程度不够，不具备主动求变意识，监督思维定势未及时转变。二是基层检察院“事多人少”矛盾与数字监督新型办案人员矛盾未调和。数字法律监督工作是一项系统性、长期性的工作，需要配备数字法律监督专门人员，而实践中，都是由办案人员兼顾，办案人员精力、数字技术能力有限。当然，也缺乏机会去参加专业的、针对性的数字技能培训。

（三）技术屏障和资金短缺困境难以破除

数字模型的建设不仅涉及平台研发、智能算法、平台对接等具有专业性的知识，还需要参与平台建设的人员具备法律监督相关知识，以及模型建构完成后的运营、管理和维护。[①] 从A市基层检察机关实践来看，在构建和运行数字法律监督模型过程中，普遍县（区）院反映存在数字技术屏

---

① 胡铭：《全域数字法治监督体系的构建》，载《国家检察官学院学报》2023年第1期。

障和资金短缺的困境。一方面，数字法律监督模型的构建，涉及模型研发、算法规则与监督要素如何融合、数据智能化处理等问题。现阶段，A市检察机关普遍存在“单兵作战”的现象，各个检察机关都在各自的领域范围内研发法律监督模型，导致全市“数字”检察资源不能统一调配，并且较多的基层检察机关不具备自主研发的能力，所以在一定程度上，技术屏障制约了法律监督平台数字化发展。另一方面，无论从市级检察院还是县级检察院，对数字法律监督项目都没有确定专项资金，没有充足资金保障数字法律监督模型的研发和运行。

（四）大数据视域下数据的安全性难以保障

随着数字检察的重塑性变革，检察机关与行政执法部门的协同性也逐渐增加，在法律监督协作配合过程中会收集不同行政执法机关、不同部门的业务数据。而收集的数据具有个人利益、集体利益、公共利益等多元价值属性，涵盖多元化、多场景、多层面的权益保障谱系。① 有的还涉及国家秘密、商业秘密、公民的个人隐私等，这些数据在部门之间传送时，由于数字法律监督平台未进行系统加密、平台加密，防火墙措施也未建立，所以可能会导致数据安全风险问题也接踵而至。在实践中，基层检察机关对数字监督模型中数据安全风险性问题未引起足够重视，比如实践中大多数数字法律监督模型都是以笔记本电脑为运行载体，并未设立数据安全性的相关保护措施，因此，数据的安全性无法得到有效保障。

三、应对逻辑：“数字”法律监督之路径新探

数字检察是一项长期、系统、与时俱进的工程，是推动检察工作高质量发展的关键。为进一步促进检察监督职能提质增效，笔者认为可重点把握以下几个方面。

（一）纵深推进跨部门协作与数据共享

跨部门协同办案、执法司法大数据共享是检察机关深化一体化建设，

① 高景峰：《数字检察的价值目标与实践路径》，载《中国法律评论》2022年第6期。

加强新时代检察机关法律监督工作的重要举措。[①] 诚然，在实践中，由于检察机关与行政机关职能属性定位不同，各个部门都有自己相对独立的工作系统，并且拥有自己部门的信息保密要求，所以导致检察机关与行政机关存在一定的信息壁垒。笔者认为要想解决数据关联度低、数据质量不高等问题，需要重点关注以下几个方面：一是在辖区范围，以常委会或者县委座谈会的方式，促进各职能部门进一步凝聚共识，统一协同化思想，摒弃以往“单一化办案或者工作、去监督化”的思维定势，在思想层面优先打通信息共享通道。二是鉴于检察机关的法律监督属性，行政职能部门应当适度释放秘密权限，允许检察机关查询一些执法信息，各职能部门召开联席会议就释放权限范围予以提前沟通。三是建立数字办案协作共享平台。现阶段，数据共享平台有的样本取得一定成效，可予以借鉴，例如贵州省贵阳市的政法办案系统，通过联合法院、检察院、公安局搭建数据办案平台，可以利用办案平台相互推送、共享、读取相关案件信息，来提升办案效果。

（二）优化数字专业化队伍的培养路径

数字检察的核心是数字化人才，检察机关对数字专业化队伍建设的重视程度是实现法律监督工作数字化的必然要求。应当进一步完善数字检察人才的培养、引进工作，为数字赋能法律监督工作提供源源不断的动力。笔者认为应当重点把握以下几点：一是转变固化思维定势，强化办案人员的数字敏锐能力，需要摒弃以往“被动监督思维定势”，培养主动监督的思维能力。二是常态化开展数字专业化技能培训。数字检察的变革，是一项系统性、长期性的工程，因此数字专业人才队伍的培训工作就显得至关重要，所以，应着力培养讲政治、精业务、懂数字的高素质复合型人才。[②] 可尝试以技术水平及资金能力较强的市级检察机关帮扶或者指导县级院，常态化开展市域内数字技能培训，全面提升各大基层办案人员的数字技能水平。三是由市级检察机关组建数字监督模型评估小组。很多数字监督模

---

① 赵珏：《执法司法大数据信息协同共享机制初探》，载《中国检察官》2022 年第 23 期。

② 《加快推进数字检察战略赋能法律监督促进和维护公平正义》，载最高人民检察院官网，https：//www. spp. gov. cn/tt/202306/t20230619 – 618011. shtml。

型在运作中会遇到诸多难题，这时候就需要专业的评估团队对数字监督模型运行成效进行评估、调研，及时将困境反馈给技术部门，为数字法律监督模型的常态化运行清除障碍。

（三）技术难题及资金短缺之路径探索

“数字技术支撑”是实现数字检察工作现代化的关键。但是在实务中，基层检察机关普遍存在监督模型研发能力欠缺及资金渠道短缺的问题，笔者认为要想让数字法律监督工作常态化发展，一方面，依托省级检察机关或者市级检察机关搭建数字模型研发平台，引进专业化数字研发团队，为基层检察机关提供技术研发、技术维护等服务；另一方面，法律监督工作是检察机关一项系统、长期的检察职能，因此，可以考虑由省级检察机关或者市级检察机关统筹资金分配工作，成立专项资金，进一步解决资金短缺的问题。

（四）构建数据“防火墙”规则体系

数字检察的变革，必然会给数据主体权益、数据安全性、数据使用权等带来一系列影响。检察机关在借助数据要素来进行检察职能延伸的同时，应当充分考量数据泄露的风险性问题，构建“防火墙”规则，以强有力的规则体系来保障数据的安全。

一方面，强化数据安全意识。收集的数据与多元主体的利益息息相关，理应重视。实务中，较多的模型运作的载体多为外网电脑或者笔记本电脑，检察人员疏于对共享数据安全性的思考，因此应当强化检察人员的数据安全意识，杜绝数据信息泄露。

另一方面，建立数据保护规则。面对数据资源池里面海量的数据，一旦泄露后果难以预料，所以构建安全数据管理规则是至关重要的。第一，接触到模型数据的办案人员，需要签署泄密承诺书，承诺书对泄密的相关责任予以详细规定；第二，鉴于对数据的安全性考量，数字法律监督模型应当安装在内网或者工作网上运行，在进行数据共享或者传输时应当以光盘为媒介；第三，对于数字法律监督模型运作权限明文规定，责任义务落实到个人，应当由检察长或者分管领导予以授权；第四，各机关进行数据共享时，需要检察长或者分管领导同意，对共享数据的用途进行核查，严格落实审批程序，避免数据泄露。

检察机关办好相对不起诉案件的思考

焦　琰　王晓玲　李有朋*

新形势下，刑事犯罪结构发生显著变化，轻罪案件占比大幅度上升，①从检察机关角度出发，轻罪治理实例主要来源于所办理的相对不起诉案件，相对不起诉制度作为检察机关有效落实宽严相济刑事政策的一项职能，对于及时教育、挽救涉案嫌疑人，促进社会和谐稳定具有重要作用。但在司法实践中，社会公众还普遍存在“不起诉等于无责任”的观念，检察机关办理相对不起诉案件程序较复杂、主观风险较大、行刑衔接制度不完善等问题，可以通过优化相对不起诉案件办理机制、完善后续处理机制、强化行刑衔接、加强释法说理等措施，进一步提升相对不起诉案件的办理质效。本文以林州市检察院2020年以来相对不起诉案件为基础，进行深入分析、研究解决对策，为办好相对不起诉案件提供有益借鉴。

一、相对不起诉案件基本情况及分析

（一）案件数量及比重均呈“跳跃式”上升趋势

2020年1月至2024年7月，林州市检察院共审结一审公诉案件4739件6691人，其中作出相对不起诉决定671件940人。2020年，审结一审公诉案件850件1141人，其中相对不起诉案件16件19人，占审结人数的1.67%；2021年，审结一审公诉案件1350件1777人，其中相对不起诉案

* 焦琰，河南省安阳市林州市人民检察院党组书记、检察长；王晓玲，河南省安阳市林州市人民检察院综合业务部主任；李有朋，河南省安阳市林州市人民检察院综合业务部检察官助理。

① 韩旭：《轻罪治理与司法路径选择》，载《检察日报》2022年11月2日。

件 90 件 119 人，占审结人数的 6.70%；2022 年，审结一审公诉案件 1031 件 1548 人，其中相对不起诉案件 245 件 352 人，占审结人数的 22.74%；2023 年 1 月至 12 月，审结一审公诉案件 1074 件 1655 人，其中相对不起诉案件 240 件 335 人，占审结人数的 20.24%；2024 年 1 月至 7 月，审结一审公诉案件 434 件 570 人，其中相对不起诉案件 80 件 115 人，占审结人数的 20.18%，相对不起诉案件整体呈上涨趋势。

（二）案件适用范围逐步扩大

2020 年，作出相对不起诉决定最多的三个罪名为故意伤害罪（7 人，占比 36.84%）、交通肇事罪（5 人，占比 26.32%）、盗窃罪（4 人，占比 21.05%）；2021 年，作出相对不起诉决定最多的三个罪名为诈骗罪（21 人，占比 17.65%）、盗窃罪（20 人，占比 16.81%）、非法狩猎罪（20 人，占比 16.81%）；2022 年，作出相对不起诉决定最多的三个罪名为盗窃罪（85 人，占比 24.15%），诈骗罪（44 人，占比 12.5%），帮助信息网络犯罪活动罪（34 人，占比 9.66%）；在 2023 年，作出相对不起诉决定最多的三个罪名为故意伤害罪罪（50 人，14.93%），帮助信息网络犯罪活动罪（49 人，14.63%），盗窃罪（45 人，占比 13.43%）；在 2024 年 1—7 月，作出相对不起诉决定最多的三个罪名为故意伤害罪（18 人，15.65%），盗窃罪（14 人，12.17%），非法狩猎罪（11 人，9.57%），其余作出相对不起诉决定罪名有交通肇事罪、非法利用信息网络罪、危险驾驶罪等。从总体来看，不起诉案件罪名范围正在逐步扩大。

（三）犯罪嫌疑人年龄呈“凸”型分布

在近三年来办理的相对不起诉案件中，犯罪嫌疑人年龄分布如下：25 岁以下有 281 人，占比为 29.59%，30 至 50 岁有 446 人，占比为 48.24%，50 岁及以上有 213 人，占比为 21.88%。30 岁至 50 岁年龄阶段的犯罪嫌疑人在相对不起诉案件中占绝大部分，使得犯罪嫌疑人年龄呈“凸”型分布：一是现阶段参与到社会生产活动中的多为该年龄段人群，该类人群与社会交集更广，更容易受到利益诱惑，实施犯罪行为；二是该年龄段人群往往拥有较强的社会适应能力，在对其作出相对不起诉决定后，可以更快地回归正常生产生活中；三是该年龄段人群的收入往往属于家庭中的主要经济来源，对其作出相对不起诉决定，更能体现国家“以人民为中心”的核心理念。

（四）案件案情“类型化”明显

通过对2020年以来办理的671起相对不起诉案件进行分析，发现涉嫌相同罪名的不起诉案件案情具有类似特征。如：在帮助信息网络犯罪活动罪当中，无论是在校大学生还是外出务工、在家务农人员，受到利益相引诱，从而走上了违法犯罪道路；在故意伤害案件中，多数是发生在邻里乡亲之间，由于一时口角之争所导致的冲动犯罪，双方之间没有不可调解的矛盾，在案发后，被害人一方均能够谅解犯罪嫌疑人；在生产销售有毒、有害食品罪当中，多数为“毒油条”的情形，在制作油条过程当中因过量添加明矾，导致铝含量超标。通过以上三种罪名可以发现，在不同罪名中，犯罪嫌疑人都存在法律知识欠缺的共同点，在同一罪名下，案情事实存在普遍类似的现象。

二、新形势下相对不起诉工作存在的问题

（一）相对不起诉案件程序相对复杂

在现阶段的司法实践中，相对不起诉的前提是犯罪情节轻微，根据刑法规定不需要判处刑罚或免于刑事处罚的轻微刑事案件，可能判处3年以下有期徒刑，且犯罪嫌疑人认罪认罚。按照刑事诉讼法和《人民检察院刑事诉讼规则》规定，在审查环节，检察官需将审查意见逐级报部门负责人、分管副检察长审批，最后提交检察长或检察委员会讨论决定。在作出相对不起诉决定之后，还需对犯罪嫌疑人进行释法说理以及不起诉宣告后如何处理等一系列工作，程序上的繁杂导致了实践中部分检察官存在抵触心理。

（二）相对不起诉主观风险较大

相对不起诉的适用标准是“犯罪情节轻微，依照刑法规定不需要判处刑罚或者免除刑罚”，但要得出该结论需要针对案件性质、犯罪情节、危害结果、悔罪表现等进行综合考量。该过程较为复杂且具有极强的主观性，现阶段检察官只能依照已出台的司法解释或相关会议精神进行裁量。

但依然存在很多“空白领域”，相对不起诉适用标准不统一、空白的问题，进一步增加了检察官相对不起诉工作的难度。

（三）行刑衔接制度不完善

相对不起诉作为一种“一次性”行为，一旦作出，就无法采取有力措施进一步督促被不起诉人悔改，刑法的预防作用便得不到体现。目前我国的行刑衔接机制已处于修正完善阶段。根据刑事诉讼法第 177 条第 3 款规定：“对被不起诉人需要给予行政处罚、处分或者需要没收其违法所得的，人民检察院应当提出检察意见，移送有关主管机关处理。有关主管机关应当将处理结果及时通知人民检察院。”但在目前司法实践中普遍存在收到检察意见后不处理、不反馈的现象，主要是因为我国尚无明确规定关于刑事案件转为行政处罚案件的衔接制度，在某种程度上使执法层面行政与司法“各自为政”的问题无法从根源上解决。

三、进一步提升相对不起诉工作质效的建议和对策

（一）转变司法理念，确保宽严相济刑事政策落实到位

检察机关作为国家的法律监督机关，同时也是强化社会治理的重要参与力量，要进一步提高政治站位，深刻认识宽严相济刑事政策的重大意义。针对近年来我国刑事犯罪结构的明显变化，轻微刑事案件的数量日渐增多这一现象，更需要检察机关持续强化相对不起诉的适用，促进社会和谐，助力实现社会治理能力提升。一是要坚持依法履职。相对不起诉不是不诉了之，需要检察机关充分发挥自身职能，通过个案办理，促使犯罪嫌疑人真诚悔过，进一步恢复被损害的社会关系，化解社会矛盾，促进社会和谐。二是要坚持系统思维。充分发挥捕诉一体办案机制优势，将宽严相济刑事政策落实到批捕、起诉各个环节。三是要优化司法效果。案件办理中要坚持适用认罪认罚从宽制度，充分发挥其强化人权保障、降低司法成本、减少矛盾对抗、促进社会和谐的功能。案件办理中要坚持释法说理，通过对案件双方当事人进行认真释法说理，可以有效提高办案质量、化解矛盾纠纷、实现案结事了。

（二）优化相对不起诉案件办理机制，减轻检察官办案负担

基层检察机关案多人少的情况现阶段依然存在，而烦琐的不起诉程序严重增加了检察官的负担、制定规范详细的不起诉案件流程，一方面可以提升案件的办理效果，另一方面可以减轻检察官的工作负担。一是要简化相对不起诉案件的审批流程。相对不起诉案件可以由检察长授权分管副检察长审批决定。通过对罪名范围、刑期标准、具体案情进行严格划分，将部分案件的相对不起诉决定审批权交由检察长授权的分管副检察长，不再由检委会、检察长决定，合理优化审批权限，减少相对不起诉适用阻力。二是要规范相对不起诉案件的操作流程。一方面各地检察机关可以结合当地实际情况，对相对不起诉案件制定详细的工作指引。如：拟作出相对不起诉案件需经过检察官联席会讨论、公开听证会等程序后再依次向领导汇报，不起诉宣告后，依法发出检察意见督促后续行政处罚的落实等。另一方面可以精简文书的制作，充分发挥领导对相对不起诉文书的审批作用，在保障文书质量的同时，简化文书制作。三是要强化后勤保障工作。后勤保障工作是单位各项职能活动正常进行的关键工作。在作出相对不起诉决定前，根据“能听证尽听证”的要求，办案部门对于能公开听证的，一般均通过召开听证会的方式，释法说理，实现案结事了。随着相对不起诉案件的增加，召开听证会的次数也会越来越多，因此，做好听证会的会务保障工作是当务之急。实践中，案管部门以及人民监督员办公室、法警队等部门可以通过协调人民监督员、听证员参会等方式来为业务部门提供更优质的会务保障工作，为检察官分担工作压力，让其有足够的时间和精力投入办理案件当中。

（三）明确相对不起诉标准，化解相对不起诉案件风险

检察机关把握相对不起诉的标准和适用条件，既要警惕过严，也要防止过宽，是否作出相对不起诉，除承办人对案件事实、当事人表现综合判断之外，更需要明确细致的标准供检察官参考适用。由于各地区的发展水平不同，需要各地区自行把握。一是要坚持一体化。充分发挥上下一体的检察制度优势，牢固树立“一盘棋”意识，通过发布典型案例、案件办理指导意见，以及加强教育培训等方式强化对相对不起诉案件标准的把握，降低可能带来的办案质量风险。二是要坚持全面性。不仅要考虑到犯罪行

为危害性、行为人主观恶性、社会损害修复等一般性情况，还要考虑到亲属间犯罪、邻里关系、在校学生、老年人犯罪等特殊情况，在此前提下根据不同罪名的特点，进一步细化相对不起诉标准。三是要坚持协同性。检察机关在落实宽严相济刑事政策的衔接联动上必须树立能动的工作理念，加强与本地公安、法院的沟通联系，通过定期组织召开联席会议，针对近期内本地实际案例进行研讨分析，协调解决法律适用分歧，统一执法司法标准和尺度，形成强有力的执行合力。

（四）强化行刑衔接，完善相对不起诉案件的后续处理机制

相对不起诉不等同于无罪，完善不起诉决定后续处理机制，有利于更好地实现宽严相济刑事政策的价值。一是要健全工作制度，确保行刑衔接工作规范有据。各地检察机关要制定统一的工作指引，规范检察意见的制作以及送达，完善相关规定措施的适用，避免出现案件“不诉了之”的现象。二是要创新工作方法，确保行刑衔接工作精准有效。根据案件类型、犯罪原因、既往表现等，制定包含“不起诉＋行政处罚”“不起诉＋公益诉讼”等多类型后续处理措施，为其“量身定制”个性化方案，帮助被不起诉人进一步改过自新，顺利回归社会。三是要完善监督机制，保障行刑衔接制度执行效果。利用科技优势、引入专业力量，加强对不起诉后续处理执行情况的数据监测、跟踪评估，确保执行到位。通过与相应主管单位联合搭建惩戒案件信息推送平台，对不起诉案件信息进行分类筛选并精准投送至相关部门。同时，人大代表、政协委员与检察官共同开展现场巡查，考察被不起诉人劳动服务情况，确保不起诉案件后续处理执行效果，进一步消除检察人员适用相对不起诉的后顾之忧。

（五）提升释法说理能力，实现案结事了人和

在全面依法治国、推进检察工作现代化工作进程中，加强释法说理工作具有十分重要的意义，特别是对于拟作出相对不起诉决定的案件，能充分展现不起诉决定的亲和力、说服力、感染力，增强双方当事人对不起诉决定的内心认同。一是要把检察听证作为相对不起诉案件的“前置程序”，

做到“应听证尽听证”。公开听证是检察机关的“庭审”①，在拟作出相对不起诉的案件中，邀请案件双方当事人及诉讼代理人、人大代表、政协委员、人民监督员等第三方人士参加听证，通过检察官对案件事实、法律适用等进行讲解，当场进行释法说理，听取多方意见后依法作出相对不起诉决定，有利于更好地化解双方矛盾，促进社会和谐。二是要加强诉讼文书说理专业化。不起诉决定书是对外法律文书，其本身带有释法说理作用，检察机关要通过规范相对不起诉决定书格式、要素和内容，加大对文书说理的强制性责任要求。同时，明确送达方式、权利告知等要求，以“热心、耐心、细心、用心”的工作态度，用群众听得懂的语言，将法律讲清、事实讲明、事理讲透，从源头化解矛盾。三是要完善被害人救助机制。依法保障被害人权利诉求，在此基础上大力推进司法救助，切实解决被害人实际困难，化解被害人怨气，全面保障被害人合法权益，真正达到以相对不起诉促和谐、推进社会治理的效果。

---

① 焦成千：《不起诉要“瞻前顾后”》，载微信公众号“中国检察官”2022 年 6 月 12 日。

流域型环境公益诉讼实践检视与完善研究

——以跨行政区划检察改革为视角*

广西壮族自治区人民检察院南宁铁路运输分院课题组**

广西地处中国南部，河流众多，水系复杂，流域面积广，在我国生态安全格局中占据重要位置。习近平总书记在广西调研时指出“广西生态优势金不换”，全区检察机关牢记嘱托，树牢“绿水青山就是金山银山”理念，充分发挥检察职能作用，为加快建设美丽广西和生态文明强区提供了有力司法保障。但广西区内流域水环境治理仍然存在不少突出问题，① 流域型环境公益诉讼案件中检察机关如何加强协作更好保护生态环境成为值得深入探索的问题。

---

* 本文系第十一批广西壮族自治区人民检察院检察理论研究重点课题“生态环境检察理论探索与制度完善”（GJ2023A04）的阶段性成果。

** 课题负责人：岑昭娴，广西壮族自治区人民检察院南宁铁路运输分院党组成员、副检察长、三级高级检察官。课题组成员：夏日龙，广西壮族自治区人民检察院南宁铁路运输分院法律政策研究室主任、四级高级检察官；顿兴刚，广西壮族自治区人民检察院南宁铁路运输分院第五检察部主任、四级高级检察官；何洪奇，广西壮族自治区人民检察院南宁铁路运输分院副主任、一级检察官；林剑，柳州铁路运输检察院三级检察官助理；吴蕾，柳州铁路运输检察院四级检察官助理。

① 闫晶晶：《最高检立案办理珠江流域水环境治理公益诉讼专案》，载《检察日报》2024 年 4 月 16 日。

一、广西流域型环境公益诉讼的实践样本分析

（一）广西流域型环境公益诉讼的典型案例

1. 广西铁检机关办理流域型环境公益诉讼案例

案例一：2023 年 3 月，广西壮族自治区人民检察院接到关于 C 市 T 县 G 江岸边养蛙场污染问题影响相邻 B 市 T 县某片区供水工程饮水安全的线索后，经研判属于跨地级市生态环境保护公益诉讼案件线索，遂交由广西壮族自治区人民检察院南宁铁路运输分院办理。经查，发现该牛蛙养殖场未批先建上百个蛙池，存在直排养殖废水入江、占用基本农田、养殖三项记录不全、未取得环评、农产品质量安全、外来入侵物种逃逸等多方面问题。通过诉前检察建议督促，被监督行政机关综合施策，永久基本农田 64.89 亩基本恢复种植条件，捕获逃逸牛蛙 500 余斤，G 江水质自动监测站监测数据持续稳中向好。

2. 司法协作模式办理流域型环境公益诉讼案例

案例二：2020 年 11 月，广西南宁市良庆区检察院发现 B 江（库）流域水葫芦泛滥、水质恶化的线索。调查查明该流域存在水葫芦过度繁殖、生活和养殖污水偷排直排、违法畜禽养殖、河道垃圾污染、饮用水水源地保护不规范等问题。通过磋商和制发诉前检察建议等方式，督促行政机关依法履职，建立“B 江（库）流域共治长效机制”。三市五县（区）检察机关开展跨区划流域治理，共清理 B 江流域水葫芦 13215.5 吨，面积达 631579 平方米。[①] 此外，整改流域沿岸生活和养殖污水偷排直排问题，规范某村“千吨万人”饮用水源地保护区管理，该流域水环境和水质得到明显提升。

3. 上下一体化办理流域型环境公益诉讼案例

案例三：2021 年 1 月，最高人民检察院将某公司下属企业环境管理混乱、违法问题突出、存在较大环境风险的案件线索交由广西壮族自治区人民检察院办理。经调查发现，相关稀土项目污染环境的事实客观存在，行政机关督促某公司下属企业整改，但未能彻底整改到位。鉴于污染问题分

---

① 李佳玲、黄艳艳、廖艳艳：《办理一个案件　澄清一方水域　恢复一片生态》，载《广西法治日报》2023 年 8 月 24 日。

散在梧州、玉林、贺州、崇左四市，涉及厂矿均属于某公司下属企业，该院采用以事立案的方式，统筹四个市级院和相关基层院办案力量，一体化办理案件。[①] 通过民事公益诉讼推动修复受损公益，促使企业赔付环境损害赔偿共计 1213.45 万余元。

（二）广西流域型环境公益诉讼的检察制度设置及做法

1. 广西铁检机关环境公益诉讼管辖制度

我国跨行政区划检察改革多数由省级人民检察院基于铁路运输检察院的管辖范围进行改革，沿长江流域、长三角地区等各地检察机关积极探索改革，为流域型环境公益诉讼发展提供宝贵经验。[②] 就广西而言，2021 年 9 月，广西壮族自治区高级人民法院、自治区人民检察院、自治区公安厅联合印发《关于广西开展跨行政区划检察改革试点及调整案件管辖范围的通知》，决定在南宁铁路运输两级检察院（以下简称南宁铁检两级院）开展跨行政区划检察改革试点，明确南宁铁检两级院从 2021 年 11 月 1 日起新增管辖“跨地级市生态环境保护公益诉讼案件”“全区行政公益诉讼起诉案件”等六类案件。该规定确立的流域型生态环境保护公益诉讼案件管辖规则，在省域范围内实现市域之间的跨区划管辖，使得检察权呈现创新之处，有利于化解司法地方化和司法行政化，提高流域型环境协同治理效果。例如，案例一中，针对跨地级市生态环境治理协同不够的问题，在省级院指导下，铁路检察院充分发挥跨区划检察优势，与属地检察机关密切配合，协同办理跨行政区划饮用水污染案件，促推行政机关实施整改，为跨行政区划公益司法保护作出有益探索尝试。

2. 广西检察机关流域型司法协作配合机制模式

近年来广西检察机关形成了一些流域型司法协作配合机制，这些流域型司法协作配合机制主要是检察机关之间，或跨行政区划检察机关与属地检察机关之间，或检察机关与行政机关之间，通过联席会议、研讨会、调

---

① 《最高检发布 10 个典型案例深入推进中央生态环境保护督察公益诉讼案件办理》，载最高人民检察院官网，https://www.spp.gov.cn/spp/xwfbh/wsfbt/202306/t20230606_616462.shtml。

② 刘军、秘明杰：《检察机关跨行政区域环境公益诉讼法律分析》，载《山东科技大学学报（社会科学版）》2021 年第 3 期。

研会等方式，形成协议、意见、机制等书面共识。[①] 主要包括建立流域型案件协作办理、信息共享、线索移送、调查取证、生态修复、类案统一尺度和法律适用问题研究等机制。例如，案例二中，推动“三市五地”检察院签订《广西B江（库）流域生态环境和资源保护协作机制》，进一步加强检察机关之间以及与行政机关的协作，建立多层级、多部门、专门性的跨区划领导协调机制，突破行政区划限制，弥补行政机关行政执法中“上下游不同行、左右岸不同步”“九龙治水”等治理短板。

3. 检察上下一体化同步推进专案模式

流域治理是一项系统、复杂、长期性工程，仅凭某一地检察机关通常难以破解流域治理难题，采用检察上下一体化实现流域型协作的必要性越发凸显。[②] 广西检察机关通过采用检察上下一体化办案模式，充分发挥组织、指挥、协调的作用。上级检察机关统一调用辖区的检察人员，组成办案组，统一工作方案，通过指定管辖、联合办案或者提办、领办等方式统一分配办案任务。下级检察机关贯彻执行上级院的指示和部署，承担线索摸排、调查取证等具体办案工作。这种办案模式促使流域内优质检察资源得到有效整合，强化检察一体化内在的系统性、集成性效能，促进流域生态环境的综合治理。[③] 例如，案例三中，广西检察机关对涉及范围广泛、违法行为者众多、违法行为事实复杂的行业性、系统性生态环境问题，可以由上级人民检察院以事立案，一体化办理。上级人民检察院统筹发挥一体化办案机制作用，在全面查清公益损害事实的基础上，采取统分结合的方式立案办理，推动受损公益得到全面修复。

二、流域型环境公益诉讼的实践困境

（一）管辖权的设计不完善

管辖权事关司法秩序，是评价一项司法制度是否具有确定性、可预期

---

① 肖爱、汤世豪：《中国流域环境司法协作机制的经验逻辑与优化路径》，载《南宁师范大学学报（哲学社会科学版）》2023年第5期。

② 侯亚辉、匡旭东：《新时代检察职能一体化的推进与实现路径》，载《人民检察》2023年第6期。

③ 乔长松：《流域综合治理下的检察协作研究》，载《中国检察官》2023年第15期。

性的重要因素。我国跨行政区划检察改革中，通过规定跨行政区划公益诉讼管辖权来保护流域型生态环境。管辖混乱的问题较为突出，如何建构合理有效的管辖机制亟须引起重视。迄今为止，在立法层面关于此类案件的特殊管辖规定尚处空白。流域型环境治理管辖权冲突仍较为激烈，一是由于水具有易扩散性，流域型环境水污染涉及不同行政区划，对应行政单位对生态环境污染治理标准不一，单一的指定某区域检察院管辖，难以达到同步同效的治理成果。二是受损地检察院难以监督非本级区划的行政机关，只能通过层报共同上级来获取管辖权或者移送上级机关提级办案，多道审批程序使得公益损害不能得到及时制止，错失监督最佳时机。三是属地检察院人财物受地方政府制约，公益诉讼案件办理阻力较大，因地区经济发展不平衡原因，地方政府往往会以招商引资项目为由，对检察机关监督的事项打折扣、谈条件，导致问题根源无法解决，亟待完善流域型公益诉讼立案管辖的相关制度，检察机关设置环境保护专门机构必须突破地域藩篱。①

（二）检察协作运行不畅

随着经济社会转型发展和数字检察工作的深入推进，跨区域检察协作的必要性日益凸显。虽然多地检察院通过会签文件构建了不少协作机制，但也存在重形式轻落实或有机制难落实的弊端，运行效果有限，主要原因有三种。一是协作文件大多是原则性和倡导性的规定，基本不涉及具体的办案手段、保障措施，在具体实施中难以形成统一的协作履职方式。二是协作文件未得到双方或多方立法机构的认可，法律地位得不到保障，各方适用起来阻力比较大，外部单位不支持，抵触情绪强烈，各项办案经费落实不到位，造成法律监督效果不佳。三是成员单位之间发展不均衡不充分的问题客观存在。如广西的桂南地区、桂中地区、桂北地区等地区之间由于经济发展存在差距，导致其产业结构不同，保护环境的理念存在差异，以柳江为经济带的桂中地区主要以工业为主，以漓江为经济带的桂北地区主要以农业和旅游业为主，沿河两岸的经济模式和工厂布局不同，污染物防控与治理的手段不同，这种发展不平衡的困境导致检察机关流域型环境

---

① 王浩军、胡晓军、雷方银：《检察机关环境保护专门机构设立之路径—— 以设立跨行政区划检察机关为视角》，载《人民检察》2017 年第 12 期。

履职存在质效上的差距。[①]

（三）配套机制落实不到位

当前，流域型环境公益诉讼在健全人才培养机制、完善业绩考评机制等方面仍存在短板问题。一是人才培养机制有待完善。面对流域型生态环境保护公益诉讼案件呈现出的区域跨度广、专业性强、取证难度大等新情况新问题，检察人员环境领域专业知识储备不足，线索发现、调查取证、庭审应对等办案能力与完善公益诉讼制度要求不相适应。以目前正在进行跨行政区划检察改革的广西铁检公益诉讼队伍情况来看，从事公益诉讼检察 3 年以上的人员有 6 人，仅占 28.57%，1993 年以后出生的年轻同志有 8 人，大多为入职后即在公益诉讼检察部门工作，缺乏丰富的检察办案经验，较难及时适应新时代检察办案需求，系统化、常态化的人才培养机制有待进一步完善。二是协作考评机制有待建立。广西区内现已建立了一些流域型司法协作配合机制，其协作各方是相互独立、互不隶属的，且由于缺乏强制性的约束，协作各方不具备法律意义上履行书面共识的义务。目前，未设立专门监督履行的相关部门，缺乏合理的协作考评机制，这很容易导致书面共识仅停留在形式上，对检察一体化履职造成不利影响，也对流域协作的长远发展造成阻碍。[②]

三、流域型环境公益诉讼的制度完善

（一）深度优化案件管辖制度

1. 与目前正在进行的跨区划检察改革相衔接，突出改革的方向

跨区域检察改革与公益诉讼具有改革方向趋同、受案范围重合、改革路径耦合与融合基础，[③] 因此，可持续推进以铁路检察机关等为代表的原来具有行业性、专门性、垂直管理性等特征的检察院进行改革，并在跨区

---

① 明天：《长三角区域一体化视角下的检察机关协作履职研究》，载《法学前沿》集刊第 2 卷。

② 乔长松：《流域综合治理下的检察协作研究》，载《中国检察官》2023 年第 15 期。

③ 上海市人民检察院第三分院课题组：《跨区划检察公益诉讼机制研究》，载《中国检察官》2020 年第 4 期。

划流域治理公益诉讼办案中发挥更大作用。

2. 合理确定跨区划检察机关管辖的范围

建议管辖范围应宽严适度，赋予专门管辖机关较大的管辖范围，即在定位于上级派出院的基础上[①]，对省内的跨区划流域环境公益诉讼案件由省院指定省内的基层跨区划检察院管辖，跨省且有影响的案件，由最高人民检察院指定相邻的市级跨区划检察院办理，直接向最高人民检察院负责。同时，由于跨区划检察院只是为办理特殊案件需要而设置的检察机关，是对现有检察机关的有益、有力补充。所以，应立足于将属地检察机关管不了、管不好或由跨区划检察院更适宜管辖的案件划归跨区划检察院管辖，有利于发挥跨区划检察院办案监督效力。

3. 应建立跨区划公益诉讼协作机制

与属地检察机关的协作应区分不同情况，其一，提起诉讼前，此类管辖应以属地检察机关为主进行管辖，跨区划检察机关管辖为补充。其二，案件提起诉讼后，应以跨区划检察机关为主体进行诉讼，属地检察机关在取证等方面予以配合。与地方行政执法部门的协作上，应要求属地行政执法部门在线索移送、调查取证、鉴定等方面有对跨区划检察院予以配合的义务。

（二）用活一体化办案机制

1. 优化一体化办案机制

《人民检察院公益诉讼办案规则》（以下简称《办案规则》）第十一条规定人民检察院办理公益诉讼案件，实行一体化工作机制，上级人民检察院可以依法统一调用辖区的检察人员办理案件。这为流域型环境治理提供了组织保障，各地也以此为依据积极开展一体化办案实践，如江西省检察院制定了《关于建立公益诉讼一体化办案机制的指导意见（试行）》，优化以省级院为龙头、市级院为主干、基层院为基础的上下一体、统一指挥、统一调配、运转高效的办案格局。[②] 针对乌江流域型污染问题，贵州检察机关采取省市县三级检察机关联动、一体化办案的方式，开展公益诉

---

① 人民检察院组织法对跨区划检察院的定位没有明确规定，目前跨区划检察改革的主体，全国铁路运输检察机关均定位于省级院派出院。

② 闫晶晶、柴春元：《从筚路蓝缕到满园花开——全国检察机关深入开展公益诉讼司法实践探索纪实》，载微信公众号“最高人民检察院”2023 年 9 月 20 日。

讼督促有关部门和地方政府履职，破解了乌江漂浮物污染难题。[①] 由于流域型问题复杂多变，治理阻力大，铁路检察机关作为省级人民检察院的派出院，又长期实行垂直管理，抗干扰能力相对较强，以铁路检察院改造后的跨行政区划检察院牵头办理流域型环境公益诉讼，可以有效打破地方保护主义对办案的干扰，促进跨区域、跨部门的信息互通、资源整合，打破管辖局限，提升法律监督效能。

2. 完善一体化协作机制

流域的特性决定了流域综合治理应当是通过采取多样化举措，联动上中下游、干支流、左右岸多方力量协同履职，合力推进各系统、全覆盖的全流域治理。一是加强检察一体化协作机制。在上级检察院领导下，深化跨地域检察协作配合机制，通过跨行政区划检察院对跨区划案件的“我管”，促进属地检察院的“都管”，推动各地在流域治理方面进行深化合作、资源共享，形成合力。二是加强关联部门一体化协作机制。检察机关需要与行政机关、司法审判机关等进行密切合作，明确协作的行政机关和司法审判机关主体，深化与行政、司法审判机关等部门在流域治理执法司法方面的协作配合，构建检察行政司法协同治理格局。

3. 建立一体化成效考评机制

业绩考核发挥着指挥棒、风向标、助推器作用，流域治理的多方力量协同履职也需要建立考评机制以保证贯彻执行。目前，对跨区划案件线索的备案、审核、移送及流域环境行政公益诉讼起诉案件相关证据的补充完善等涉及多方检察协作的内容均不明确，这对办案质效产生了不利影响。因此，建议省级院加强对有关检察协作工作的监督管理，探索建立辖区内流域综合治理检察协作的监督考核体系，督促各方自觉履行检察协作协议，将不遵守协议的行为纳入考核负面评价指标。[②]

（三）多方赋能检察办案力量

1. 扩大公益“朋友圈”队伍，强化外部智囊团建设

首先，用好“益心为公”检察云平台。益心为公志愿者的知识背景、

---

① 贵州省人民检察院、贵州省余庆县人民检察院：《把清澈还给乌江 | 案“鉴”99》，载微信公众号“最高人民检察院”，2023 年 10 月 16 日。

② 乔长松：《流域综合治理下的检察协作研究》，载《中国检察官》2023 年第 15 期。

专业结构不同，是难得的“富矿”。要扩大益心为公志愿者的招募范围领域，适当增加人数，加强与益心为公志愿者的联系，提高线索提报、跟踪观察、专业咨询、公开听证等环节的参与度，构建公益诉讼的社会助力协同体系。其次，发挥好特邀检察官助理的优势作用。高质量选聘特邀检察官助理，充分发挥其在环境污染检测检验、整改评估等环节的专业优势，为办理疑难复杂的流域型生态环境和资源保护领域的公益诉讼案件提供专业意见建议。再次，积极深化检校合作，组建相关领域的公益诉讼专家人才库。根据《最高人民检察院关于指派、聘请有专门知识的人参与办案若干问题的规定（试行）》，在省级层面，从全国、全省、某一行业领域范围内整合符合条件的专家资源，有针对性地遴选一批具有生态环境与资源保护等背景和资质的专家学者、高级工程师等，组建各领域的专家人才库。最后，要融合发挥好益心为公志愿者、特邀检察官助理、听证员库和公益诉讼专家咨询库等几大智库中各领域人员的作用，汇聚各方合力，打造多方参与、共治共享的流域型环境公益保护模式。

2. 发挥数字检察优势，打破跨流域信息孤岛

一方面，国家高度重视数字化、大数据在法治建设中的重要作用，《中共中央关于加强新时代检察机关法律监督工作的意见》要求“运用大数据、区块链等技术推进公安机关、检察机关、审判机关、司法行政机关等跨部门大数据协同办案”。数字化建设正在深刻影响和改变着法治建设、检察履职的工作方式。另一方面，检察机关可向科技要检力，积极探索“互联网＋公益诉讼”，借助网络大数据发现各领域的公益诉讼案件线索。其一，坚持“业务主导、数据整合、技术支撑、重在应用”，以数字检察赋能流域型生态环境保护公益诉讼的法律监督，打破数据传输障碍和“数据壁垒”，实现互联互通。其二，充分利用最高人民检察院、省级检察机关的大数据法律监督平台，发现流域型生态环境和资源保护领域的公益诉讼案件线索等，借鉴学习全国各地先进检察院的获奖模型和优秀案例，开展模型建设和模型应用。其三，运用大数据、人工智能、检察云等手段，检察机关与生态环境行政执法单位可建立实时数据获取和动态系统对接机制，破解当前检察公益诉讼工作中线索来源、数据交换、辅助办案等问题，为充分发挥公益诉讼检察职能提供客观、精确的办案数据支持，支持检察机关公益诉讼案件办理、上下指导和横向协同体系建设。同时要积极与当地大数据局沟通，协调给检察机关配置账号，实现在网站上申请数

据，全省的数据可以通过省级人民检察院进行申请。

3. 大力培育人才队伍，全方位提高办案质效

在检察队伍培育方面，应提高适应公益诉讼各领域检察办案队伍的综合素能，着力培养、提高检察人员运用法律政策的能力，善于从法律条文中深刻领悟法治精神、善于从纷繁复杂的监督案件中准确把握实质法律关系、善于统筹法理情的有机统一。[①] 既要开展扎实的专业教育培训和"检察官教检察官"等，培养办理流域型生态环境和资源保护公益诉讼案件的专家型人才，也要引进兼具法律、生态环境和资源保护知识背景的复合型人才，打造专业化的"跨+特"优秀办案团队。第一，坚持"培训+办案+研究"，通过以案代训、案件研讨、岗位练兵等方式，加强流域型生态环境检察业务的培训与实战，提升调查取证、磋商沟通、案件审查、理论研究等综合素能，精于办案、精准办案、办精品案。第二，认真学习上级检察机关印发的公益诉讼指导性案例、典型案例，坚持把最高人民检察院、正义网、检察日报官微以及"检答网"平台作为学习业务的重要载体，更好掌握检察实践要求，更快补齐能力短板。第三，以训促学，以赛促战，举办公益诉讼业务培训班、研讨班、业务竞赛以及案件质量评查、案件汇报评比，提升公益诉讼部门每位干警的业务水平。

① 王延祥：《把握"三个善于"提升运用法律政策能力》，载《检察日报》2024年2月26日。

公益诉讼惩罚性赔偿金的管理与使用研究

张 军 翁凤敏 苏伟红*

《人民检察院公益诉讼办案规则》第98条规定，针对破坏生态环境和资源保护领域案件、食品药品安全领域案件可以提出惩罚性赔偿的诉讼请求。惩罚性赔偿，顾名思义，是指除补偿性和名义性赔偿外，要求侵权人承担的超出实际损害的赔偿数额。惩罚性赔偿制度作为损害赔偿填平原则的突破，主要目的和价值，即通过让恶意的不法行为人承担数倍于其所造成的实际损失的款项，达到充分救济受害人和提升违法成本的效果，具有惩罚、震慑、预防等多重功能。从形式上看，赔偿金及惩罚性赔偿金的支付就意味着案件的终结，但从实践层面而言，赔偿金尤其是惩罚性赔偿金的管理和使用涉及公共利益的保护，是实现公益诉讼价值的重要内容，惩罚性赔偿金能否落实并物尽其用，直接关系公益诉讼目的能否实现。在检察办案实践中，绝大多数检察机关在上述两个领域中提出的惩罚性赔偿的诉讼请求都能得到法院的支持，但检察机关胜诉后，惩罚性赔偿金的追缴、管理及使用等问题一直是困扰司法机关并进而影响检察公益诉讼办案效果的重大问题，亟须探讨解决。

* 张军，河南省鹤壁市人民检察院党组成员、副检察长；翁凤敏，河南省鹤壁市人民检察院案件管理办公室（法律政策研究室）副主任；苏伟红，河南省鹤壁市人民检察院第七检察部副主任。

一、公益诉讼惩罚性赔偿金的法律依据和实践基础

（一）法律依据

惩罚性赔偿最初起源于英美法国家的具体判例，适用范围从名誉损失及精神痛苦等侵权案件逐渐拓展到合同案件，制裁和遏制不法行为的作用逐渐凸显。[①] 该制度最早被引入我国法律，是在 1994 年 1 月 1 日施行的《中华人民共和国消费者权益保护法》，该法第 49 条规定，对提供商品或者服务有欺诈行为的经营者，应按照购买商品价款或者接受服务费用一倍的标准，对消费者进行增加赔偿。该规定以“退一赔一”的方式，在商品和服务欺诈等违约责任范围内首次确立了惩罚性赔偿制度。后该制度不断被运用到其他部门法与司法解释中，如食品安全法、商标法、最高人民法院《关于审理商品房买卖合同纠纷案件法律若干问题的解释》、药品管理法，等等。其中，2009 年 6 月 1 日施行的《中华人民共和国食品安全法》则将我国惩罚性赔偿制度的适用从违约领域拓展到了侵权领域。[②] 2010 年 7 月 1 日起实施的《中华人民共和国侵权责任法》（现已失效）首次在产品责任领域确立惩罚性赔偿制度[③]，在这些领域规定惩罚性赔偿制度，其目的在于实现“惩罚与教育相结合”的效果，因为对这些涉及社会公共利益的领域，仅采用填平性损害赔偿方式，已不足以适应现实社会发展的需要。[④] 后民法典增加了有关环境侵权的条款[⑤]，并在总则第八章“民事责任”第 179 条关于民事责任的承担方式中，除了停止侵害、排除妨碍、消除危险等 11 项外，还规定了“法律规定惩罚性赔偿的，依照其规定”，具

---

① 参见王利明：《惩罚性赔偿研究》，载《中国社会科学》2000 年第 4 期。

② 该法第 96 条规定：“违反本法规定，造成人身、财产或者其他损害的，依法承担赔偿责任。生产不符合食品安全标准的食品或者销售明知是不符合食品安全标准的食品，消费者除要求赔偿损失外，还可以向生产者或者销售者要求支付价款十倍的赔偿金。”

③ 该法第 47 条规定，明知产品存在缺陷仍然生产、销售，造成他人死亡或者健康严重损害的，被侵权人有权请求相应的惩罚性赔偿。

④ 参见张敏纯：《论行政管制标准在环境侵权民事责任中的类型化效力》，载《政治与法律》2014 年第 10 期。

⑤ 《民法典》第 1232 条规定，对于环境侵权行为，可以采取惩罚性赔偿措施。

体到分则中，第七编“侵权责任编”分别在侵犯知识产权、产品责任、污染环境破坏生态等领域内明确了“惩罚性赔偿”的适用。至此，惩罚性赔偿的重要立法规范在民商法体系中，形成了比较明确清晰的规定。随着检察机关公益诉讼工作的全面开展和公益诉讼职能的不断深化，惩罚性赔偿的罚则体系在公益诉讼领域进一步细化完善，《人民检察院公益诉讼办案规则》明确规定检察机关在破坏生态环境和资源保护领域以及食品药品安全领域民事公益诉讼中可以提出惩罚性赔偿的诉讼请求。

（二）司法现状

在检察办案实践中，法院对检察机关在上述两个领域中提出的惩罚性赔偿的诉讼请求，绝大多数都予以支持，以食品药品安全领域为例，据相关学者统计，2017 年 7 月 1 日至 2022 年 5 月 6 日，惩罚性赔偿诉讼请求获法院支持率已达到 75% 以上，部分地市甚至基本上全部或部分支持了检察机关的诉讼请求，极大地提高了办理此类案件的惩戒实效。[①] 然而，现实的窘境是，由于目前惩罚性赔偿金的管理使用没有相应法律予以明确规定，实践中惩罚性赔偿金最终如何管理和具体使用，消费领域消费者能否参与分配等问题，不仅困扰一线办案实践，也对公益诉讼向纵深发展造成了一定影响。以马某某生产、销售有毒、有害食品刑事附带民事公益诉讼案为例，马某某任某菜馆厨师时，明知罂粟壳是禁止添加的非食品原料，仍将获取的罂粟壳研磨成粉加入调味料中，后将该调味料用于制作手工水饺并向顾客销售，截至案发销售价款共计 1128 元。经相关检测机构检验，其制作的肉饺子中含有吗啡、那可丁、罂粟碱均为罂粟成分。最终，法院判处马某某有期徒刑 1 年，缓刑 2 年，并处罚金人民币 5000 元，另对检察机关提出的十倍惩罚性赔偿金的诉请全部予以支持。该案注重治罪与治理并重，以十倍惩罚性赔偿警示规范餐饮企业监管，促进了相关行业的集中整治。存在的问题是，生效判决仅判令被告人向检察机关支付惩罚性赔偿金，但因目前对惩罚性赔偿金的追缴、管理、使用不明确，检察机关及当地并无专门公益基金账户，致使目前该案的惩罚性赔偿金只是停留在判决层面，并未实现其修复治理被损公益的目的。

---

① 参见王福全、李香顺：《食药领域视阈下公益诉讼惩罚性赔偿金账户设立制度探究》，第四届全国检察官阅读征文活动优秀奖。

二、公益诉讼惩罚性赔偿金的属性分析

（一）从功能价值看，公益诉讼惩罚性赔偿金的核心属性为惩罚性

相较于以填平原则为基础的传统私益诉讼的补偿功能，惩罚性赔偿制度兼具保护公益和私益的双重功能，其具体功能指向多达十余种，但最基本的功能是惩罚、遏制和预防，对此，2021 年 3 月，最高人民检察院等七部门就深化实践探索、推动制度建立等相关问题形成的座谈会会议纪要，也予以了着重强调。其中，预防功能体现在对行为主体的底线设置，通过划定明确的民事行为界限，防止民事主体出现超出法律原则界限的错误；惩罚功能体现了对经营者、生产者及其他行为主体严重不法行为的谴责，能及时制止侵害行为；遏制功能则通过给予超过违法行为的处罚，使其因巨额的违法成本不敢再次实施类似违法行为，同时警示其他经营者，遏制潜在的违法行为。就该制度本质而言，三项功能中，最核心的功能应当是惩罚性功能，严厉的惩罚措施是实现预防和遏制功能的必要手段，据此惩罚性赔偿金的核心属性应当是惩罚性。

（二）从债权属性看，公益诉讼惩罚性赔偿金属于政府的非税收入

非税收入包括行政事业性收费、政府性基金、罚没收入等，其中罚没收入是指执法、司法机关依照法律、法规、规章的规定，对违法违章者实施经济罚款的款项、没收的赃款和赃物变价款，刑事罚金和行政罚款都属于罚没收入。惩罚性赔偿金的“惩罚性”使其具有与刑事罚金和行政罚款功能上的同质性，如与刑事罚金一样，惩罚性赔偿金的判处和执行主体都是法院，如果被执行人没有在生效判决规定的期限内完成惩罚性赔偿金的缴纳，那么便相当于拖欠了国家债务，法院可以像追缴刑事罚金一样，依法对其采取一定的强制措施随时予以追缴，其本质上也是一定的公权力对违法侵权行为进行制裁与震慑的属性，而不仅仅是私法领域遏制违法行为并使受损的权益得到补偿或者恢复原状，在此种意义上，惩罚性赔偿金对侵权人具有“准刑罚性”的法律效果，属于公法上的债权，与刑事罚金一样，都应属于罚没收入，即政府的非税收入。

（三）从用途去向看，公益诉讼惩罚性赔偿金具有专项性

一方面，公益诉讼惩罚性赔偿金请求权的权利基础主要是国家层面为保护国家利益和社会公共利益而进行的立法授予，除被侵权人外，法律通过意定诉讼担当，赋予了检察机关和社会公益组织提起公益诉讼的权利，而二者尤其是检察机关业已成为公益诉讼的主要力量。另一方面，惩罚性赔偿制度旨在惩罚和威慑被告的侵权行为，主要解决的是侵权行为人对社会公共秩序的损害，因此，惩罚性赔偿制度具有市场监管的功能，它可以充分发挥市场主体在信息等方面的优势，利用市场机制有效弥补公权执法资源的不足，达成政府规制的目标，在一定程度上，是制止市场失灵的重要手段。从理论上讲，惩罚性赔偿金归于国家和社会所有更具有正当性，“用之于公益”是对其管理使用应当始终坚持的原则。对此，食品安全公益诉讼领域，最高人民检察院与最高人民法院等七部门座谈会会议纪要进行了专门强调，要求食品安全民事公益诉讼惩罚性赔偿金要依法统筹用于消费者合法权益保护。生态环境公益诉讼领域，惩罚性赔偿金则更应全部使用于公益，这是因为，相较于一般的惩罚性赔偿，生态环境公益诉讼惩罚性赔偿请求权的公法性更加明显，该诉请权较多由检察机关行使，其赔偿请求权与私人受害者的赔偿请求权彼此相互独立，[①] 因此，惩罚性赔偿金应当全部归属国家或者社会所有。

三、公益诉讼惩罚性赔偿金的管理

目前对公益诉讼惩罚性赔偿金的归属问题尚无统一的法律依据，因此各地做法迥异，经对中国裁判文书网上公益诉讼判决文书的不完全统计，食品药品安全和生态环境领域公益诉讼中，目前较多的做法是直接上缴至国库或者支付至法院或检察院，也有部分地市判决支付至政府相关部门的

① 为限制司法裁量权，最高人民法院《关于审理生态环境侵权纠纷案件适用惩罚性赔偿的解释》第 8 条第 2 款规定了法院应当认定为“严重后果”的几种情形，从该款及本解释第 12 条规定中可以看出，最高人民法院基本上区分了私益侵害和公益侵害。对于私益侵害，“严重后果”的标准是“造成他人死亡、健康严重损害，重大财产损失”；对于公益侵害，“严重后果”的标准是“生态环境严重损害或者重大不良社会影响”。

专用账户或第三方专项基金账户。以法院判决支付方式为标准，公益诉讼惩罚性赔偿金的管理模式主要有以下四种。

（一）司法权主导的司法机关管理模式

即法院判令将惩罚性赔偿金缴付给法院或检察院。[①] 昆明、贵阳、无锡三地也曾规定环境民事公益诉讼损害赔偿金的管理和使用，由法院主导、地方政府职权部门配合。[②] 笔者所在省份也基本属于该种模式，如有的法院作出判决但并未写明缴纳方式，判决生效后被告直接将赔偿金缴付至法院指定账户，这种做法主要出现在赔偿金额较小的刑事附带民事公益诉讼中；也有法院直接判决被告将赔偿金缴付给提起诉讼的检察机关。

将惩罚性赔偿金支付至司法机关账户，应当是一种临时性过渡的处理方式，不能用作长期的管理模式。一方面，司法机关原本就背负案多人少的压力，无论是法院的审判部门还是执行部门，抑或检察院的公益诉讼部门，都难以保证有足够的精力来承担管理大额赔偿款的责任。另一方面，司法机关在如何利用赔偿金进行生态修复或其他公益项目上并不具有专业优势，若强行主导惩罚性赔偿金的管理和使用，甚至导致超出其职能范围去承担财政、审计等其他事务性工作，将会对司法职能发挥和惩罚性赔偿金的有效使用产生不利影响。

（二）国库管理模式

《生态环境损害赔偿管理规定》以及部分省份如山西省《生态环境损害修复评估办法（试行）》，均规定生态环境损害赔偿资金作为政府非税收入，全额缴入本级国库，纳入一般公共预算管理。司法实践中，对惩罚性赔偿金的管理也多有参照此模式，判决将惩罚性赔偿金直接上缴国库。该模式在操作上比较简单，既可以达到惩罚被告的目的，又可以避免资金流失之风险。但就管理而言，该种做法不免有过于粗放之嫌。国库资金遵循

---

① 如安徽省安庆市中级人民法院（2020）皖08民初440号判决书、广东省广州市中级人民法院（2020）粤01刑终130号判决书，均判令判决生效之日起十日内将惩罚性赔偿金交至法院。

② 参见张陈果：《环境民事公益诉讼损害赔偿金去向的经验归纳与制度构建》，载《暨南学报（哲学社会科学版）》2022年第9期。

收支两条线，进入国库的资金将服从国家或政府部门对资金划拨的统一调配，与其他国库资金无差别的管理模式，必将湮没惩罚性赔偿金的独特性质和用途，难以保障专款专用，实现“点对点”对当地被损公益的精准修复。同时，国库资金使用审批程序的繁杂，容易导致惩罚性赔偿金在国库中易进难出，其维护公益的实际效果将大打折扣。

（三）行政权主导的政府部门专用账户模式

在环境公益诉讼领域，惩罚性赔偿金有被判令汇至当地环保局账户的，也有被判令汇至所在地区政府部门主理的环保公益金专用账户或环保专用基金账户，或直接判令汇至当地财政部门账户，这几类管理者虽不尽相同，但实质上都是管辖法院所在地的政府职能部门。将赔偿款置于行政权的控制管理下，无论是对环境修复的管理督促还是对资金的规范使用，都更加具有明显优势，但不可否认，行政部门是按照法律规定的职权范围各司其责，单纯由某个行政部门对惩罚性赔偿金进行监督管理，不免有封闭程序运行、缺乏有效监督、可能产生权力寻租空间和长期滞留等弊端，致使被侵权人污染的环境和破坏的生态仍持续性地得不到修复和救济。

（四）第三方主导的公益基金账户管理模式

一是基金会运作模式，① 二是慈善信托模式。② 其中，深圳市2020年出台了《深圳经济特区生态环境公益诉讼规定》，明确设立生态环境公益基金，实行慈善信托管理，并将人民法院生效裁判文书、调解书确定的生态环境损害赔偿金和费用作为公益基金的重要来源之一。这是首次在地方性法规中明确规定采取慈善信托模式管理赔偿金。

基金会和信托公司在资金管理中发挥着“中介”的作用，基金会运作模式中，基金管理人通过制定管理办法，成立管理委员会，吸纳不同领域的人员担任委员，保障基金运作的合理性和公开性。慈善信托采取备案制，实行一案一委托，独立的信托专户确保了资金的专款专用。两种模式

---

① 即赔偿金由特定的基金会来管理，如中华环保联合会与中国石油化工股份有限公司北京燕山分公司环境民事公益诉讼案，赔偿金即是通过基金会管理。

② 如九江市环境科学会诉殷某明、殷某、胡某国环境污染民事公益诉讼案、环保组织自然之友诉江苏某化工有限公司水污染环境公益诉讼案等。

在通过社会化的管理手段，丰富资金管理方式，提高资金灵活度方面具有明显的优势。但也存在一些问题，比如，费用方面，基金会和信托公司需收取一定的管理费，在金额较小的刑事附带民事公益诉讼等案件中，是否都有必要进行基金会管理或信托管理，值得商榷；再如安全性方面，信托模式下，资金与信托公司资产相隔离，由托管银行保管，此时，法院、检察院和行政机关都会对该部分资金失去监督和控制，当出现问题时很难及时发现和介入。

综合上述各种模式的分析，不难得出，践行损害救济原则，有效保护国家利益和涉及众多不特定多数人公共利益，公益诉讼惩罚性赔偿金的管理和使用模式，应当体现系统联动、多方参与，使用灵活、透明高效，属地管理、专款专用的特征。惩罚性赔偿金虽具有较强的公益性，但并非因此而必然要交由社会力量负责，而是应当考虑其救济的实效性，其管理者应最大限度代表和保护社会不特定多数人的公共利益，并保证惩罚性赔偿制度价值目的充分实现。相比之下，国家机关更能够维护和代表社会不特定多数人的公共利益，在保障惩罚性赔偿金的安全、可控方面，也具有显著优势。因此，建议在以国家机关为主导的前提下，设置科学合理的管理和使用机制。可探索在当地财政设置公益诉讼基金账户，诉讼中法院可判决侵权人直接将惩罚性赔偿金支付至该账户，账户内资金留存财政并由财政部门专账管理。另成立由法院、检察、财政、相关行政机关、相关专家、人大代表等组成的公益诉讼基金管理委员会，负责判决执行情况跟踪、管理细则制定、基金使用审批、使用效果考核等具体工作。其中财政部门虽保管资金，但并不具有资金使用决定权，仅负责对管理委员会做出的资金使用决定进行执行，并对资金规范管理和合理配置提供专业意见，在被侵权人怠于履行惩罚性赔偿金支付义务时，及时提请基金管理委员会向法院申请强制执行。

四、公益诉讼惩罚性赔偿金的使用

实体公正不能止步于判决生效的那一刻，更不能在赔偿款进入账户沉睡休眠的情形下实现。明确了惩罚性赔偿金的管理模式后，对惩罚性赔偿金进行规范、有效使用，才是实现其功能价值的重中之重。

（一）明确使用范围，确保专款专用

以“用之于公益”为原则，惩罚性赔偿金应首先用于保障案涉领域被损公益的修复和治理，也可用于以下方面，一是为救济被损公益推进诉讼而支出的合理费用。二是为规制市场而设立的奖励支出，如对保护生态环境作出显著贡献的组织和个人的奖励支出，鼓励消费者举报食药品安全问题的奖励支出等。三是应急处置阶段发生的相关费用。四是在被告支付公益惩罚性赔偿金后无力再履行对后续消费者个体的损害赔偿责任时，可通过基金对申请补助的该类消费者进行救济。诚然，惩罚性赔偿金可能存在资金缺口，而不足以满足上述范围的支付，尤其是在生态环境领域，环境损害后果往往具有复杂性、潜伏性以及涉及地域广、涉及人数多等特点，对生态环境损害的修复往往需要更多资金支撑，在惩罚性赔偿金账户无法保障时，应当由当地财政资金作为补充，这也是将惩罚性赔偿金账户设置在当地财政部门的一个重要考量之一。

（二）严格使用审批，确保程序规范

一是关于基金管理委员会的运行规则，委员会应实行联席会议制度，对资金使用的审批采取集体负责制，并设置表决规制，表决通过后，才能做出使用的决定。二是关于资金使用的审批程序，可区分不同情形采取事前、事后不同的审批原则，对个案中公益诉讼原告提出的诉讼费用，采取事后审批，原告提交相应的凭证等证明材料，由基金管理委员会进行审核确定具体金额后予以报销。对被损公益的修复治理费用，采取事前审批，这涉及修复或治理方案的审核确定，如生态环境领域，环保部门或公益组织提出申请，并将资金使用意见及各项依据资料提交基金管理委员会，管理委员会根据案件情况，审核确定修复和治理方案，并综合考虑资金的留存情况及后续资金的补充情况，做出最佳方案，确定资金使用数额。三是关于预算化管理。对基金的使用，案涉领域公益修复责任部门或其他资金使用部门在财务年度之初，应当向基金管理委员会提交预算，由基金管理委员会审核后决定款项拨付数额。资金使用部门应当对资金落实及修复治理效果进行跟踪，并在财务年度结束时编制决算报告，连同相应领域修复治理情况，一并报送基金管理委员会，基金管理委员会可根据修复治理的整体情况，适时调整审批条件、方案，促进决策更加科学合理。

(三) 强化审计审查,确保资金安全

任何一项制度的有效运作,都离不开健全完备的监督体系。首先,检察机关是宪法规定的法律监督机关和公共利益的代表,多数情况下,也是公益诉讼的提起者,检察机关既要作为基金管理委员会的成员单位,履行审核审批职责,也要立足法律监督职能,对整个基金的运作进行法律监督,对在履职过程中发现的利用公益诉讼获取非法利益或涉嫌贪污挪用等违法犯罪,以及行政机关不依法履行职责或失职渎职等线索,要及时移送相关部门处理。其次,要强化对基金运作情况的审计,惩罚性赔偿金在基金账户内的财务运作过程,由审计机关进行监督,对于资金已经离开基金账户交由第三方机构或行政机关使用的,则由审计机关或委托有资质的会计师事务所进行审计。最后,要强化信息公开,包括基金的来源、投资与支付都应该透明公开,定期以适当方式公开基金使用情况及账目,确保公众享有知情权、监督权。

以轻伤害案件为视角 落实宽严相济刑事政策

——以 H 省 D 市检察机关办案实践为样本

赵志涛　郭　滢*

宽严相济刑事政策在轻罪治理领域展现出深远的影响，同时对社会治理效能的显著提升起到了巨大的推动作用。2023 年全国检察机关对涉嫌犯罪但无逮捕必要的，决定不批捕 26.6 万人；对犯罪情节轻微，依法不需要判处刑罚或者免除刑罚的，决定不起诉 49.8 万人，同比分别上升 22.5% 和 12.6% 。[①] 轻罪案件因其主观恶性较小、社会危险性较低，在司法实践中往往是宽严相济的关键所在，检察机关要在轻罪案件办理中发挥好“宽”的教育作用，化解社会矛盾、增进社会和谐。故意伤害罪是典型高发犯罪，且绝大多数是发生在群众身边的小案，本文以轻伤害案件作为主要研究对象，对 H 省 D 市 2022 年 1—6 月轻伤害案件办理情况进行调研，梳理轻伤害案件办理过程中宽严相济政策践行困境，根据实践情况提出具有普遍性、针对性、可行性的对策建议。

一、轻伤害案件办理情况分析

2022 年 1—6 月，D 市涉及故意伤害案件共 319 件 324 人，其中造成轻

* 赵志涛，河北省邯郸市峰峰矿区人民检察院党组书记、检察长；郭滢，河北省邯郸市人民检察院第三检察部检察官助理。

① 参见应勇检察长 2024 年 3 月 8 日第十四届全国人民代表大会第二次会议《最高人民检察院工作报告》，载中国人大网，https：//www. npc. gov. cn/npc/cz/kgfb/202403/t20240315－436031. html。

伤及以下的轻伤害后果 283 件 319 人。

（一）轻伤害案件的发案特点

1. 基本情况分析

被告人中男性有 301 人、女性有 18 人，男性人数具有压倒性优势；从年龄分布来看，60 岁以上 32 人、50—59 岁 35 人、40—49 岁 63 人、30—39 岁 112 人、20—29 岁 57 人、20 岁以下 20 人，可见 30—39 岁是轻伤害案件高发年龄段，此时往往生活、工作压力较大，情绪易受外界影响，同时身体正处于壮年期，更易冲动之下激化矛盾，年龄分布情况如图 1 所示。

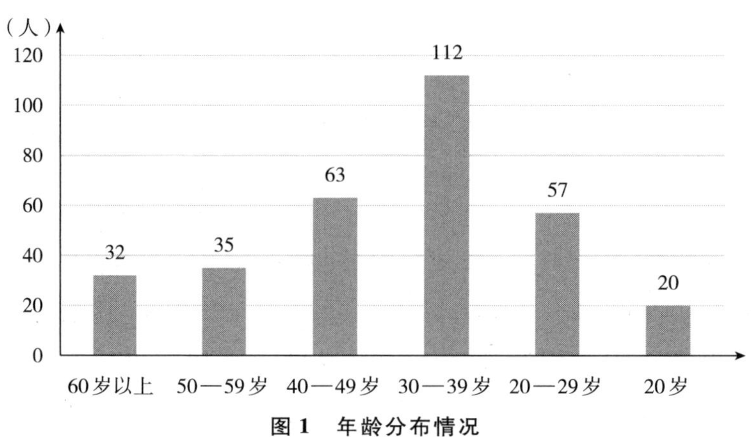

图 1　年龄分布情况

2. 涉案人员分析

从职业分布来看，教师、公务员、国企等具有稳定编制涉案人员共 14 人；个体工商户、务工者等具有一定不确定性涉案人员 87 人，务农及无业人员 204 人，在校学生 13 人，退休人员 1 人。上述数据表明大部分故意伤害案件被告人具有较强职业自由度和流动性，其中农民占比较大。以 D 市 F 区检察院办理案件为例，2022 年 1—6 月共审查起诉 14 件 15 人。其中农民 11 人，占比 73%。轻伤害案件在农民群体的高发，反映了农村基层社会治理的薄弱环节。而具有稳定编制人员占比最少，一方面系由于编制类工作往往入职门槛较高，因此相关从业人员也具有较高素养；另一方面编制单位管理较为严格，内部规章制度起到了重要约束作用。

3. 涉案原因分析

283 件故意伤害案件中，排除小概率事件（1 件系精神病发作，1 件系由于上访引发的矛盾），193 件为偶发矛盾，占比为 68.2%，说明轻伤害案件多为激情犯罪或由琐事纠纷引发。犯罪嫌疑人一般不经过预谋，往往因一时冲动导致伤害后果，且 110 名犯罪嫌疑人案发时存在饮酒情节，酒精刺激下更易作出冲动行为；同时，存在互殴情节的案件有 191 件，占比为 67.49%，说明轻伤害案件存在双方过错情况较为普遍。根据上述数据反映，常见的轻伤害案发的原因主要有以下三种类型：一是琐事纠纷型；二是民间无事生非型；三是相邻权纠纷型。反映轻伤害案件多发生在日常生活和工作中，多由邻里之间田界、地界、通行、灌水矛盾，亲友、同事之间债务纠纷、感情纠纷或年轻人争强好胜引发，案件事实清楚，案情较为简单。且多数被告人只是临时起意，即在情绪激动的情况下因一时冲动而实施伤害行为。因此，在处理此类案件时应当与发生在社会上的严重危害治安的其他刑事案件有所区别，要想真正案结事了，就必须花费大量时间做调解工作，从根源上化解矛盾，以修复双方关系，努力达到法律效果和社会效果的和谐统一，涉案原因如图 2 所示。

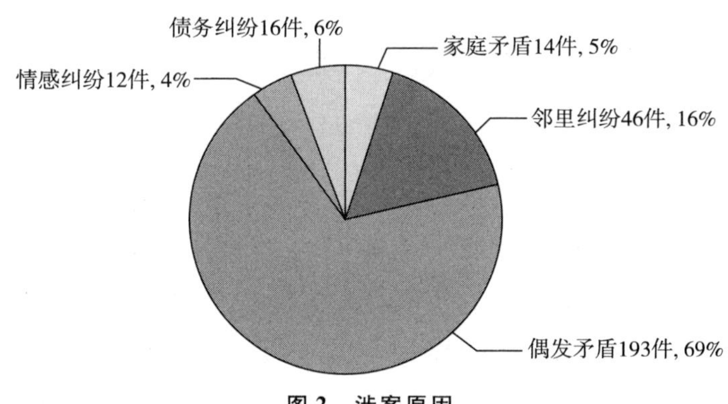

图 2 涉案原因

4. 案发地点分析

故意伤害案件案发地点类型较多，包括农田、粮站、医院、快递站等多种地点。但是经过分析汇总，283 件故意伤害案件中，较为集中的地点为道路、住所、餐饮场所，分别为道路 109 件、住所 62 件、餐饮场所 48 件。上述数据表明轻伤害案件多发生在繁华路段、居民聚居区及餐饮等商业场所，这些案件高发场所系人群密度高，易引发矛盾纠纷，如不及时化解很容易上升为轻伤害刑事案件，虽系小案，但直接影响到人民群众的安全感和幸福感。

（二）轻伤害案件的办理特点

1. 立案时间分析

2022 年 1—6 月共发生轻伤害案件 283 件。其中，259 件案件系在鉴定结果出具后立案，占比为 91.5%，由此可以梳理出大部分故意伤害案的办案过程：案发后当事人申请伤情鉴定，鉴定结果出来后根据情况立案。此种流程往往导致案发时间到刑事立案时间之间存在较大空挡，我们称为立案滞后期。通过对立案与案发的时间差进行分析，发现案发当天立案仅 3 件，案发次日立案仅 2 件；除极个别案件外，大部分案件立案滞后期在 450 天以内。

2. 证据情况分析

283 件轻伤害案件中存在客观证据的监控、照片录音（录像）等证据的仅有 102 件，占比仅 35.91%；同时，在客观证据有限的情况下，查明案件事实多依照犯罪嫌疑人供述及被害人陈述、证人证言，但是证人亦多为邻里亲朋，相互熟知，碍于情面不愿作证或证言客观性不足，以上易导致故意伤害案件在办理过程中面临证据单薄、质证困难问题。

3. 强制措施情况分析

轻伤害案件的诉前羁押率为 31%，略低于全市刑事诉前羁押率 32%；在 319 名轻伤害案件被告人中，61% 的被告人被采取取保候审强制措施。值得注意的是，2021 年 1—6 月，全市诉前羁押率为 48%，故意伤害案件诉前羁押率为 44%，均同比下降明显，说明宽严相济刑事政策在 D 市具有明显正向影响，强制措施情况如图 3 所示。

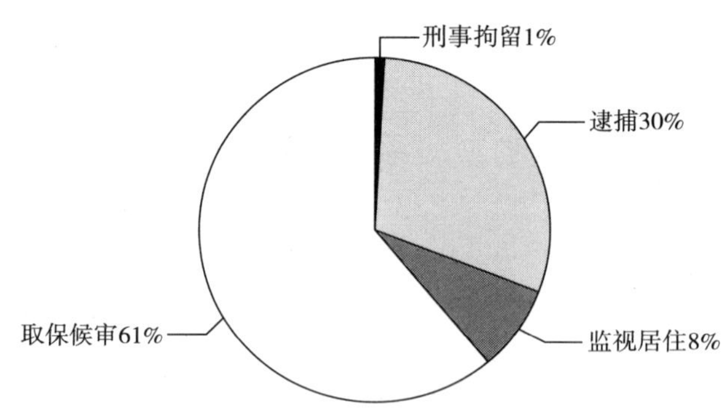

图 3　强制措施情况

4. 审结情况分析

总体来看，起诉审结占比过半，在作出不起诉决定的嫌疑人中，大部分为刑事和解不起诉。对于主观恶性较低、社会危险性较小的轻伤害案件，以刑事和解结案，有利于化解矛盾和维护社会和谐稳定，审结情况如图 4 所示。

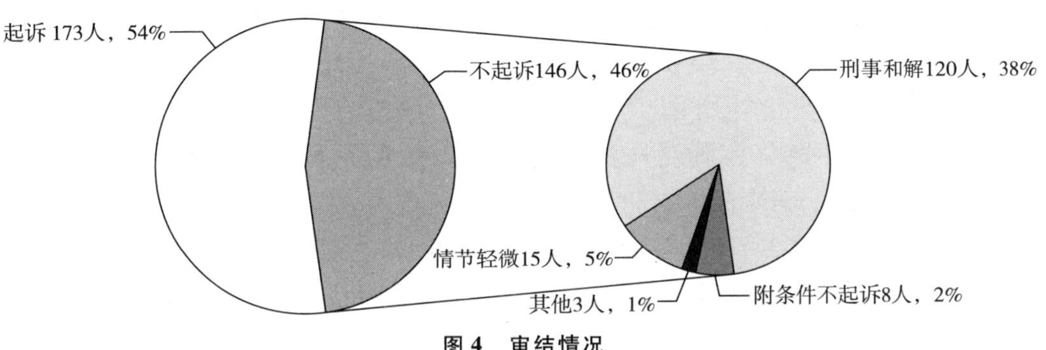

图 4　审结情况

5. 办案周期分析

上述 283 件轻伤害案件平均办理时长为 53 天，其中审查起诉时长在一个月以内的为 189 件，占比 66.78%，说明大部分案件办理时长较为适当。然而，办案时长在 100 天以上的有 20 件，上述案件的平均立案滞后期为 221 天，最短的也是 58 天，说明立案时间对案件办理具有重要影响，立案时间晚的案件，办案时间也较长。

二、轻伤害案件办理难点

（一）“先天不足”导致取证困难

尽管轻伤害案件多发生在繁华路段、居民聚居区及餐饮等商业场所，但仍有很多监控难以覆盖的死角，有客观证据的轻伤害案件仅占三分之一左右，加之近七成案件源于偶发矛盾，突发性导致在场人员来不及拍照取证。如王某某故意伤害案中，案发现场位于单元房门口，该相对封闭的空间内没有摄像头，在场的人员也没有使用手机对现场情况进行录音录像，因此没有视听资料等客观证据；并且，案发时只有被害人亲属与被告人朋友在场，现场的证人均与犯罪嫌疑人或被害人有利害关系，无中立证人目击案发经过。本案证据情况是大量轻伤害案件的缩影，客观证据的获取难度可能衍生出如下办案负面影响：

1. 司法人员无端猜测

在面对缺乏客观证据及中立证言支持的案件时，办案人有时会不自觉地假设出本不存在的疑点，并错误地以排除合理怀疑为由，对案件事实进行否定。例如，在王某某故意伤害案中，参与讨论的检察官及法院审理环节的法官提出，在此次争执中不能排除被害人是自残嫁祸的可能性、不能排除是其他纠纷参与者误伤被害人的可能性等。而本案在整个诉讼阶段，当事人均没有提出上述所谓“可能性”的辩解或者陈述。因此，在本案中所谓的“合理怀疑”实际是司法人员在办案中的一种无端猜疑。

2. 片面放大言词证据中非主要情节的疑点

有的司法人员专注于言词证据中陈述的非主要情节不一致的疑点问题，然后认定被害人陈述与证人证言不一致从而认为案件事实存在疑问。上文王某某故意伤害案中，关于被告人和被害人是谁先主动引发骂战、被害人的还手行为方面，相关证人以及当事人陈述不完全一致，据此认为二人陈述被告人王某某跪压被害人胸部不具有真实性。然而，个体的注意力聚焦、记忆误差、所处环境差异，均能影响到人的感知、记忆和判断。此外，个人表达方式上的区别，记录人记录能力的差异及记录习惯，均会导致言词证据呈现细节上的区别。证人证言在非主要的情节上出现作证上的差异实际上更能反映出证人作证的真实性。而对于证人证言严重雷同，或逐步趋同的情况，更需要给予充分关注并严格审查。

（二）“后天失养”引起采信分歧

根据上文分析，由于刑事立案与案发之间的时间差集中在50天左右，导致部分证据未能及时调取而难以补证。比如，证人证言问题，在案发数十天之后，若为还原案件事实而向证人询问细节，往往会遇到不同程度记忆模糊情况，甚至导致证言反复，难以确定被害人致伤原因；又如视频监控的调取，很多案件是刑事立案之后才调取监控，但由于超过储存周期（通常仅为一周至一个月），难以提取并无法补救。

值得注意的是，尽管大部分案件立案滞后期较长，但是因证据不足而作出不起诉决定的案件却占比极少。通过分析，我们认为主要原因有以下两点：一是证据通过综合认定，可以达到确实充分的程度，虽然客观上确实存在补证困难的问题，但是通过对已有证据之间的对比印证，仍能达到结案标准，而弊端是证据采信易引起争议，导致办案人不敢轻易办结；二是个别案件办理不规范，在证据未达到确实充分的条件下，通过促成赔偿调解，以和解不起诉结案。

（三）对案发根源的挖掘不够深入

30—39 岁的青壮年男性作为犯罪高发人群，更容易因情绪波动和冲动而引发暴力冲突。同时，无固定职业者在轻伤害案件中的高发也表明，碍于文化水平的限制，其在面临矛盾冲突时可能缺乏足够的法律意识和有效的解决途径。进一步地，故意伤害案件中偶发矛盾引发的占比高达 68.2%，表明当事人之间缺乏有效的沟通和解决机制，双方可能无法及时、有效地沟通，导致矛盾升级，最终引发暴力冲突。办案人员需要深入了解案件背后的社会原因和矛盾性质，有利于促进刑事和解，深入贯彻宽严相济刑事政策，同时还能推进深层次的社会治理。然而，目前司法实践中，有的还停留在就案办案的层面，释法说理不到位，致使信访案件、网络舆情频发，同时未能起到“办理一案、治理一片”的社会治理效果。

（四）“衔接缺位”影响全链条治理

轻罪不是无罪，更不是无害，可依法轻处但绝不纵容。刑事诉讼法和《关于推进行政执法与刑事司法衔接工作的规定》明确指出，对需要给予行政处罚的被不起诉人，人民检察院应当向同级有关主管机关提出检察意见。根据治安管理处罚法，对殴打他人或故意伤害他人身体的，可处五日以上十日以下拘留并罚款，情节较轻的，可处五日以下拘留或罚款。D 市轻伤害案件不起诉占比 46%，然而很多案件作出不起诉后，仅仅简单地对被不起诉人解除强制措施，忽视了后续行政处罚，使行刑衔接出现漏洞，导致相关规定被架空，削弱了法律的惩治功能。

三、宽严相济刑事政策视角下的办案建议及对策

当前，宽严相济刑事政策已在检察机关全面贯彻实行，在处理轻微的刑事案件，尤其是轻伤害案件时，要全面考量犯罪行为的社会危险性、起诉必要性以及社会治理效能。

（一）构建司法共识理念

应充分落实向党委报告的机制，以争取党委的充分理解和全力支持，有效将宽严相济刑事政策融入并影响司法各部门的执法全过程。这一过程不仅仅是信息的传递，更是通过党委的支持与督导，促使各司法机关在刑事司法政策的理解与实施上达成深层次的理念共识。以 D 市为例，检察机关就贯彻落实宽严相济刑事政策形成专题工作报告，得到市委主要领导和市委政法委主要领导的批示肯定，构建司法共识的“同心圆”。文件内核传达出贯彻宽严相济刑事政策的具体要求：一是具体案件具体分析，区分因邻里纠纷、家庭矛盾或生活琐事而引发的轻伤害案件和在公共场合发生的有寻衅滋事性质的伤害行为；二是准确适用刑罚，既要查明犯罪事实，又要把握好量刑问题；三是对该类案件的处理，要以化解社会矛盾为目标，对被告人不能一味地强调打击，一方面予以相应的法律制裁，另一方面要重视对被告人的法治教育，在现有条件下尽量适用刑事赔偿保证金制度化解矛盾，维护社会稳定。该文件被转发至各基层院和其他相关司法单位参照学习，促进党委政府对宽严相济理念的理解与适用，这种共识的达成，不仅加强了司法体系内部的统一性与协调性，也确保了刑事政策在实施过程中的连贯性与有效性，从而为实现公正司法、维护社会正义、促进社会治理奠定坚实的基础。

（二）强化侦监协作机制

自侦查取证环节伊始，直至审查起诉阶段，均需严格把控证据质量关隘，构建坚实稳固的证据体系，以此防范取证过程中可能出现的“后天失养”现象。为此，要依托侦查监督与协作配合办公室的设立，与公安机关建立起针对轻伤害案件的定期专项业务研判机制。一方面，通过细致排查，及时发现并纠正因工作懈怠而延迟立案的情况，强化法律监督职能，同时发挥侦监协作机制，全链条促进刑事和解、认罪认罚从宽工作落实，化解社会矛盾，减少社会对抗，提高案件质效；另一方面，针对客观上证据尚不充分的轻伤害案件，检察机关提前介入侦查活动，有效引导侦查取证，确保在罪与非罪、此罪与彼罪的界定上精准无误，同时在逮捕、起诉条件的适用上秉持审慎态度，不断优化办案质量。

（三）完善精细审查策略

当办案人员面对缺乏直接客观证据的轻伤害案件时，其审查工作的重心应聚焦于言词证据的深入剖析与综合判断之上。此举旨在通过细致入微的审查程序，有效弥补因证据收集初期可能存在的“先天不足”所带来的困境。要充分应用检察机关对证据审查、运用的司法理性，在对全案证据的单独评价和综合考量基础上，进行审查与判断，形成“内心确认”，最大限度降低证据与事实认定错误的风险，实现“不枉不纵”。在缺乏客观证据的轻伤害案件中，要高度重视言词证据的主观性和不稳定性，强化证据意识，及时自行补充侦查或引导公安机关补充侦查，完善证据、固定证据。同时注重提升办案人员对言词证据的审查判断和综合运用能力，精准指控犯罪，高质效办理案件，确保实现惩治犯罪与保障人权的平衡。

（四）优化不起诉制度

在深化司法体制改革背景下，行刑衔接机制的强化与不起诉后教育考察制度的实施，共同构成了推动不起诉制度完善与优化的双轮驱动策略，不断强化犯罪预防与矫正效果。

一是加强行刑衔接，圆满完成不起诉决定后的“后续篇章”。这一过程不仅关乎法律实施的连贯性与完整性，更旨在通过细致入微的后续措施，确保不起诉决定的法律效果与社会效果得以充分彰显。检察机关作出不起诉决定后，对符合行政处罚规定的案件移送相应行政执法机关处理。D市检察机关从完善自身工作机制入手，与相关单位建立合理的信息流转机制，规范了行刑衔接程序，弥补了行刑衔接上的制度漏洞，进一步规范不起诉案件的办理，共同写好不起诉后的“结语”。

二是公益服务考察机制在醉驾案件办理中已逐渐成形，可借鉴相关经验，将不起诉考察机制延伸至轻伤害案件领域。首先，通过组织调解公益服务、抄写治安管理法律法规、组织旁听故意伤害案件庭审、集体观看警示教育片等措施对行为人开展考察；其次，根据现实表现决定是否对行为人作出不起诉，可邀请人大代表、人民监督员、社区工作人员和社会各界群众等作为听证员，召开公开听证会，开示事实证据、亮明评判标准，落实“应听证尽听证”的要求，将不起诉权置于阳光之下运行；最后，对被不起诉人公开听证释法训诫，可在被不起诉人的工作单位、居住社区等场所公开宣告，实现“办理一案，教育一片”的社会效果。

（五）健全多元社会治理模式

将轻伤害案件的办理视角延伸至社会治理层面，通过将“枫桥经验”这一基层社会治理模式的精髓融入社会治理的多元结构中，促进矛盾纠纷的源头化解与多元化解，强化社会治理的效能与和谐。“枫桥经验”源于中国传统法律思想，彰显中国传统文化中“以和为贵”的理念，而轻伤害案件系社会成员个体之间的矛盾冲突所致，其案件特征突出反映基层社会在时代变迁中社会秩序以及成员之间关系变化、暴力冲突。一是有针对性开展普法教育，主观上减少犯意产生。因被告人多数为中青年男性，无业人员占比较大，文化素质普遍较低，法律意识和法治观念淡薄，可采取如微电影、小视频、小品等通俗易懂的方式以案说法，促进目标人群自觉守法，帮助其提高自我控制的能力，保持平和心态。二是健全治安防范体系。从审查起诉的故意伤害犯罪案件情况看，仅部分案件有治安监控设施拍摄证据，应增加治安监控设施的安装，特别是乡村等监控薄弱地区，从而使在故意伤害犯罪案件办理中证据更加充足，提高指控犯罪的力度。明确防控重点区域和重点部位，客观提高犯罪门槛，对一些治安复杂地区、行业和某一方面犯罪突出的重点地区和重点问题进行专项整治，以增加治安防范的主动性和时效性。

四、结语

以党的二十大精神为引领，深化宽严相济刑事政策在轻伤害案件中的应用与成效，这一过程的核心，在于通过细致入微地处理每一件与人民群众日常生活紧密相连的轻伤害“小案”，不仅彰显了司法的人文关怀，也切实增强了人民群众的获得感、幸福感和安全感，为社会的和谐稳定奠定了坚实的基础。微观上，办案人员必须从内心深处转变办案理念，实现由内而外的深刻变革，同时在实践中由浅入深地提升办案本领与技能。宏观上，宽严相济的刑事政策必将能够以这些看似微小的轻伤害案件为有力支点，撬动整个社会法治观念的深刻转变与进一步提升，为推进全面依法治国、建设中国特色社会主义法治国家贡献重要力量。

浅析司法实践中“视同工伤”的认定标准

——以吉林省二审判决为限

牟文强　苏晓雯*

我国2010年修订的《工伤保险条例》（以下简称《条例》）第15条[①]，对于“视同工伤”的情形作了三种列举式规定，其中第1款第2、第3项在司法实践中较少出现争议，焦点大多围绕《条例》第15条第1款第1项，即“在工作时间和工作岗位，突发疾病死亡或者在48小时之内经抢救无效死亡的”。故而本文仅针对《条例》第15条第1款第1项展开分析，所检索引用案例皆与该项规定有关。

一、“视同工伤”司法案例统计

笔者检索了2018年至今，吉林省二审行政判决中主要适用《条例》第15条第1款第1项的判决文书27篇。通过研究分析案件数量、案件分布、是否“视同工伤”的支持率，对比、总结该类案件主要争议焦点，概括了解同类争议焦点下法官对于事实的认定、审判结果是否存在差异，有助于揭示法官在审理过程中对于多方利益的平衡考量。

---

* 牟文强，吉林省通化市辉南县人民检察院党组书记、检察长；苏晓雯，吉林省通化市辉南县人民检察院党组成员、副检察长。

① 《工伤保险条例》（2010年修订）第15条规定：“职工有下列情形之一的，视同工伤：（一）在工作时间和工作岗位，突发疾病死亡或者在48小时之内经抢救无效死亡的；（二）在抢险救灾等维护国家利益、公共利益受伤害的；（三）职工原在军队服役，因战、因公负伤致残，已取得革命伤残军人证，到用人单位后旧伤复发的……”

（一）案件的基本数据分析

在检索到的案例中，因突发疾病而死亡的职工分布各行各业，但大多为一线员工兼体力劳动者。经医院诊断的死亡原因则主要集中在脑干出血、心源性猝死等，因此该类案件也常被称为职工“过劳死”或“猝死”案。结合工作岗位来看，也许与工作强度、工作内容有一定关联，但并没有明确证据能证明职工是由于在工作中、因工作原因受到了明确、具体的伤害。此种情况下，司法实践中才会选择适用《条例》第15条第1款第1项。

1. 案件的年份分布

从判决数量来看（见图1），吉林省中院关于“视同工伤”案件在2019年达到一个峰值，共计12件，占近五年总数的44.44%。2020—2021年持平，尚未检索到2022、2023年相关的判决文书。因从案件发生到进入最终判决影响因素较多、时间跨度较长，故各时期判决的数量并不能完全体现该类纠纷发生的趋势，此处数据仅作参考。

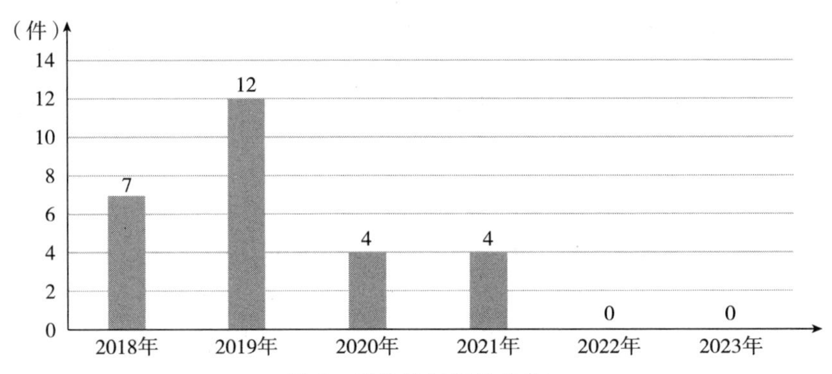

图1　案件数量年份分布

2. 案件的地域分布

从地域分布来看（见图2），吉林市、长春市的相关判例数量居于前列，其次为通化市、延边朝鲜族自治州。反映出经济相对发达、人口数量较多的城市，或者工业企业较多、旅游业相对发达的城市，从业者数量较大，更有可能发生工伤类的纠纷。

3. 法院对于是否支持“视同工伤”案件数量对比

从是否支持“视同工伤”的数据对比来看（见图3），各中院总体上似乎更倾向于支持“视同工伤”。

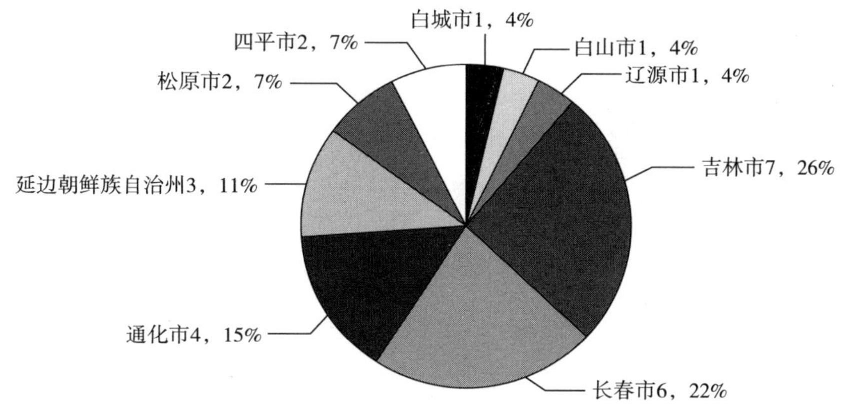

图 2　案件数量地域分布

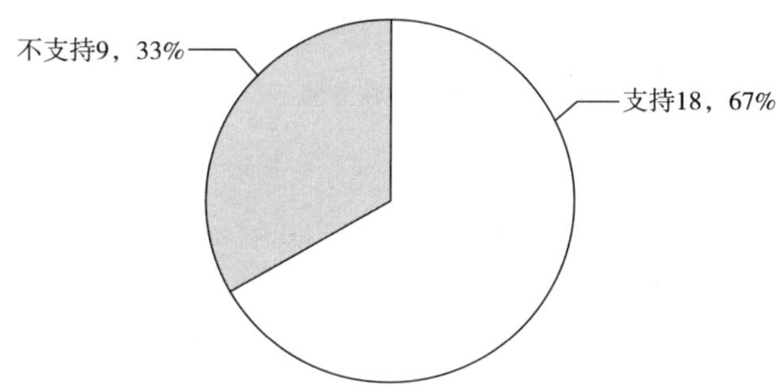

图 3　中院判决是否支持“视同工伤”

进一步分析案件数量（见图 4），长春市中级人民法院似乎认定更为严格。但因个案差异，法院审理案件时需要具体分析，故对于支持率数据此处也仅作参考，并不能完全反映对于“视同工伤”案件吉林省中院的判决观点。

（二）案件的争议焦点分析

总结检索到的所有中院判决，“视同工伤”案的争议焦点包括以下几类：职工发病时是否与用人单位存在劳动关系；是否在工作时间和工作岗位突发疾病；突发疾病后是否立即送医抢救或自救；家属选择放弃治疗后职工死亡，能否被认定为视同工伤；抢救时间超过 48 小时，能否被认定为视同工伤；发病前自身存在疾病，能否被认定为视同工伤；在诊疗过程中发生医疗事故，是否影响视同工伤的认定。有些案例中可能包含上述两个或两个以上的争议焦点。

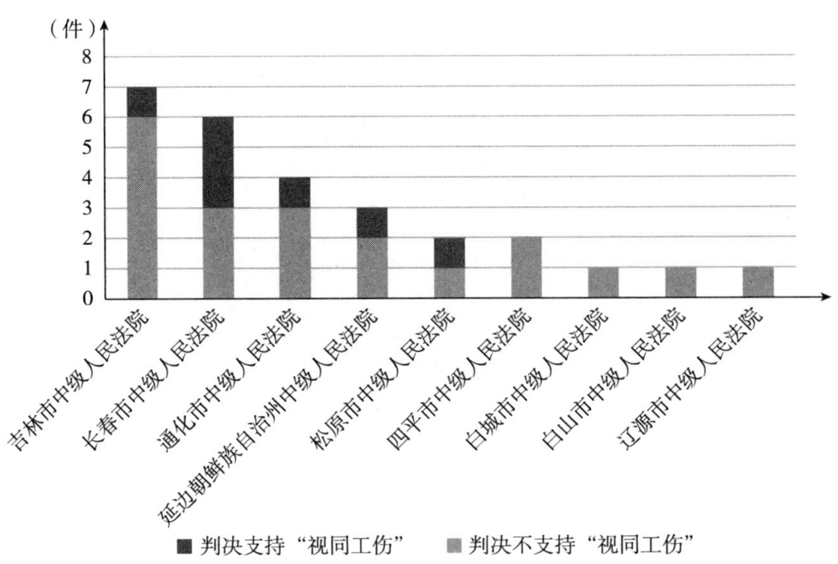

图 4　案件数量

1. 争议焦点概览

在上述所有争议焦点中（见图 5），“职工突发疾病时是否在工作时间和工作岗位”无疑是焦点中的焦点。不难理解，在《条例》第 15 条第 1 款第 1 项规定中的几个关键词“工作时间和工作岗位”“突发疾病”“48 小时之内”中，“突发疾病”问题由医院出具权威性的官方诊断，“48 小时”是客观的时间标准，唯有“工作时间和工作岗位”留有较大的解释余地。此处的“工作时间”和“工作岗位”如何具体界定？不同的当事人对此有不同理解，必然导致此类焦点数量为同类案件焦点之最。

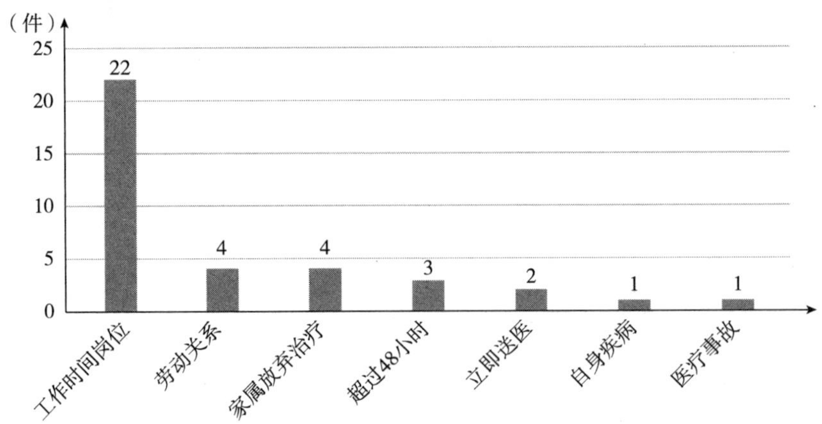

图 5　争议焦点数量

除“工作时间和工作岗位”的争议外，也有部分案件争议围绕劳动关系的确认。事实上，有相当比例的案件在进入二审程序前或者在审理中止期间，已就“是否存在劳动关系”这一争议另案审理，并作出了确认的生效裁判，本文将不再针对此争议焦点统计分析。

2. 不同争议焦点案件判决结果对于是否“视同工伤”的支持情况

对比不同争议焦点下判决结果的支持率，于当事人而言可以参考该争议焦点在诉讼中的风险大小，于法官视角可以看出司法实践中对于该争议焦点裁量空间的大小，于检察官视角则有助于提升检察监督质效、促推社会治理水平。笔者根据“工作时间和工作岗位”“48 小时之内”“抢救无效”这几个关键词，结合判决数量，选取了三个争议焦点单独列出饼状图图表，即：是否在工作时间和工作岗位突发疾病；家属选择放弃治疗后职工死亡，能否被认定为视同工伤；抢救时间超过 48 小时，能否被认定为视同工伤。

（1）是否在工作时间和工作岗位突发疾病

68% 的支持率与 32% 的不支持率（见图 6）说明该争议焦点在司法实践中分歧确实相对较大，法官在实务中需要考量的因素较多，需要平衡各方利益，故而拥有一定的自由裁量空间。

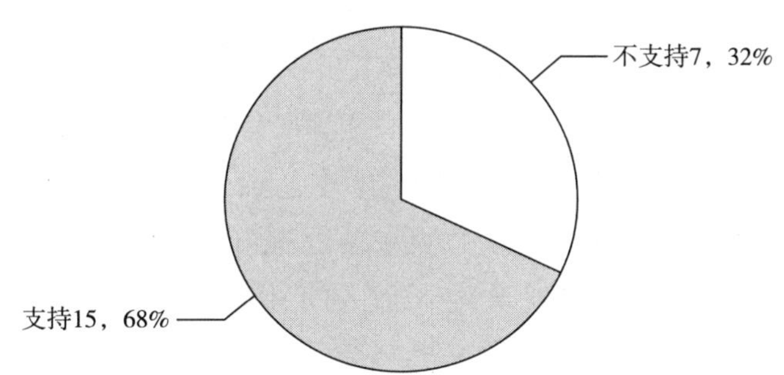

图 6　是否支持认定“视同工伤”

进一步比较和细分，会发现引发此争议的往往是职工突发疾病“并非在严格意义上的工作时间和岗位”。主要包含两类情形：一种是职工的工作内容、工作时间、工作岗位并不固定，而突发疾病时间又是大多数人休息的时间，如被派驻的职工、在外驾驶的司机、值班室的保安等；另一种是确定有固定的工作时间地点，但突发疾病并非在该范围内，但紧密相关，如上下班途中、中午午休食堂等。对比分析该类情形的判决文书（共计 11 篇），45% 的支持率与 55% 的不支持率显示该问题上有极大的探究讨论余地（见图 7）。

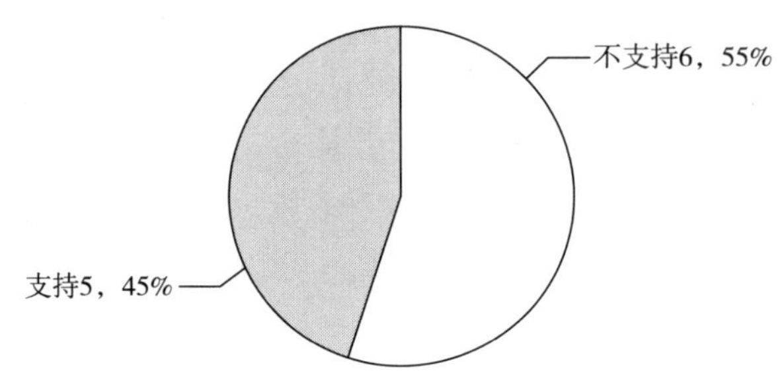

图 7　是否支持认定“视同工伤”

（2）家属选择放弃治疗后职工死亡，能否被认定为视同工伤（见图 8）

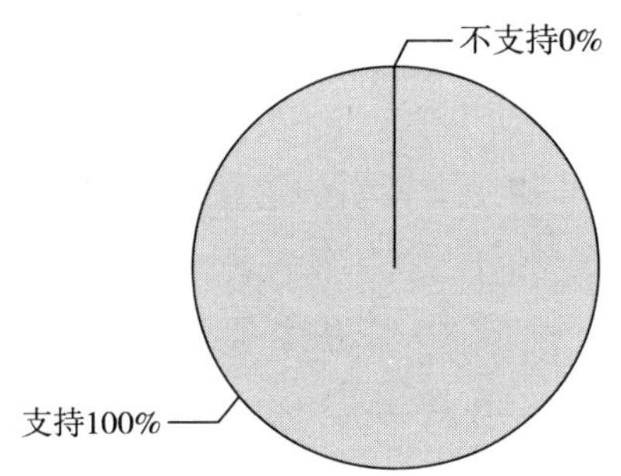

图 8　是否支持认定“视同工伤”

部分用人单位上诉时主张不认定“视同工伤”的理由之一是：在职工陷入昏迷无法自主选择后其家属放弃抢救，致使职工在突发疾病后 48 小时内死亡。该观点的潜在含义是指倘若积极抢救，职工本可存活更长时间，家属放弃是为得到职工被认定“视同工伤”后可以获得的补偿金。此观点想要获得支持，必须先证明家属放弃治疗的决定是出于恶意。现实情况是当患者有较大抢救希望时，医院不太可能建议放弃抢救，家属能作出放弃决定往往是迫于无奈之举。那么在无法举证证明家属恶意的情况下，上诉人需要承担举证不能的不利后果，而主观意愿实践中又较难证明，故笔者未检索到此类情形不被认定的案例。

（3）抢救时间超过 48 小时，能否被认定为视同工伤（见图 9）

《条例》第 15 条第 1 款第 1 项中“48 小时之内”看似一项非常客观的考察标准，然而司法实践中，仍有抢救 48 小时之后死亡而判决认定“视同工伤”的案件。可见，此争议依旧保留有法官自由裁量的余地，究

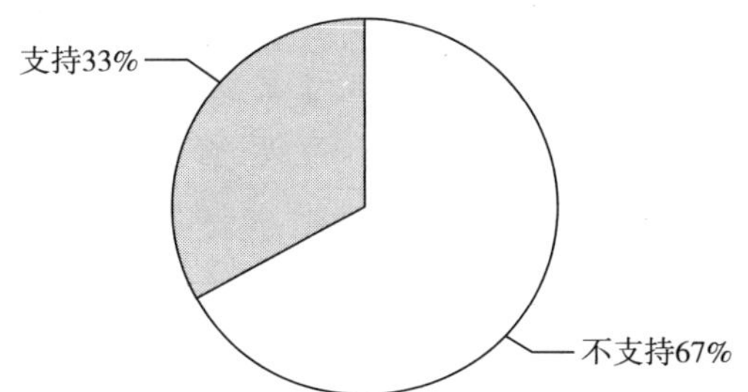

图 9　是否支持认定“视同工伤”

其原因是法律不能脱离人情伦理、社会道德。司法终究是多方价值观与利益的权衡，若不结合具体案情仅以 48 小时作为支持与否的唯一衡量标准，是否会导致家属为了补偿金而放弃挽救职工生命，从而造成普遍担心的社会负面效应？或是家属出于人之常情尽力救助，却因错失时间得不到任何补偿，进而引发社会舆论，令广大劳动者寒心，更违背立法的初衷本意？

故而，“48 小时之内”应当作为原则，而某些特殊情形可以作为例外，后文笔者也会就具体案例进行分析。

二、司法实践中“视同工伤”的认定要点浅析

在对检索到的判决文书进行分析梳理后，笔者整理了如下“视同工伤”类案件在司法实践中需要关注的争议要点，以及法官审判中相对应的法律适用方法或解释。

（一）确定突发疾病的时间节点

确定职工突发疾病的时间节点，是判断职工突发疾病是否在工作时间与工作岗位的前提，与“48 小时之内”的抢救时间计算也紧密关联。职工在工作中突发疾病，有可能是毫无征兆地突然陷入昏迷，但也有可能此前已隐有不适的征兆。

为便于分析，笔者将职工感到不适视为节点 1，而将职工发病昏迷倒地或当场身亡视为节点 2。当节点 1 与 2 极为接近，发展过程极为紧凑，两个节点趋近时，该节点自然会被视为突发疾病的时间点。与此相对，若从节点 1 发展至节点 2 只是相对紧凑，仍有一段过程，此时对于突发疾病时间点的判定就会引发争议，分为以下两种：

其一，节点 1 在工作时间，而节点 2 不在。在蛟河市人力资源和社会保障局与刘某工伤确认案[①]（以下简称母某案）中，职工母某在白天上班时感到不适，下班后就医，但晚上八点又受指派回单位加班，加班结束回到家中后病发抢救无效死亡。人社局主张本案缺乏送医抢救的紧急性，母某感到不适未经抢救而是回家休息不应视同工伤。法院经审理后认为，应当综合考虑“病情表现、病情发展以及最终死亡时间”，“在时间上具有紧凑性和连贯性”，故将其突发疾病的时间确定为白天上班时。可见，即便职工送医抢救时，即节点 2 并非在工作时间，但有证据证明职工初次感到明显不适即节点 1 在工作时间内，且两节点间的发展过程紧凑而连贯，那么突发疾病的时间点可以顺利地追溯回节点 1。

此种情况还存在举证责任的问题。在郭某某诉白城市人力资源和社会保障局工伤行政确认案[②]（以下简称王某案）中，职工王某在上班时感到不适回家取药，后被回家的妻子发现其昏迷在家，并在抢救途中死亡。上诉人人社局主张，只有在发病与抢救、抢救与死亡之间有紧密联系的情况下才能认定“视同工伤”，而该案职工身体不适回家吃药并不符合上述情形。法院经审理后认为，职工从“开始出现身体不适的症状到死亡的间隔时间仅为两小时左右”，且“上诉人也不能证实王某的身体不适与死亡无因果关系”。笔者认为，法院并非排除“紧密联系”这一要素，而是将“时间间隔”“因果关系”共同作为考察是否有“紧密联系”的标准。职工在感到身体不适后，吃药自救或者送医治疗都是为了消除身体可能发生的危险状况，回家吃药并非阻断联系的因素，职工有权自救。本案中职工的“感到不适”与“死亡”之间存在“因果关系”是结合案情理性客观分析后可以得出的结论，若否定“因果关系”则需要主张者提出明确合理的证据，此处的举证责任在于上诉人。

其二，节点 1 不在工作时间，而节点 2 却在。如某制衣有限公司与珲

---

① 蛟河市人力资源和社会保障局与刘某工伤确认案，吉林省吉林市中级人民法院（2020）吉 02 行终 73 号行政判决书。

② 郭某某诉白城市人力资源和社会保障局工伤行政确认案，吉林省白城市中级人民法院（2019）吉 08 行终 14 号行政判决书。

春市人力资源和社会保障局行政确认案[①]（以下简称聂某案），死亡职工聂某请假三日在家休息，销假上班的第一天突发疾病倒地，最终不治身亡。用人单位主张聂某先前请假是因为心脏病犯，因而突发疾病的时间应当在其请假期间，非“视同工伤”认定情形，但未能提供医疗机构的诊断的证据，证明聂某在家休息时心脏病发作，且心脏病发作导致其死亡。故职工突发疾病的时间最终仍被确认为在工作时。

对比王某案和聂某案，可以看出，在有证据证明节点 1 或者节点 2 在工作时间时，若人社部门或用人单位主张不认定“视同工伤”，则应承担举证责任，此举亦是出于对劳动者作为弱势群体的利益保护。

（二）在工作场所，是否能完全等同于在工作岗位

《条例》第 14 条“应当认定为工伤”的情形中，多次用到“工作场所”一词[②]，然第 15 条第 1 款第 1 项用的却是“工作岗位”一词。那么二者是否有区别，区别又在何处？

在褚某甲、张某诉临江市人力资源和社会保障局及临江市某超市工伤行政确认案[③]中，职工褚某乙在午餐后独自进入库房，监控显示其六分钟后倒地，后经抢救无效死亡。本案中，库房显然在工作场所范围内，褚某乙的日常工作包括搬运货物出入库。法院经审理后认为，“相对于认定工伤中关于工作场所的规定，工作岗位强调更多的不是工作的处所和位置，而是岗位职责、工作任务，即强调职工必须是为单位利益从事工作时突发疾病”，由于无证据能够证明职工在突发疾病时正在从事工作或进行工作前的准备，故最终不支持认定“视同工伤”。包含本案在内，笔者检索的 27 篇判决文书中，有 3 篇未予支持都是明确职工突发疾病是在工作场所，但并非工作岗位。可见司法实践中更需要考察的是职工在突发疾病时所从

---

① 某制衣有限公司与珲春市人力资源和社会保障局行政确认案，吉林省延边朝鲜族自治州中级人民法院（2019）吉 24 行终 54 号行政判决书。

② 《工伤保险条例》（2010 年修订）第 14 条规定：“职工有下列情形之一的，应当认定为工伤：（一）在工作时间和工作场所内，因工作原因受到事故伤害的；（二）工作时间前后在工作场所内，从事与工作有关的预备性或者收尾性工作受到事故伤害的；（三）在工作时间和工作场所内，因履行工作职责受到暴力等意外伤害的……”

③ 褚某甲、张某诉临江市人力资源和社会保障局及临江市金汇超市工伤行政确认案，吉林省白山市中级人民法院（2020）吉 06 行终 32 号行政判决书。

事的活动是否是其岗位职责、工作任务，如果不是，即便身在工作场所法院依然会判断其不在“工作岗位”。

（三）关于“突发疾病”

此处会引发争议的主要是，职工自身先前存在疾病是否影响对于“突发疾病”的认定问题。在通化市某食品有限公司诉通化市人力资源和社会保障局、赵某甲工伤认定案[①]（以下简称赵某乙案）中，用人单位主张死亡职工赵某乙的脑部出血是由于旧疾导致的，与“突发疾病”不符。二审法院依据《劳动和社会保障部关于实施〈工伤保险条例〉若干问题的意见》第3条[②]认为，“视同工伤”原本就是在不属于工伤的情形下的“一种法律拟制的情形”，不论“是新疾抑或旧病，均属于‘突发疾病’范畴”。笔者也同样认为，对于工伤的“视同”，本身也是一种对在岗劳动的补偿与保护，故而对于疾病“突发”的深层原因是旧疾与否，不应当过分苛责。

（四）关于“48小时之内”

如前文所述，出于人伦道义，当“视同工伤”案件中出现抢救时间超过48小时的情况，也并非毫无转圜的余地，仍有例外可以突破该项原则。如在通化县人力资源诉社会保障局诉鲍某某人社工伤认定案[③]中，法官认为，对于“48小时，不能作机械理解，应结合实际情况权衡道德和价值取向合理认定”。在职工被抢救的“48小时之内”，院方已经下达了病危病重通知书，此后医院的努力抢救虽使其生命被延续超过48小时，但并未使病情在后续有任何好转。换言之，在病危病重通知书下达之后的抢救措施不再具有治疗上的意义，更多的是家属情感上的坚持。法官认为，“在危难情况下对亲人的不离不弃和最后坚守，应当是社会道德的基本内容，

---

① 通化市某食品有限公司诉通化市人力资源和社会保障局、赵某甲工伤认定案，吉林省通化市中级人民法院（2018）吉05行终82号行政判决书。

② 《劳动和社会保障部关于实施〈工伤保险条例〉若干问题的意见》第3条规定：“条例第十五条规定‘职工在工作时间和工作岗位，突发疾病死亡或者在48小时内经抢救无效死亡的，视同工伤’。这里‘突发疾病’包括各类疾病……”

③ 通化县人力资源诉社会保障局诉鲍某某人社工伤认定案，吉林省通化市中级人民法院（2019）吉05行终48号行政判决书。

若因此承担不利的严重后果不利于弘扬人心向善、家庭慈爱的风尚和公序良俗的形成”，故而运用自由裁量权弥补法律规则的疏漏，以更好维护公平正义。

本案能有所例外，除却法官对于其家属不离不弃坚守之心的肯定，对于维护社会良好风气的权益平衡，还在于其特殊性，即在“48 小时之内”对于职工的病情危险程度的判断：继续好转的可能性渺茫，且抢救并无任何实际效果。此种情形下，出于情感原因延长的抢救时间可以视为并未延长，或者换种说法，因家属不愿放弃而过度抢救超出 48 小时，但在 48 小时内已经没有生的希望，即可“视同工伤”[①]。如此解释，对于职工及家属也是一剂符合法律又不悖于常理的“定心剂”——危急情形下，家属可以坚定地追寻奇迹的发生，而不必陷于道德挣扎的泥淖；而假使奇迹没有发生，也不必因为自身的亲情善意反而承担不利后果。

（五）关于“抢救无效”

其一，若职工没有第一时间送医抢救，能否认定“视同工伤”？在“母某案”中，职工母某感到不适后已经前往就医了，后又被领导召回加班，法院认为此种情况“属于有正当理由而未及时送医疗机构抢救”。故在没有及时送医治疗的情形下，是否“有正当理由”，是职工的合理抗辩事由。

其二，若抢救过程中存在医疗事故，是否影响“视同工伤”？在“赵某乙案”中，用人单位还主张“医疗事故侵权行为阻断了视同工伤构成条件”。对此，法院的观点是《条例》并未对死亡原因做任何限制性规定，且“工伤的认定实行无过错责任原则”，无论工伤事故是否归责于第三者，“用人单位均应承担相应的用工责任”。故医疗事故对于“视同工伤”的认定并无影响。

其三，家属放弃治疗的决定是否合理，在司法实践中如何判断？在辽源经济开发区某热源有限公司与辽源市人力资源和社会保障局等社会保障行政确认案[②]中，死亡职工的家属在考虑手术费用和风险之后，最终选择

---

① 蒋桥生：《无存活可能因过度抢救 48 小时外死亡应视同工伤》，载《人民司法》2015 年第 8 期。

② 辽源经济开发区某热源有限公司与辽源市人力资源和社会保障局等社会保障行政确认及行政复议案，吉林省长春市中级人民法院（2019）吉 01 行终 243 号行政判决书。

保守治疗。用人单位因此主张其并未“进行积极的抢救”。一审法院以用人单位无法证明死亡职工家属系“恶意放弃治疗从而获得工伤赔偿”为由驳回其请求。二审法院同样指出，“在医院表示患者病危且手术风险大、效果差的情形下，家属放弃手术治疗应属无奈之举，亦是人之常情”。而在通化矿业（集团）有限责任公司与省人社厅、省政府、于某某社会保障行政确认案[①]中，职工在抢救过程中出现“呼吸和心跳停止，经心肺复苏仍无呼吸和心跳”，法院认为此情况下家属放弃继续抢救，实则是在“抢救无效的情况下放弃继续治疗”，并非放任病情。可见司法实践中判定家属放弃抢救是极为少见的，无法举证证明恶意是其一，专业的医务工作者也不会允许恶意放弃救治情形的发生。

三、结语

社会发展日新月异，新兴行业不断涌现，“视同工伤”事故发生的情形多种多样。法律不可能穷尽每一种事故发生的可能性，故而在司法实践中，执法者和司法者更需要抓住立法的本意与初衷，合理运用自由裁量权，在适用法律时作出贴合时代价值观、平衡各方利益的妥善解释。当然，时代在进步，法律也在逐步完善。相信在不久的将来，对于“视同工伤”的认定标准会在法律上有进一步的细化，司法实践的考量标准也会有进一步的明确，进而减少因不同法律理解所导致的争议，维护弱势群体权益的同时推动社会的进步。

① 通化矿业（集团）有限责任公司与省人社厅、省政府、于某某社会保障行政确认案，吉林省长春市中级人民法院（2019）吉01行终2号行政判决书。

“套路应聘”行为的定性分析

陈国根　冯昌波*

一、案情简介

2021 年 1 月至 2022 年 11 月，祝某因背负银行贷款，经济压力较大，遂通过网络平台投递简历，以夸大自身接单能力的方式，先后应聘至三家不同的中小型服装加工企业担任业务销售员，均签订劳动合同，约定了工资、提成。祝某在自身能力不足、毫无客户订单来源的情况下，先后采用伪造大额承揽订单合同、虚构差旅费、公关费、预支提成等套路手段，骗取三家企业经营管理者向其微信转账人民币 16.8 万余元，所得钱款全部用于偿还祝某个人银行贷款和日常消费，而没有用于出差及其他业务支出。

二、意见分歧

对于祝某行为如何定性，实践中存在五种不同的意见。第一种意见认为，祝某的行为利用了业务员和销售员的职务便利，向经营管理者虚构业绩提成，侵占了属于本单位的财产，构成职务侵占罪。第二种意见认为，祝某利用销售员可以预支差旅费、提成的职务便利，挪用本单位资金归个人使用，数额较大且超过三个月未还，构成挪用资金罪。第三种意见认为，祝某以非法占有为目的，虚构客户事实，隐瞒真相，诱导被害人主动

* 陈国根，浙江省桐乡市人民检察院党组书记、检察长、三级高级检察官；冯昌波，浙江省桐乡市人民检察院第二检察部副主任、一级检察官。

交付财物，构成诈骗罪。第四种意见认为，祝某在履行劳动合同过程中，使用伪造的合同和虚构的大额订单，骗领差旅费、工资和提成，构成合同诈骗罪。第五种意见认为，该案系履行劳动合同过程中，采用虚构事实隐瞒真相的方式，提前预支提成和工资的欺诈行为，属于劳务纠纷，可通过民事诉讼方式挽回损失，不构成刑事犯罪。

三、意见评析

笔者赞同第三种意见，认为祝某的行为构成诈骗罪。司法实践中民事欺诈与职务侵占、挪用资金和诈骗等犯罪行为存在相互交叉重叠的部分，当事人主观方面也并非泾渭分明，导致定性上难以区分。对于实践中存在的诸多争议，应从是否利用职务便利，是否系签订、履行合同过程中以及有无非法占有目的三个方面进行考察。

（一）祝某的行为是否利用职务便利，能否构成职务侵占罪或挪用资金罪？

骗取钱款的行为有无利用职务便利，是否发生在履行职务过程中，是区分职务侵占罪、挪用资金罪与其他非职务类犯罪的关键。应重点从职务行为还是工作便利、财物损失与职务行为的关联程度、行为侵犯的是单位财产还是个人财产三个方面进行考察。

1. 区分职务便利还是工作便利

并不是所有的职务行为都能纳入职务侵占的范围，虚假履职行为，与核心职务关联程度不高的边缘履职行为（如工作便利）并不能认定为利用职务便利，虚构业绩向单位预支工资提成的行为并不能当然地认定为利用职务便利。职务侵占罪中的利用职务上的便利，是指利用自己工作或者业务上合法持有、控制、管理、支配单位财物的便利，不包括由于工作关系而形成的熟悉环境和容易接近单位财物等方便条件。职务侵占罪所规定的“利用职务上的便利”，并不是指据为己有的行为本身利用了职务上的便利，而是指据为己有的财物是基于行为的职务或者业务所占有的本单位财物。该占有指的是事实上的占有。该案中，祝某预支钱款的行为并不意味着其对财物具有经手、管理的职务，其职务是销售，预支钱款是公司财务管理人员对销售员差旅费、提成等审核发放的一种制度，祝某不具备主管、管理、经手本单位财物的职务职权，无法对本单位财物享有实际的控制、支配，其获得资金依靠不是职务便利而是工作便利。

2. 考察财物损失与职务行为的关联程度

利用职务便利是职务侵占罪的必要条件，但不是充分条件。认定职务侵占，要进一步考察财物损失与职务便利的关联程度，也就是该职务行为是不是必然导致财物占有或持有上的分离。如果财物损失与职权或职责无直接关系或者不是以职责为基础的便利条件，那就无法构成职务侵占。职务侵占要求从侵财行为与职权或职责的关联度上，在职务上具有对单位财物的购置、调配、使用等决定性权力。也就是说职务便利主要体现为经手、保管单位财物。经手财物，一般是指因执行职务而领取、运送、使用、支配单位的财物等。保管财物，一般是指因职务关系而持有、保存、代管单位财物等。[①] 考虑到职务行为的特殊性质及要求，经手、保管显然不是暂时地握有单位财物，或者说财物仅仅形式上经过行为人之手，而要求行为人对财物具备绝对的占有、处分权限。该案中祝某利用职务上的便利去骗取尚未合法占有的单位财物，而不是将已经基于职务便利所占有的单位财物通过欺骗的方式据为己有。如该案中订购合同为真实存在，祝某就具备了差旅费的绝对占有处分权限，如果收到差旅费用于还车贷，而没有实际开展业务导致客户退单等单位出现损失情况下，有构成职务侵占的可能。但祝某骗得的钱款均非其具有占有、处分权限的财物，与销售的职务关联程度微乎其微，祝某采用虚构事实的方式，利用被害人轻信的心理，使被害人基于错误认识主动交付的财物，更符合诈骗罪的构成特征。

3. 考察行为侵犯的是单位财产还是个人财产

职务侵占犯罪与其他具备非法占有目的的犯罪之间的关键区别还在于侵害的法益不同。职务侵占与挪用资金侵占和挪用的只能是单位依法占有支配的财物，而诈骗类犯罪损害的可以是单位财物，也可能是自然人财产所有权。中小企业管理存在不规范行为，主要表现为人格混同，公司与股东之间存在财产混同、业务混同与人事混同的现象，个人财产与单位财产的混同导致被害人不明。该案中祝某骗取的钱款均由企业负责人直接通过微信转账形式转入，而没有履行常规的财务程序。严格来说，将这些被骗

---

① 陈伶俐、艾国：《职务便利与工作便利的界分》，载《人民司法（案例）》2019年第35期。

的钱款认定为单位财产依据并不充分，而应认定为由企业单位负责人个人实际控制支配的个人财产。

（二）祝某的行为是否发生于合同的签订、履行过程中，能否构成合同诈骗罪？

对于认定为非法占有故意的犯罪行为，还需要结合案件事实进一步考察是否在合同签订与履行过程中实施，准确区分合同诈骗和诈骗。合同诈骗罪保护的法益是诚实守信的市场秩序和当事人的信赖利益，而诈骗罪保护的法益是一般的财产所有权。对于合同签订、履行过程的认定，应当着重考察当事人有无真实的履约意思表示，是否利用了合同约定的有利条件，合同内容是否从事经营活动等。

1. 当事人有无真实的履约意思表示

有观点认为，在认定合同诈骗罪时，可优先考虑有无适用民商法、行政法加以调整的可能。如果相对人可以通过民事诉讼解决，借助司法程序强制对方归还其已取得的财物，则无必要以合同诈骗罪对其追究刑事责任。[①] 有无真实的履约意思表示直接关系到合同的成立与否，关系到能否适用民商法与行政法。该案中，祝某第一次入职被害企业时，可以认定为其具有履行销售劳动合同的真实意思表示，为了完成销售业绩而入职，在应聘过程中，如果存在夸大自身接单能力，骗领基本工资的行为，可以认定为应聘欺诈行为，可以通过民事诉讼的不当得利诉求提请诉讼解决。但祝某虚构订单业绩，骗取差旅费、预支提成等行为已经超出了劳务纠纷的范畴，也无法通过民商事诉讼方式挽回损失。祝某第二次和第三次采用同样的方式骗取钱款，虚构销售业绩，伪造订单，其真实的意思表示不再是履行劳动合同，而是通过虚假的套路应聘获得非法利益，不具备真实的履约意思表示。

2. 诈骗是否利用了合同约定的有利条件

合同诈骗与普通型诈骗之间存在法条竞合，主要区别除了成立合同的真实意思表示之外，还在于行为人利用合同的形式骗得被害人的财物，合同约定的有利条件成为诈骗成功的关键。在劳动合同中能否成立合同诈

① 姜宝成、连洁、姚晓丽：《合同诈骗案件中非法占有目的的审查判断》，载《中国检察官》2020 年第 4 期。

骗，实践中存在一定争议。涉合同诈骗案件中的合同类型复杂多样，有观点认为，劳动合同主要不是为了维护正常的市场秩序，这使得其与在经济往来中的经济合同存在本质区别，利用劳动合同实施的诈骗不宜认定为合同诈骗罪。[①] 实际上，劳动合同内容虽然不属于从事经营活动，但行为人利用劳动合同从事的诈骗活动很可能侵害了市场经营秩序，有构成合同诈骗罪的可能。如果行为人以非法占有为目的，利用劳动合同骗取他人财物，则在侵犯他人的合法财产所有权的同时，也破坏了社会主义市场经济秩序。所以，劳动合同也应属于合同诈骗罪之合同的范畴，以劳动合同进行诈骗，构成合同诈骗罪。[②] 本文赞同利用劳动合同能够成立合同诈骗的观点，但也需要结合具体案情认定，重点考察是否利用了合同约定的有利条件，如利用不坐班等有利条件，到多个单位企业应聘领取保底工资等。如果行为人虽然签订了劳动合同，但并没有利用劳动合同的有利条件，而是利用经手保管公司财物的便利，或者利用财务管理不规范骗领补贴等，则不能认定为合同诈骗罪。该案中，祝某利用的有利条件是中小企业财务管理不规范，骗取企业管理人信任，通过个人微信转账预支差旅费、公关费和提成，而不是利用劳动合同中约定的保底工资等有利条件。

3. 双方是否从事权利义务对等的经营活动

设立合同诈骗罪本质上是对于平等市场经济主体通过合同从事生产经营活动的保护。[③] 合同诈骗犯罪利用了合同的合法形式，但双方在签订和履行过程中，权利义务均对等。普通诈骗则可能涉及人身关系不对等，如虚构和冒充亲友、领导等身份进行的诈骗。需要考察的是双方是否在权利义务对等情形下从事的经营活动。该案中，祝某骗取财物利用了两种不同性质的合同，一个是虚构的订单合同，另一个是与企业管理者签订的劳动合同。祝某利用虚构的订单合同取得被害人信任，又利用劳动合同中销售员可以预支差旅费、公关费等通行规则，诈骗对象系企业负责人，两个合同均不属于在经营活动中实施，双方在整个行为过程中属于上下级关系，并不是权利义务对等的经营关系。

---

① 梅传强、胡江：《合同诈骗罪与诈骗罪界限的司法认定》，载《法治研究》2011年第11期。

② 许利飞：《析解合同诈骗罪中的合同》，载《人民司法》2003年第7期。

③ 苏轲：《网络时代下合同诈骗罪的具体适用》，载《人民检察》2020年第19期。

（三）祝某的行为系以非法占有为目的，构成诈骗罪

针对祝某行为是否属于劳动欺诈行为的争论，笔者认为，民事欺诈与刑事犯罪的本质区别在于是否具有非法占有目的。确定非法占有的目的，也能与具有归还能力和意愿的挪用资金罪相区别。诈骗犯罪与民事欺诈在客观行为上存在交叉地带，共同点在于两者都具有欺骗行为，有些欺骗成立民事欺诈，需要通过协商或民事诉讼等途径进行处理；而有些欺骗则成立诈骗犯罪。非法占有目的虽然是主观心理状态，但可以通过客观行为以及造成的财产损失结果来体现。非法占有故意的客观表现往往包括：虚构履约担保；伪造印章，以虚假身份从事经济活动；缺乏最终的还款能力与履行意愿，将获得的财物用于挥霍等。同时，与民事欺诈相比，诈骗类犯罪的民事救济途径基本丧失。辨别行为人欺骗行为是否具有非法占有目的，应重点从行为人欺骗行为虚构的是主要事实还是次要事实、行为人获得财物时自身的还款能力和具体的还款行为以及骗取的财物或资金的主要用途三个方面加以考察。

1. 行为人欺骗行为虚构的是主要事实还是次要事实

不同的社会经济活动中，认定事实的主要方面也存在差异，同一个事实在不同的经济关系中因重要性不同可被区别对待，分别认定为主要或次要事实。该案中，如祝某虚构家庭困难急需用钱等理由，预支工资提成后无法归还的，则不属于影响案件进展的主要事实，可能会影响非法占有目的的认定，进而可能成为劳务纠纷。但祝某虚构的事实包括夸大自身销售能力，伪造承揽合同，最终导致被害企业不仅没有拿到订单，而且支付了虚假的高额差旅费、提成以及为生产订单准备的机会成本，虚构的事实对被害人交付钱款起到了实质作用，属于影响双方关系的重大事实，非法占有目的较为明显。

2. 行为人自身还款能力以及事后有无还款行为

有无还款能力与还款意愿是判断有无非法占有目的的重要标准。还款意愿属于主观状态，进入司法程序后犯罪嫌疑人常会以各种理由辩解自己具有还款意愿，但最终司法实践中要通过还款能力和还款行为来体现。与挪用资金犯罪相比，还款能力也是体现当事人永久占有还是临时占有的重要标志。只要行为具有永久性的占有财产的性质，就具备非法占有的本质特征。还款能力应该从当事人主要收入来源与经营状况、是否提供担保等

方面进行考察。事后有无还款行为主要考察行为人在欺骗行为被戳穿后有无提出被害人认可的还款计划，有无具体实施还款行为或为顺利还款积极准备。该案中，祝某应聘时自身经济压力较大，背负大额银行贷款，可以说其主要收入均来源于“套路应聘”产生的工资和提成，尽管其辩称具备接单能力，因为疫情导致客户流失等，但其在获得财物后毫无还款能力，被害人报案前，祝某也没有还款的客观行为表现，足以认定祝某具备非法占有的故意。

3. 获得的财物或资金的主要用途

获得的财物或资金主要用途是厘清欺诈和诈骗的关键因素。针对财产型犯罪，司法实践的首要任务还是追赃挽损，追求办案效果最大化。如果将获得的财物或资金用于挥霍，致使无法挽回，则非法占有目的较为明显。民事欺诈仅仅是通过欺骗的手段获得财物或资金，获得的资金用于正常经营活动，或者与此相当的保值行为，没有造成资金财物无法追回的风险。而诈骗犯罪除了欺骗获得资金之外，还有挥霍或者转移财产永久毁损财物致使无法挽回的特征。该案中，祝某获得的资金主要用途没有用于增加资金的收益机会，而全部用于消耗性较大的个人支出。对于中小企业来说，获得订单的方式主要是通过与客户洽谈，产生的必要费用应当计入人工成本，该费用是有可能产生更大的收益回报的。祝某将骗得的钱款主要用于偿还个人银行贷款、日常消费，而没有用于其声称的出差和客户公关，无法产生任何回报收益，进一步降低了自身的还款能力。从祝某获得资金后的主要用途也可以推定其主观上不具备挪用、借用等目的，而是一种非法占有的目的。

综上所述，“套路应聘”行为属于新型犯罪模式，严重扰乱了正常的就业市场，侵害中小型企业单位和管理人员的财产所有权。“套路应聘”行为虽然套用了劳动合同的外衣，形式上属于劳动合同约束范围，本质上仍是一种欺骗类的犯罪行为，具体罪名适用应根据案件事实具体分析认定。如行为人在获得财物时，并未利用职务便利，获得财物不是在经营或劳动合同的签订和履行过程中，而是在非法占有的故意支配下，通过虚构事实隐瞒真相，向公司或者企业管理人和负责人虚增业绩，索要工资提成、预支差旅费、诱使被害人主动交付财物，符合诈骗罪的构成要件的，应当以诈骗罪定罪处罚。

如何理解妨害药品管理罪“足以严重危害人体健康”

远桂宝 夏进勇*

一、基本案情

2021 年 6 月至 2022 年 2 月，犯罪嫌疑人陈某梅通过联系“沈小姐”(未到案)，在未取得相关资质许可的情况下，从香港某诊所内陆续购买 43 份 HPV 九价疫苗，并将其中 21 份加价出售给内地代理、犯罪嫌疑人濮某宇，濮某宇寻找客户后通知陈某梅通过顺丰冷链发货，邮寄至客户指定地点，指导客户自行接种或让客户联系医护人员接种。为确保产品真实，犯罪嫌疑人濮某宇在每一份疫苗寄出前均通过扫描包装上的二维码进行溯源，确保疫苗正规有效。经查，犯罪嫌疑人陈某梅销售总额共计人民币 196630 元，获利 5650 元，犯罪嫌疑人濮某宇销售金额共计人民币 116366 元，获利 20566 元。案发后，省、市市场监管部门以及药监部门均出具说明，认为涉案疫苗保存条件较高，顺丰冷链不能排除药品效用降低或失效，且该药品属于注射类，须在正规场所，由正规医护人员接种。综合以上情况，认为涉案疫苗“足以严重危害人体健康”。

二、意见分歧

第一种意见认为，妨害药品管理罪系抽象危险犯，侵害的法益是国家

* 远桂宝，江苏省南通市经济技术开发区人民检察院第四检察部主任、四级检察官助理；夏进勇，江苏省南通市崇川区人民检察院第三检察部四级检察官助理。

正常的药品管理规范，如未经批准进口来自内地以外的疫苗，即使有证据证明疫苗确系在境外合法上市，但因长途运输条件所限或境内外公民体质存在差异，仍可能导致疫苗效用降低或失效，采用注射方式注入人体可能导致危险发生，属于妨害药品管理罪中的“足以严重危害人体健康”，构成妨害药品管理罪。

第二种意见认为，妨害药品管理罪系具体危险犯，表面上侵害的法益是药品管理秩序，实质上侵害的是公民的生命健康权。尽管未获得批准证明文件进口境外疫苗，但如果有证据证明代购的疫苗确系在境外合法上市的，则无论代购数量多少，均不宜认定“足以严重危害人体健康”，不构成妨害药品管理罪，可依照药品管理法依法对其进行行政处罚。

第三种意见认为，妨害药品罪既不是抽象危险犯，也不是具体危险犯，而是接近于具体危险犯的“准具体危险犯”。一般情况下代购境外合法上市的药品不构成犯罪，但如果行为人不采取必要措施保障药品效用，经药品检验机构检验存在质量问题，或经行政主管部门出具意见，结合其他证据能够反映药品存在安全隐患的，仍属于“足以严重危害人体健康”，构成妨害药品管理罪。

三、意见评析

笔者同意第三种意见，具体分析如下：

（一）了解妨害药品管理罪设立的背景和目的

增设妨害药品管理罪的背景主要是2019年8月修订后的《中华人民共和国药品管理法》对假药的定义和范围作了调整，相较于之前的规定，新法使假药定义回归功效标准，将违反药品管理秩序未经批准生产或进口药品的，不再以假药论处。[①] 新法原则上规定，即使是在国外已经合法上市的药品，也不能进口。与此同时，新法为回应老百姓的关切，对于进口少量境外合法上市的药品，情节较轻的，可以减轻或者免除处罚，这意味着代购海外新药出现了一定的空间。

---

① 张义健：《〈刑法修正案（十一）〉的主要规定及对刑事立法的发展》，载《中国法律评论》2021年第1期。

在阐述妨害药品管理罪的本质时，立法者以“黑作坊”为例进一步释明，认为“黑作坊”生产的药品只是违反了药品注册申请和许可程序，并非一律属于假药，由于所涉药品情况复杂，不宜一概而论，以“足以严重危害人体健康”作为限制条件，排除了一部分行为类型未达到这一危险程度的相关案件。对于一些未经批准进口的“洋药”，尽管违反药品管理制度，但不少并不会实际危害人体健康，相反对治疗有关疾病确有效果，此类案件一律纳入刑事范围不符合实事求是的精神。[①] 是否构成犯罪，仍然需要以“足以严重危害人体健康”为要件。在立法上，全国人大亦坚持足以危害人体健康的规定，以实质性危险入罪，而非仅以销售数量、销售金额等可量化的标准入罪。以上事实均提醒我们，妨害药品管理罪并非单纯处罚违反药品管理秩序的行为，而是涉及生命健康法益的具体行为，核心是药品的真实性、安全性和质量可控性。

与此相对应，实践也对在办案件处理作出回应，一是假药、劣药的认定必须由药品检验机构进行质量检验，刑事处罚证据标准按药品的功效进行实质性判断，由药品检验机构出具质量检验结论；二是对于药品来源清楚，确系国外合法上市的真药，不构成犯罪的，依法作出不起诉或撤回处理，对于药品来源不清或性质存疑的，可自行侦查或退回补充侦查，由药品检验机构作出质量检验后依法处理。

本案中，犯罪嫌疑人在售出药品时会向客户出示药品包装上的二维码，通过查询二维码可以对药品进行溯源，犯罪嫌疑人和多名客户均表示能够明确药品的来源系香港某合法诊所，无疑属于在境外合法上市的药品。此外，默沙东中国公司针对此案出具了说明，证实涉案药品的批次号与在香港地区销售的药品一致，也佐证了上述事实。据此，药品的真实性无疑，下一步则需对药品的功效进行实质判断。

（二）对“足以严重危害人体健康”进行实质判断

一般认为妨害药品管理罪属于危险犯，但是属于抽象危险犯还是具体危险犯仍有争议，这直接关系到本案的行为是否构成犯罪，需要予以明确。德国学者罗克辛指出，具体危险犯的行为客体必须在具体案件中真实

① 周加海、喻海松、李静：《〈关于办理危害药品安全刑事案件适用法律若干问题的解释〉的理解与适用》，载《人民司法》2022 年第 10 期。

地处于危险中，结果的不发生仅仅是偶然的；对于抽象危险犯，一个行为具有典型的危险性就是对这个行为进行刑事处罚的原因，其可罚性并不取决于具体案件中危险的真正出现。[①] 如此来看，如果认为妨害药品管理罪侵害的法益是药品管理秩序，则该罪毫无疑问就属于典型的抽象危险犯，但是该罪侵害的法益是否只是药品管理秩序仍存在疑问，主流观点有药品管理秩序说、公共生命健康说、复合法益说。持药品管理秩序说的学者认为“妨害药品管理罪中的药品不是假药，因而不具有对人民的健康、生命权利的侵害性”[②]；持公共生命健康说的学者认为“对于没有具体法益侵害而只是单纯违反行政秩序或制度的行为，国家并不具有将其纳入刑法调整的正当化事由”[③]；持复合法益说的学者将妨害药品管理罪与生产、销售假药罪进行类比，得出前者与后者的保护法益都是国家对药品的管理秩序和不特定多数人的生命、健康权益。[④]

笔者同意复合法益说的观点，办理该类案件需要穿透表面进行实质判断。相关司法案例给出认定思路，在上海某医药科技有限公司、张某能等妨害药品管理案中，司法机关认为具体应从涉案药品的安全性、有效性和药品的适用症、使用对象等方面综合判断行为是否足以严重危害人体健康。比如，药品本身缺乏安全性以及生产药品的环境和条件无法保障安全性、有效性，又如，药品以孕产妇、儿童为使用对象的，再如，生产的药品属于麻醉、精神、急救等国家重点管控的药品。相较于普通药品，上述药品更容易危害人体健康，具有更大的社会危害性，属于刑法重点打击的对象，应认定为行为足以严重危害人体健康。[⑤]

具体到本案，涉案的药品不属于麻醉、精神或急救等特殊药品，犯罪嫌疑人通过冷链快递第一时间邮寄到客户手中，从寄出到收货基本上能在

---

① 敦宁：《妨害药品管理罪的法教义学分析》，载《政治与法律》2021 年第 12 期。

② 陈兴良：《妨害药品管理罪：从依附到独立》，载《当代法学》2022 年第 1 期。

③ 何荣功：《经济自由与经济刑法正当性的体系思考》，载《法学评论》2014 年第 6 期。

④ 王爱立：《中华人民共和国刑法释义》，法律出版社 2021 年版，第 261 页。

⑤ 王丽、李永超：《上海赛诺克医药科技有限公司、张奇能等妨害药品管理案——妨害药品管理罪中药品以及“足以严重危害人体健康”的认定》，载最高人民法院刑事审判第一、二、三、四、五庭编：《刑事审判参考》（总第 133 辑），人民法院出版社 2023 年版。

1—2 天内到达，同时犯罪嫌疑人嘱咐客户收到药品后如不具备自行接种的条件可通过付费的形式请具备资质的医师或护士帮忙接种。另案处理的金倩文亦通过香港诊所代购药品，客户接种后不仅身体没有任何异样，反而在体检时发现体内已产生相关抗体，在案证据也表明没有客户提出接种后产生不良反应，足以证明药品的真实性、有效性。

（三）正确看待药品监督管理部门出具的认定意见

根据“两高”《关于办理危害药品安全刑事案件适用法律若干问题的解释》（以下简称《解释》）第 7 条第 1 款第 5 项规定，药品未取得进口批准证明文件，但已经在境外合法上市的，原则上不应当再认为涉案疫苗“足以严重危害人体健康”。有办案人员以第 7 条第 3 款为由提出反对意见，在是否“足以严重危害人体健康”难以认定的情况下，若药品监督管理部门出具了“足以严重危害人体健康”的认定意见，仍然可以进行刑事追究。

笔者认为对此应慎重考虑，一是《解释》第 7 条第 1 款已经明确列明了 9 项“足以严重危害人体健康”的入罪标准，且第 9 项设置了其他的兜底条款（该兜底条款也仅适用于麻醉药品、精神药品），根据《解释》的理解与适用，第 3 款属于程序规定，并非入罪标准；二是如直接适用第 3 款，则有架空第 1 款之嫌，暗示办案机关在无法认定“足以严重危害人体健康”时，可以跨过第 1 款直接适用第 3 款入罪，达到“曲线救国”的目的；三是行政机关的意见主要是考虑到药品未取得批准证明文件，储存以及接种不符合要求，存在安全隐患。但未取得批准进口仅是程序问题，与药品本身质量无关，储存接种有风险则有主观臆断、以偏概全之嫌；四是行政机关的意见还需要结合药品检验机构出具的鉴定意见或接种疫苗的客户出现不良反应等其他证据综合认定。如最高人民检察院发布的王某某等人妨害药品管理罪典型案例中，王某某等人销售的药品号称主治风湿哮喘，经检验其中含有多种化学药物成分，长期服用会导致脏器损伤或延误治疗，诱发或加重疾病，足以危害患者身体健康，检察机关与市场监管部门、药品检测机构对涉案药品的危害性进行论证，得出涉案药品“足以严重危害人体健康”的结论，最终认定犯罪。

然而，本案药品并没有通过药品检测机构的检验检测，相关药品监督管理部门没有对药品的化学成分做分析，也没有对药品的危害性进行充分论证，在没有实质性质量检验结论的情况下，仅以涉案药品保存条件不善为由，推定不能排除药品药效降低或失效的情况。笔者认为此种推断缺少可信的分析数据，比如，低于温度将会产生何种成分变化？成分变化对药品功效会产生多大程度的影响？接种人体后是否会产生以及产生何种不良后果？上述问题均不能明确予以说明，若以抽象的“足以严重危害人体健康”结论作为定罪依据，缺乏证明力。

（四）明确代购境外药品案件的法律适用

结合境内对境外药品的客观需求，代购境外合法上市的药品入罪应谨慎，需要对疫苗的三性做实质性判断，对于行为人已经采取了一定措施，如提供药品溯源码、第一时间冷链配送、提示买家找医护人员接种等，能够确保药品真实性、安全性和质量可控性的，不应当认定“足以严重危害人体健康”，不宜再考虑以刑事犯罪立案。此类行为完全可以根据《药品管理法》第124条进行行政处罚，且该条款注明“有下列行为之一的……并处违法生产、进口、销售的药品货值金额十五倍以上三十倍以下的罚款；货值金额不足十万元的，按十万元计算……（一）未取得药品批准证明文件生产、进口药品的”。考虑到该条款罚款数额较大，对于有组织代购并销售的行为在经济上能够给予严厉处罚，也不会导致放纵犯罪、处罚失当；另外，根据该条第3款的规定“未经批准进口少量境外已合法上市的药品，情节较轻的，可以依法减轻或者免于处罚”，已经为代购少量境外合法上市的药品留下了阶梯式的处罚空间，更加印证了笔者的观点。如本案中犯罪嫌疑人陈某梅等人未取得药品批准证明文件进口药品，但鉴于其代购的药品真实、有效，不符合《解释》第7条第1款第5项：“未取得药品相关批准证明文件进口药品或者明知是上述药品而销售，涉案药品在境外也未合法上市的。”因此，笔者认为无论从《解释》规定的角度还是从药品真实、有效性的角度，都不宜再认为本案药品“足以严重危害人体健康”。当然，即使属于境外合法上市的药品，但行为人疏于保管，未提供合理的储存环境，不符合规范接种，可能导致药品对人体健康存在实质性危险的，仍然可以考虑适用妨害药品管理罪定罪处罚。

医保定点机构工作人员骗取医保基金行为的定性

张梦客　顾溶熔*

一、基本案情

2016年9月21日，被告人邓某某及孙某某、李某甲（均另案处理）成立上海M投资有限公司（以下简称M公司），该公司被告人邓某某持股70%，孙某某持股15%，李某甲持股15%（其中，李某甲自己持股10%，代孙某某持股2%，代姚某某持股3%）。2016年10月18日，M公司举办成立无锡A医院（以下简称A医院），系民办非企业单位，被告人邓某某及孙某某、李某甲为理事会成员。被告人邓某某负责医院后勤统筹；孙某某担任院长，负责医院财务、对外业务及各科室的协调；李某甲担任副院长，负责医院行政管理、人事、外五科的工作。2017年4月，A医院与无锡市社会保险基金管理中心签订服务协议，成为医保定点机构。在医院经营过程中，被告人邓某某及孙某某、李某甲为获取非法利益，经合谋后决定，由外五科主任康某某（另案处理）通过浦某某（另案处理）等人收集他人医保卡，在该院外五科办理虚假住院手续，以虚假治疗单病种疾病的方式骗取医保基金。2019年6月至12月，A医院在外五科办理虚假住院治疗305人次，骗取医保基金共计人民币2697280元。该院外五科助理医师被告人李某乙、程某某及外五科护士长被告人王某某明知该科室在实施上述行为，仍积极提供帮助，并从中获利。其中，被告人王某某积极帮

* 张梦客，江苏省无锡市惠山区人民检察院第六检察部副主任；顾溶熔，江苏省无锡市惠山区人民法院刑事审判庭庭长。

助处理虚假挂床、结算手续等有关护士站工作，从中获利人民币 3 万余元；被告人程某某共伪造病历 140 份，涉及诈骗金额人民币 1235440 元，从中获利人民币 14000 元；被告人李某乙共伪造病历 141 份，涉及诈骗金额人民币 1202880 元，从中获利人民币 14100 元。2020 年 8 月 3 日，被告人李某乙主动至公安机关投案，并如实供述了主要犯罪事实。案破后，涉案医院及相关人员共退出赃款人民币 1813280 元，其中，被告人邓某某退出人民币 85 万元，被告人王某某退出人民币 4 万元，被告人程某某退出人民币 14000 元，被告人李某乙退出人民币 2 万元。

二、意见分歧

本案主要存在以下两方面的争议：

（一）被告人邓某某等人合谋骗取医保基金的行为如何定性

一种观点认为，A 医院在成为医保定点机构时，与无锡市医疗保险基金管理中心签订了服务协议，被告人邓某某等人通过各科室工作人员协作配合，在 A 医院履行医保服务协议即相关合同的过程中实施诈骗，应该构成合同诈骗罪，且属于单位犯罪。

另一种观点认为，被告人邓某某等人为提高医院营业收入继而获取个人利益，虚构事实骗取国家医保基金，其行为应构成诈骗罪。

（二）被告人邓某某和孙某某、李某甲之间的作用如何认定

被告人邓某某的辩护人提出 M 公司是 A 医院的举办者、不是股东，医院的决策机构是理事会，经营机构是院长，被告人邓某某不参与医院的经营管理，被告人邓某某的作用及罪责应当在孙某某、李某甲之下。

三、意见评析

笔者认为医保服务协议是社会保障经办机构与医疗机构在基本医疗保险基金统筹、管理和支付过程中依法签订的行政合同，骗取医保基金侵害的法益并非市场经济秩序，因而不符合合同诈骗罪的构成，应当认定为诈骗罪。多名被告人合谋实施诈骗，应根据参与程度、具体行为及犯罪结果

的受益程度等，合理区分主从犯。本案邓某某等人均构成诈骗罪，且被告人邓某某为主犯，孙某某、李某甲为从犯。理由如下：

（一）医保服务协议系行政合同，不是平等主体之间的合同

合同诈骗罪的合同主要是指受法律保护的体现市场交易行为的各类经济合同。具有交易性质的赠与合同、婚姻、收养、扶养、监护等有关身份关系的协议，以及主要受劳动法、行政法调整的劳务合同、行政合同等，不属于合同诈骗罪中的“合同”。

本案A医院与无锡市社会保险基金管理中心签订的服务协议，不是平等主体之间的经济合同，它属于社会保障经办机构与医疗机构在基本医保基金统筹、管理和支付过程中依法签订的行政合同。首先，该协议具有准入性质，只有符合无锡市社会保险基金管理中心要求的医院，才可以签订该协议，成为医保定点机构。其次，该协议并非平等主体之间签订。平等主体之间的经济合同，出现违约情况时，合同双方依据合同的违约条款进行协商处理，协商不成的，可以通过仲裁或者民事诉讼。在行政合同中，行政机关并非以民事法人的身份，而是行政主体的身份和行政相对人订立关于民事权利义务的协议，以合同的方式来达到维护与增进公共利益的目的。当行政相对人出现违约时，行政机关可以依据合同对行政相对人进行处罚、通报批评等，产生争议不能协商时可以进行行政复议或行政诉讼。本案的医疗服务协议是无锡市医疗保险基金管理中心用于对定点医保机构进行行政管理的手段，无锡市医疗保险基金管理中心对A医院的合同履行有监督权、指挥权、单方变更权和解除权，尤其是在A医院出现严重违约时有处罚的权力，这是一般平等主体在经济合同中所不具备的。

（二）骗取医保基金的行为并未侵害市场经济秩序

1997年刑法将合同诈罪骗从诈骗罪中分离出来，并置于刑法第三章“破坏社会主义市场经济秩序罪”中的第八节“扰乱市场秩序罪”一节内，可见设置该罪名的主要目的是保护市场秩序。因此，合同诈骗罪中的合同应是进行市场交易的一种法律行为，在具体案件中，应考虑利用合同诈骗是否扰乱了市场经济秩序，如果行为人利用合同形式进行诈骗不致扰乱市场经济秩序，则也不应构成合同诈骗罪。

本案中，被告人邓某某等人组织医护人员，利用A医院履行医保服务

协议过程中骗取国家医保基金，该行为侵害了社会保障管理秩序，但是并未涉及侵害市场经济秩序，不属于合同诈骗罪所要保护的法益范畴。

（三）被告人邓某某等人的行为符合诈骗罪的构成要件

被告人邓某某及辩护人提出骗取的医保基金部分用于医院经营发放员工工资等、部分用于归还医院债务，被告人邓某某及孙某某、李某甲并未实际分得。刑法中的非法占有包括本人占有和第三人占有，被告人邓某某等人通过单病种虚假手术骗取医保基金，相关钱款已实际进入A医院，被告人邓某某等人的行为排除了国家的合法占有，取得了对涉案医保基金事实上的支配权，将诈骗钱物用于何处不影响非法占有目的的成立。被告人邓某某等人主观上有非法占有的目的，客观上实施了组织医护人员、利用他人的医保卡虚假治疗骗取国家医保基金的行为，应构成诈骗罪。

（四）共同犯罪中各行为人作用及罪责，取决于在共同犯罪中各行为人所处的地位、实际参与度及对于犯罪结果的受益度等因素综合分析

本案中，被告人邓某某及孙某某、李某甲作为A医院理事会成员，三人起意犯罪并进行商议策划，而后分工实施。孙某某负责对接医院财务以及协调各科室，李某甲作为分管副院长衔接具体实施"挂空床"的外五科。被告人邓某某因不是懂医疗的专业人员，在医院没有具体职务，在此情形下，更需要结合其实际参与程度、行为、获益等分析其与孙某某、李某甲作用的大小，最终做到罪责刑相适应。首先，被告人邓某某参与了和孙某某、李某甲医保诈骗的合谋；其次，被告人邓某某虽然没有具体职务，但医院其他工作人员证言印证了其平时积极参与医院经营，实际行使管理职权；最后，A医院要完成骗取医保基金的行为，除了业务科室和辅助科室外，财务科和医保办也发挥着重要作用，而该两个科室的负责人均是被告人邓某某的亲戚。综上可见，被告人邓某某在实施骗保过程中起积极、推动、主导的作用。而被告人邓某某作为A医院举办者M公司最大的股东，其持股比例远超孙某某、李某甲，被告人邓某某对业务科室的分成、涉案赃款的使用有决定权，其实际受益亦远大于孙某某、李某甲。在很多团伙犯罪案件中，组织、领导者在犯罪过程中并不具体负责某项工作、也不实际参与具体实施，而是隐匿在幕后，对团伙分工、内部协调、利益分配等起指挥、决定作用，应当认定构成主犯。最终法院经审理后认

定被告人邓某某为主犯，孙某某、李某甲为从犯。

医保基金是老百姓的“救命钱”，部分医保定点机构通过非法手段骗取医保基金的行为严重扰乱了国家社会保障管理秩序，危害了人民群众医疗保障切身利益，本案被告人邓某某组织医护人员，以“挂空床”的方式虚构医药费用，非法侵吞国家巨额医疗保障基金，社会危害性大，法院以诈骗罪对其判处 10 年以上有期徒刑，依法严惩相关犯罪的同时起到警示作用，有利于保护医保基金安全。

《检察调研与指导》征稿启事

《检察调研与指导》创刊于2014年，是由最高人民检察院法律政策研究室主任、一级高级检察官高景峰主编，最高人民检察院法律政策研究室和中国检察出版社共同主办的公开发行的唯一综合性连续出版物。

《检察调研与指导》以指导开展检察理论研究工作以及检察业务调研工作为宗旨，立足于新时代检察理论与实践，秉持理论与实际相结合的原则，是广大检察干警了解检察工作重要部署，学习交流办案和工作经验，发表调研成果并参评“全国检察机关调研骨干人才”的重要平台，成为全国人民检察院理论研究的主要窗口和检察业务实践经验交流的重要阵地，具有很强的实践性、指导性、权威性。

全国检察长会议强调，法律监督理念现代化是检察工作现代化的先导。《检察调研与指导》服务检察，面向基层，内设特稿、专题研讨、调研聚焦、实务研究、案例剖析等栏目，与时俱进深化法律监督理念创新。特稿，围绕新时代检察工作新发展，刊发最高人民检察院领导对检察工作的重要讲话及理论文章，尤其是法律政策研究工作的展望与部署；专题研讨，每辑确定一个重点专题，集中刊发与法律政策研究室当年工作重点相关的研究成果、实务探讨等文章；调研聚焦，围绕当下检察理论与实践，刊发法律分析准确、透彻，逻辑性和说理性较强的理论调研文章；实务研究，围绕“在办案中监督，在监督中办案”，刊发创新开展“四大检察”业务工作的经验做法、实务研究成果等文章；案例剖析，刊载的文章体例固定，内容为地方检察院办理的具有影响力、可供其他院借鉴的典型案例及分析。

此外，为丰富检察机关的文化生活，展示检察人员的业务素能和精神风貌，《检察调研与指导》封二刊发全国检察机关工作人员拍摄的以一年四季风景为主题的摄影作品，要求作品为原创，符合社会主义核心价值观要求，弘扬主旋律，传递正能量，JPEG格式，建议横版，高清原图，可作必要的后期处理，但不得通过技术合成等方式改变作品原貌，并附注作品名称，拍摄者姓名、单位职务及联系方式。

欢迎各级检察院及检察官投稿。

《检察调研与指导》编辑部

2023年10月

《检察调研与指导》征订单

《检察调研与指导》是由最高人民检察院法律政策研究室和中国检察出版社共同编辑出版的连续出版物。《检察调研与指导》服务检察，面向基层，内设特稿、专题研讨、调研聚焦、实务研究、案例剖析等栏目，对广大检察干警了解检察工作重要部署、学习交流办案和调研经验、提高调研能力和水平，具有很强的促进和指导作用。

为进一步扩大《检察调研与指导》连续出版物的影响力，《检察调研与指导》2024 年面向全国公开发行，请各级检察机关积极订阅。

《检察调研与指导》全年共 4 辑，每辑定价 60 元，全年定价 240 元（免邮寄费）。可通过中国检察出版社官网进行网上征订（www.zgjccbs.com）。中国检察出版社将以网上征订平台上确认的信息作为发书的依据，请尽量使用网上征订平台，如无法网上订阅，请填写附件回执（复印有效），并传真至出版社。

中国检察出版社

2023 年 10 月

2024年《检察调研与指导》订阅回执单

（汇款必传）

订购单位名称		收书人		
地　址		电话（手机）		
单位统一信用代码				
电子发票接收邮箱				
名　称		定　价	订　数	金　额
2024年《检察调研与指导》		240.00		
合计金额（大写）	万　　仟　　佰　　拾　　元整			
备注：款到后三个工作日，发票发送至您的邮箱！				

订购方式说明

第一种：网站订购（www.zgjccbs.com）（不用发传真、款到开票）
1. 网站下单，直接在线支付（微信、支付宝）
2. 网站下单，银行汇款需备注订单编号后6位数字
网站订购负责人　张惠 010-86423745、18101137669　技术咨询 010-86423763

第二种：微信订购（仅支持微信在线支付）
1. 使用微信扫描右侧二维码可直接在线订购
2. 了解最新书讯请关注“中国检察出版社”微信公众号

第三种：传真订购
书款汇至出版社账号后，请传真订书回执单至010-68659465

中国检察出版社账户信息
户　名：中国检察出版社有限公司　　**开户行：**建设银行北京西山枫林支行
账　号：11050164860000000056　　**行　号：**105100050751

中国检察出版社联系人：
盛　丹 010-86423727　18101137660（微信同号）传真 010-68659465
（北京、天津、山西、陕西、河北、黑龙江、吉林、辽宁、内蒙古、青海、山东）
董艳芬 010-86423726　18101137661（微信同号）传真 010-68659465
（河南、浙江、江苏、安徽、上海、福建、甘肃、江西、新疆、西藏）
薛建娜 010-86423728　18101137662（微信同号）传真 010-68659465
（广东、广西、海南、重庆、四川、云南、贵州、湖北、湖南、宁夏）